日本大学付属高等学校等

基礎学力到達度テスト 問題と詳解

〈2021 年度版〉

国語

収録問題　平成 29～令和 2 年度
3 年生 4月 / 9月

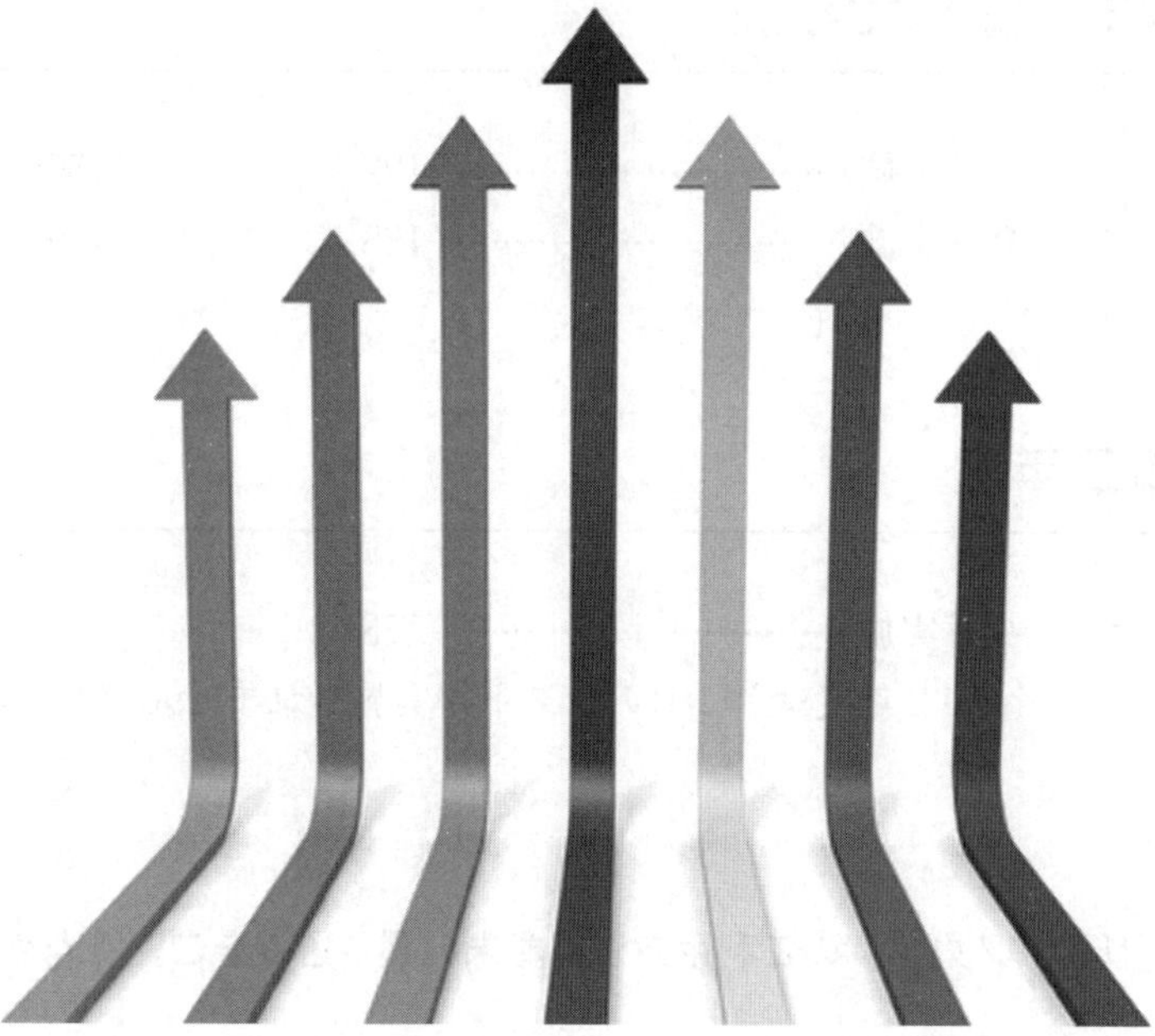

清水書院

目　次

平成29年度

平成30年度

平成31・令和元年度

令和２年度

令和２年度は，４月のテストが実施されませんでした。

デジタルドリル「ノウン」のご利用方法は巻末の綴じ込みをご覧ください。

国語の出題傾向と対策

「日本大学基礎学力到達度テスト」も六年目になる。令和二年度四月実施分のテストは、新型コロナウイルス感染症拡大防止のため中止という異例の事態となった。しかし、九月実施分のテストでは出題形式に大きな変更はなく、新傾向の問題などが出題されることもなかった。得点配分についても例年の九月分と変更はなく、評論と古文が二六点、二五点と高め、小説は二〇点、知識問題と漢文が少なめで一四点、一五点となっている。選択肢から「誤っているもの」「適切でないもの」を選ぶ問題が見られる特徴は変わらず、設問は最後まできちんと読んでから解く習慣を大事にしてほしい。

一の知識問題は、日常的な学習で教科書、問題集で取り組む漢字や語句の意味などの勉強をおろそかにしないことが重要となる。四月・九月ともに漢字を問うもの、四字熟語、外来語の意味、文学史に関するものなどが出題される。慣用句も平成二八年から連続して五年目になる。令和二年度は実施されなかったが、四月分によく出題されるものとしては、特に古文常識の分野がある。五節句、月の異名、古方位や古時刻など、教科書や国語便覧に出てくる古文常識に関する基礎的な内容は、二年生までに一通り学習しておきたい。また、九月分では対義語・類義語が令和元年、二年と交互に出題されている。

二評論・三小説については、評論がやや難化した感がある。いずれも大学入試レベルの問題集などで、感覚に頼るのではなく論理的に根拠を確認しながら解く練習が必要である。また、大学入学共通テストでも問題の文章量自体が増加する傾向にあるが、基礎学力到達度テストの場合も文章を読むスピードがある程度必要となる。これらの地道な力は、日ごろの演習量や読書習慣が問われる部分となるだろう。出題内容について見てみると、評論九月分は、柄谷行人の『世界史の実験』からの出題。依拠部分が複数の段落にまたがる出題も見られ、授業など日々の読解の際に、傍線部の直前・直後だけでなく、意味段落の論旨を捉える練習を意識しておくとよい。また、これまで頻出であった特定の段落が論の展開上どのような働きをしているのかを問う設問はなく、本文の表現について問う出題がなされた。表現については小説・評論どちらで問われてもよいように練習しておくこと。小説九月分は、大佛次郎の『帰郷』からの出題。平成三〇年度に選択肢を会話形態にした新傾向の問題が見られたが、それ以後は内容や心情の把握といった標準的な設問がほとんどである。序盤の語句の意味を問うものは定番化しており、日常的に辞書を引いて言葉を調べるように心がけること。

四の古文は、平成三〇年度まで「説話」からの出題、平成三一・令和元年度は「歴史物語」（しかも四鏡のうちの二作）であったが、令和二年九月分は説話『古今著聞集』に戻った。本文の内容も平易で、助動詞の意味の識別や品詞分解など、文法の基礎知識が問われる問題も目立った。それ以外の本文解釈などの設問も、単語の知識から正答に迫れるものは多く、一、二年生のうちからどれだけ基本的な知識を定着させているかが肝要となる。和歌については、解釈や表現技法について問う出題が続いており対策を講じておくとよい。

五の漢文は、九月分の配点は一五点と少ないが、やや難化傾向にある。令和元年度は漢詩を二つ並べる新しい形での出題が見られ、漢詩の形式など平易な設問もあったが、解釈を問う問題は難度として低くはなかった。令和二年度は本文、問題の選択肢ともに字数が増え、正確さに加えて素早く大意をつかむ読解力も要求される。漢字の読み、意味、返り点や書き下し文については頻出で、句形の意味とともに基本事項で得点できるので、繰り返し学習することが必須である。

平成29年度

基礎学力到達度テスト
問題と詳解

平成二九年度　四月実施

一　次の各問いに答えなさい。

問1　傍線部の中で、「利く」と書くものを一つ選びなさい。

1　講演をきく。　2　前宣伝がきく。
3　機転がきく。　4　集合場所をきく。

問2　「相手を□大評価する。」の空欄に入る漢字を一つ選びなさい。

1　誇　2　過　3　拡　4　巨

問3　傍線部が文意に合う四字熟語になるように、空欄に当てはまる漢字を一つ選びなさい。

＊疑念が雲散□消して、晴れ晴れとした気持ちになった。

1　霧　2　解　3　全　4　抹

問4　次の文の空欄に当てはまる故事成語を一つ選びなさい。

＊多くの優れた応募作品の中でも、□だったのが彼の作品だ。

1　蛇足　2　杞憂　3　白眉　4　杜撰

問5　「消極的」という意味の外来語を一つ選びなさい。

1　マジョリティー　2　ムーブメント
3　シミュレーション　4　ネガティブ

問6　傍線部の慣用表現の使い方が適切なものを一つ選びなさい。

1　子供たちはみな優秀で、どんぐりの背比べです。
2　彼女にアドバイスをしても、馬の耳に念仏で聞こうとしない。
3　情けは人のためならずと言うから、今は彼に手助けしない。
4　この服は帯に短したすきに長しで、今はもう着られない。

問7　適切な敬語の使い方をしている文を一つ選びなさい。

1　お客様、どうぞこちらでお待ちしてください。
2　先生に母からご相談したいことがあるそうです。
3　私があなたのお荷物をお持ちになりましょう。
4　保護者の方々に生徒の作品を拝見していただく。

問8　次の文の①と②に当てはまる、文学史上のグループと作品名の組み合わせとして正しいものを一つ選びなさい。

＊大正から昭和の初めにかけて活動した小林多喜二は、文学史上では①に属する作家であり、作品に『②』『党生活者』などがある。

1　①＝新感覚派　②＝蠅《はえ》
2　①＝新心理主義　②＝風立ちぬ
3　①＝新思潮派　②＝恩讐《おんしゅう》の彼方に
4　①＝プロレタリア文学　②＝蟹工船

問9　「辰巳《たつみ》（巽）」とはどの方角か。正しいものを一つ選びなさい。

1　北東　2　北西　3　南東　4　南西

問10　次の文の①と②に当てはまる作品名の組み合わせとして正しいものを一つ選びなさい。

＊平安時代前期に成立した『①』は「昔、男ありけり。」の書き出しで知られる歌物語である。同じ頃に成立した歌物語に『②』がある。

1　①＝伊勢物語　②＝大和物語
2　①＝竹取物語　②＝伊勢物語
3　①＝大和物語　②＝源氏物語
4　①＝源氏物語　②＝栄花物語

二　次の文章を読んで、あとの問いに答えなさい。

対話による思索の展開、というのは、古典的哲学の方法でもあった。プラトンももちろんのこと、東洋でもたとえば『論語』などは、孔子とその弟子たちの対話によって構成されていた。『聖書』もまたそういう構造をもっている。それはキリストの独白なのではなく、さまざまな人との対話なのだ。*エッケルマンによる『ゲーテとの対話』なども、「対談」のひとつのみごとな例というべきであろう。そして、「対話」ないし「対談」という思索の展開方式が弁証法というものである。弁証法という哲学用語は日本では、たいへんむずかしく、またある種のかぎられた意味で使われることが多いけれども、平イ(a)にいうならば、ある問いがある答えをつくり、その答えにたいしてさらにあらたな問いが投げかけられてゆく――そして、そういう過程のなかで、かんがえがより深められてゆくことを弁証法というのだ。

　つまり、大げさにいえば、ひとに会って話をきくという取材のしかたは、一種の弁証法的過程のなかに身を投じるということなのである。答えるがわの人間は、問いをうけることによって、それまでかんがえてもみなかったことに気がつき、その答えをえた人間は、さらにそれまで用意していなかった重要な問いを発見してあらたな問いを組み立てる。人間の精神は、自由にそうした過程のなかでゆたかになり、深められてゆくのである。だから、そうした思索のすすめ方のモデルとしてすぐれた対談集の何冊かを読むことをわたしはすすめたい。

　もちろん、右に紹介した対談の書物は、経験ゆたかな知識人どうしの、ほとんど名人芸といっていいほどの深みのある対談をあつめたものだ。ふつうの取材者が、いきなり、これらの対談とおなじようなみごとな対話を展開できるとはとうてい思えない。しかし、(1)その理想的なかたちは、これらの「対談集」のようなものであろう。そしてそこでは、しばしば、どちらが問う人で、どちらが答える人であるか、という区別がだんだんなくなってゆくのが特徴なのである。はじめのあいだは、どちらが問う人なのか役割がはっきりしていても、話がすすんでゆくと、問う立場と答える立場とはいつのまにやら自由に交換されてゆくのである。つまり、ひとに話をきく、ということは、こちらも話すということであり、情報は相互交換的であるのがその理想のすがたなのだ。べつな言い方をすれば、話をききに出かけてゆくときの最大の収穫は、相互学習ということなのだ。こちらも相手方から話をひき出すが、同時に、相手方もこちらの話からなにごとかを学ぶ――それができるようになったら取材者としてもっとも立派なことだ、とわたしは思う。

◆　*このごろは、テレビやラジオの放送文化のなかで「インタービュアー」というふしぎな職業が成立しているらしく、マイク片手にいろんな人の意見をきいて歩く人たちがいる。ぜんぶがぜんぶとはいわないが、これらの人びとの大部分は、台本に書かれたとおりの断片的な問いを発し、どんな答えにたいしても「ああ、そうですか」ということばをオウムがえしにくりかえすだけだ。あれは、ひとに話をきく方法として、もっとも愚かで軽薄なやりかたというべきであろう。まじめにじぶんの必要とする情報を手にいれようとする人は、いわゆる「インタービューアー」の真似をしてはいけない。理想としてかかげるべきものは、もっと知的な対談、対話の世界なのである。

　そのような対話の世界に近づいてゆくために、お互い、さらに勉強をかさねてゆかなければなるまいが、これまで何冊かの対談集を読んできて、わたしの気がついていることがひとつある。それは、(2)対談というものがもっともおもしろくなるのは、異質の人間どうしがぶつかりあったときである、ということだ。ふだんから顔見知りで、お互い気心の知れたどうし、とりわけ、同業の人たちの対話はその専門の分野についての情報を交換したり、深めたりするには役に立つだろうが、往々にして、そうした同一専門業者の対話の内容というのは、第三者たる門外漢には、いっこうにおもしろくもないし、だいいち、同一業者どうしの話というものは、あんまり多くの発展をともなわない。意外な思索の展開というのは、たとえば文学者と電子工学者、物理学者と宗教家、といったような異質の人間が互いに相手のこころにさぐりをいれながら共通の問題をさがし求めるときに生まれるものなのだ。じっさい、わたしの知っているかぎりでいっても、すぐれた知識人というものは、それぞれの「専門」の垣根のなかでしゃちほこばって生きることにたえられない人物のことである。これらの人びとの知的好奇心はあまりにもひろい範囲にむけられており、「専門」などというものにとうてい安ⓑジュウできないのだ。

　このところ「学際的」ということばがしばしば使われ、さまざまな学問が互いに協力しながら共同研究をしなければならない、といったようなことが強調される。そして、いろんな分野の「専門家」のあいだの対話によって「学際的」アプローチを設計しよう、といったこころみもしばしばなされている。それはたいへんに結構なことだ。しかし、「専門家」を何人かあつめさえすれば学際化ができる、というものではない。だいじなのは、その学際化を可能にすることのできるような人物をさがし出すことだ。じっさい、世のなかに「専門家」は多いけれども、それらの「専門家」のなかでほんとうに「学際的」でありうる人物は、そう多くはないのである。学際的ということは、他領域の人と、発展的・相互刺激的に対話ができるということだ。(3)ヒナ人形のごとくに各種「専門家」がならんで、かわりばんこに独白をつづけるといった風景は、学際的でもなんでもありはしない。そうした点からも、すぐれた対談集というのは、大いに読む価値がある。そこにあるのは、ほんとうの「学際的」対話であり、また、そういう対話に登場する人びとこそ、わたしにいわせれば、あらたな知的世界のにない手たる「学際人」なのである。

　そのことは、これからそだってゆく若い人びとにとってもすくなからず示唆をふくむ。すなわち、ほんとうに発展的な思索のためには、できるだけたくさんの、異質の人びとから話をきくことがのぞましいのである。この社会で同時代に生きているすべての人びとは、われわれにとっての対話の相手方でありうるし、また教師でありうるのだ。学生も職業人も、こんにちの社会ではややもすればそれぞれの閉鎖社会にとじこもりがちである。大学も閉鎖的だし、会社も閉鎖的だ。いやおなじ大学のなかでもそれぞれの学部はカタツムリのごとくに小さくかたまり、おなじ会社のなかでも部局それぞれが小さなカラにとじこもっている。そんななかで生きていたら、知性の進歩など、とうていありえないだろう。さまざまな問題をかかえたさまざまの人間がまじわりあうこと、つまり、日本のいたるところで相互刺激的な対話が展開すること——情報環境のなかでの主体性というものは、そのようにしてはじめて確立されることになるのではないだろうか。

（加藤秀俊『取材学』）

（注）＊エッケルマン＝ドイツの詩人、著述家。一七九二〜一八五四。
＊このごろ＝本文が発表された昭和五十（一九七五）年ころ。

問11　波線部ⓐのカタカナと同じ漢字を使うものを一つ選びなさい。
1　成績の順イが気になる。
2　安イに考えてはいけない。
3　交渉の経イを説明する。
4　権イをふりかざす。

問12　波線部ⓑのカタカナと同じ漢字を使うものを一つ選びなさい。
1　欠員を補ジュウする。
2　ジュウ軟に対応する。
3　外国に永ジュウする。
4　地域医療にジュウ事する。

問13　傍線部(1)「その理想的なかたちは、これらの『対談集』のようなものであろう」とあるが、「その理想的なかたち」についての説明として、最も適切なものを一つ選びなさい。
1　取材の前にはすぐれた対談集を読んで、相手から望ましい答えが引き出せるような問いを発する話し方を身につけておく。
2　取材するときはいつも、相手の答えをきくと同時に次の新たな問いを組み立て、相手と弁証法的な対話ができるようにする。
3　取材での話題に応じて聞き手と話し手が立場を交換し、単なる問答を話の内容がより深まるような対話にまで発展させる。
4　取材において、対話の進行とともに問答の立場が自然に交換され、弁証法的な対話の展開によって相互に思索が深められる。

問14　傍線部(2)「対談というものがもっともおもしろくなるのは、異質の人間どうしがぶつかりあったときである」とあるが、その理由として、最も適切なものを一つ選びなさい。
1　狭い枠の中にとじこもった専門家どうしの対話より、専門外の異なる世界に興味をもつ知識人どうしの対話の方がよくわかるから。
2　同業者の対話より、専門の異なる人間が相手の心をさぐりながら共通の問題を求める対話の方に意外な思索の展開がみられるから。
3　気心の知れたものだけの限られた範囲の対話より、知らないものどうしが互いに心をさぐりあう対話の方が好奇心を刺激するから。
4　専門家だけのむずかしい対話よりも、専門家と非専門の知識人を交えた対話の方が率直なことばが使われていてわかりやすいから。

問15　傍線部(3)「ヒナ人形のごとくに各種『専門家』がならんで、かわりばんこに独白をつづける」とあるが、どういう状態か。最も適切なものを一つ選びなさい。
1　多様な分野の専門家が居並んで、かわるがわる自説を主張するだけで、相互協力的な意見交換ができないでいる状態。
2　領域の違う専門家が壇上に並んで、それぞれ自分の領域の研究成果を発表し、他の専門との違いを強調しあっている状態。
3　有名な専門家ばかりが集まって、自分の専門とする研究の独自性を訴え、互いの優劣の競争に夢中になっている状態。
4　学際的とは名ばかりの専門家が集まって、自説を独り言のように述べることで、共同研究を妨げようとしている状態。

問16　◆印をつけた段落は、論の展開上でどのような働きをしているか。その説明として、最も適切なものを一つ選びなさい。

1　前段で述べた理想とは異なる取材者の例にインタービューアーを挙げて、話をきく方法上の欠点を指摘した後、自分の目標としている対話の紹介に論を進めている。

2　前段で述べた理想的な取材者と現実のインタービューアーを比較し、後者が劣っている点を明らかにした後、すぐれた対談集の対話を学ぶことの必要性に論を進めている。

3　前段で述べた理想的な取材と実在する一般的な取材との方法上の違いが、対話をする者どうしの人間関係にあることを指摘した後、望ましい対話の説明に論を進めている。

4　前段で述べた理想とはかけ離れた取材者の例を挙げて、話をきく方法の未熟さを批判し、知的な対話の必要を主張した後、後段の発展的な対話のあり方に論を進めている。

問17　本文の内容と一致するものを一つ選びなさい。

1　どんな専門家も自分の意見を述べ立てて他の専門家と対立しているだけでは「学際人」とはいえない。真に学際的な共同研究を行うためには専門を離れて相互刺激的な対話をすることが必要である。

2　専門が同じ学者どうしより異質の知識人どうしの対談の方がおもしろい。だから、専門家は自分の領域にとじこもらず、広い範囲に目を向けた「学際人」として他領域の人間との対話を行うべきである。

3　取材ではひとに話をきくだけでなく自分も話して相互交換的に情報を得ることが大切である。そこで必要とされる弁証法的な対話による思索の展開方式は、すぐれた対談集から学ぶことができる。

4　現代の情報環境のなかでは、すぐに専門家に頼らず必要な情報を自ら選ぶ主体性の確立が求められる。そのためには、すぐれた対談集から弁証法的な対話を学び、思索を深める努力が必要である。

二　次の文章を読んで、あとの問いに答えなさい（漢字・送り仮名の表記を適宜改めている）。

> いつも利用するM停留所ではなく、別の線のE停留所から自宅へ帰る道を見つけた「自分」は、しばしばその道を利用するようになった。E停留所の線はのどかで、窓から見える沿線の風物には何かしら風情といったものが感じられた。

ある日曜、訪ねて来た友人と市中へ出るのでいつもの阪《さか》を登った。

「ここを登りつめた空き地ね、あすこから富士がよく見えたんだよ」と自分は云《い》った。

富士がよく見えたのも立春までであった。午前は雪に被《おお》われ陽《ひ》に輝いた姿が丹沢《たんざわ》山の上に見えていた。夕方になって陽が彼方へ傾くと、富士も丹沢山も一様の影絵を、茜《あかね》の空に写すのであった。

——吾々《われわれ》は「扇を倒《さかさま》にした形」だとか「摺鉢《すりばち》を伏せたような形」だとかあまり富士の形ばかりを見過ぎている。あの広い裾野を持ち、あの高さを持った富士の容積、高まりが想像出来、その実感が持てるようになったら、どうだろう——そんなことを念じながら日に何度も富士を見たがった、冬の頃の自分の、自然に対して持った情熱の激しさを、今は振り返るような気持ちであった。

（春先からの徴候が非道《ひど》くなり、自分はこの頃病的に不活発な気持ちを持てあましていたのだった。）

「あの辺が競馬場だ。家はこの方角だ」

自分は友人と肩を並べて、起伏した丘や、その間に頭を出している赤い屋根や、眼《め》に立ってもくもくして来た緑の群落のパノラマに向き合っていた。

「ここからあっちへ廻《まわ》ってこの方向だ」と自分はEの停留所の方を指して云った。

「じゃあの崖を登って行ってみないか」

「行けそうだな」

自分達はそこからまた一段上の丘へ向かった。草の間に細く赤土が踏みならされてあって、道路ではもちろんなかった。そこを登って行った。木立には遮られてはいるが先ほどの処《ところ》よりはもう少し高い眺望があった。先ほどの処の地続きは平らにならされてテニスコートになっている。軟球を打ち合っている人があった。——路《みち》らしい路ではなかったがやはり近道だった。

「遠そうだね」

「あそこに木がこんもり茂っているだろう。あの裏に隠れているんだ」

停留所はほとんど近くへ出る間際まで隠されていて見えなかった。またその辺りの地勢や人家の工合《ぐあい》では、その近くに電車の終点があろうなどとはちょっと思えなくもあった。どこか本当の田舎じみた道の感じであった。

——自分は変なところを歩いているようだ。どこか他国を歩いている感じだ。——街を歩いていてふとそんな気持ちに捕らえられることがある。これからいつもの市中へ出てゆく自分だとは、ちょっと思えないような気持ちを、自分はかなりその道に馴《な》れたあとまでも、またしても味わうのであった。

閑散な停留所。家々の内部《なか》の隙見える沿道。電車のなかで自分は友人に、

(1)「旅情を感じないか」と云ってみた。*殻斗科《かくとか》の花や青葉の匂いに満たされた密度の濃い空気が、しばらく自分達を包んだ。——その日から自分はまた、その日の(a)獲物だった崖からの近道を通うようになった。

それはある雨あがりの日のことであった。午後で、自分は学校の帰途であった。

いつもの道から崖の近道へ這入《はい》った自分は、雨あがりで下の赤土が軟らかくなっていることに気がついた。人の足跡もついていないようなその路は歩くたび少しずつ滑った。

高い方の見晴らしへ出た。それからが傾斜である。自分は少し危ないぞと思った。

傾斜についている路はもう一層軟らかであった。しかし自分は引き返そうとも、立ち止まって考えようともしなかった。危ぶみながら下りてゆく。一と足下りかけた瞬間から、すでに、自分はきっと滑って転ぶにちがいないと思った。——途端自分は足を滑らした。片手を泥についてしまった。しかしまだ本気にはなっていなかった。起きあがろうとすると、力を入れた足がまたずるずる滑って行った。今度は片肱《かたひじ》をつき、尻餅をつき、背中まで地面につけて、やっとその姿勢で身体は止まった。止まった所はもう一つの傾斜へ続く、ちょっと踏段の踊り場のようになった所であった。自分は鞄《かばん》を持った片手を、鞄のまま泥について恐る恐る立ち上がった。——(2)いつの間にか本気になっていた。

誰かがどこかで見ていやしなかったかと、自分は眼の下の人家の方を見た。それらの人家から見れば、自分は高みの舞台で一人滑稽な芸当を一生懸命やっているように見えるにちがいなかった。——誰も見ていなかった。変な気持ちであった。

自分の立ち上がったところはやや安全であった。しかし自分はまだ引き返そうともしなかったし、立ち止まって考えてみようともしなかった。泥に塗《まみ》れたまままた危ない一歩を踏み出そうとした。とっさの思いつきで、今度はスキーのようにして滑り下りてみようと思った。身体の重心さえ失わなかったら滑り切れるだろうと思った。鋲《びょう》の打ってない靴の底はずるずる赤土の上を滑りはじめた。*二間《けん》余りの間である。しかしその二間余りが尽きてしまった所は高い石崖の鼻であった。その下がテニスコートの平地になっている。崖は二間、それくらいであった。もし止まる余裕がなかったら惰力で自分は石垣から飛び下りなければならなかった。しかし飛び下りるあたりに石があるか、材木があるか、それはその石垣の出っ鼻まで行かねば知ることが出来なかった。非常な速さでその危険が頭に映じた。

石垣の鼻のザラザラした肌で靴はⓑ自然に止まった。それはなにかが止めてくれたという感じであった。全く自力を施す術《すべ》はどこにもなかった。いくら危険を感じていても、滑るに任せ止まるに任せる外はなかったのだった。

飛び下りる心構えをしていた脛《すね》はその緊張を弛《ゆる》めた。石垣の下にはコートのローラーが転がされてあった。自分はきょとんとした。

どこかで見ていた人はなかったかと、また自分は見廻してみた。垂れ下がった曇空《くもりぞら》の下に大きな邸《やしき》の屋根が並んでいた。しかし*廓寥《かくりょう》として人影はなかった。あっけない気がした。(3)嘲笑《あざわら》っていてもいい、誰かが自分の今したことを見ていてくれたらと思った。一瞬間前の鋭い心構えが悲しいものに思い返せるのであった。

どうして引き返そうとはしなかったのか。魅せられたように滑って来た自分が恐ろしかった。——(4)破滅というものの一つの姿を見たような気がした。なるほどどこんなにして滑って来るのだと思った。

下に降り立って、草の葉で手や洋服の泥を落としながら、自分は自分がひとりでに亢奮《こうふん》しているのを感じた。

滑ったという今の出来事がなにか夢の中の出来事だったような気がした。変に覚えていなかった。傾斜へ出かかるまでの自分、不意に自分を引きずり込んだ危険、そして今の自分。それはなにか均衡のとれない不自然な連鎖であった。そんなことは起こりはしなかったと否定するものがあれば自分も信じてしまいそうな気がした。

自分、自分の意識というもの、そして世界というものが、焦点を外れて泳ぎ出して行くような気持ちに自分は捕らえられた。笑っていてもかまわない。誰か見てはいなかったかしらと二度目にあたりを見廻したときの廓寥とした淋《さび》しさを自分は思い出した。

帰途、書かないではいられないと、自分はなぜか深く思った。それが、滑ったことを書かねばいられないという気持ちか、小説を書くことによってこの自己を語らないではいられないという気持ちか、自分にははっきりしなかった。恐らくはその両方を思っていたのだった。

(5)帰って鞄を開けてみたら、どこから入ったのか、入りそうにも思えない泥の固《かたま》りが一つ入っていて、本を汚していた。

（梶井基次郎『路上』）

（注）＊殻斗科＝かし、しい、くりなど果実が殻で包まれている植物のこと。
＊二間＝約三・六メートル。尺貫法による長さの単位で一間は約一・八メートル。
＊廓寥＝広々として寂しいさま。もの寂しいさま。

問18・問19 波線部ⓐ「獲物」、ⓑ「自力を施す術」が本文中で示す意味として、最も適切なものをそれぞれ一つずつ選びなさい（ⓐは問18、ⓑは問19の解答欄にマークすること）。

ⓐ「獲物」
1 思いどおりにできる利益
2 自分にとって理想的な結果
3 思いがけず手に入った成果
4 改めて見出《みいだ》した価値

ⓑ「自力を施す術」
1 自分を落ち着かせるやり方
2 自分に問い直す余裕
3 自分の姿勢を立て直す時間
4 自分で何とかする方法

問20 傍線部(1)「『旅情を感じないか』と云ってみた」とあるが、「自分」がそう尋ねた理由として、最も適切なものを一つ選びなさい。

1 他国を思わせるような道を通って電車に乗ったことによって、日常を忘れて浮き浮きした感覚になり、この友人と一緒に本当にどこか他の国へ旅行に行きたくなったから。
2 普段とは違う近道を歩き、さらに電車に乗って市中に出る途中で自分が感じた非日常的な感覚を、友人にも認めてもらうことで確かなものにしたかったから。
3 いつもと同じ道を通り、同じ電車に乗っているのに異国情緒を感じる自分の感覚を疑ってしまい、友人も同じように感じているのかどうか聞いてみたかったから。
4 自分にとっては普段どおりの風景でも、E停留所からの電車に初めて乗る友人は新鮮な感覚を抱いているだろうと考え、それを友人に確認してみたかったから。

問21　傍線部(2)「いつの間にか本気になっていた」とあるが、「自分」が「本気に」なったとはどういうことか。その説明として、最も適切なものを一つ選びなさい。

1　滑って転ばないように気をつけて下りようと、真剣になったということ。
2　引き返すことも考えていたが、最後までこの道を下りようと決めたということ。
3　自分はまたこのように転んでしまうに違いないと、確信したということ。
4　その踊り場のような所で、まずはしっかり立ち上がろうとしたということ。

問22　傍線部(3)「嘲笑っていてもいい、誰かが自分の今したことを見ていてくれたらと思った」とあるが、このときの「自分」の心情の説明として、最も適切なものを一つ選びなさい。

1　崖を飛び下りるつもりで滑り下りていたことを見てくれる人が誰もいなかったので、崖の手前で止まるという不思議な出来事の感動が幻に思えてきて悔しく感じている。
2　崖から飛び下りるという危険を寸前で免れた自分の姿を見ている人がいなかったために、幸運だったという自分の思いが独りよがりなものにすぎなくなり残念に感じている。
3　傾斜を滑り下りるという危険な行為を他の誰からも見てもらえなかったために、その時の自分の張り詰めた緊張感が無意味なものに思えてきてむなしく感じている。
4　崖に続く傾斜を滑り下りる自分を見てくれている人がいなかったために、自分が奮った勇気について誰からも評価してもらえないことを切なく感じている。

問23　傍線部(4)「破滅というものの一つの姿」とあるが、「自分」がここで感じた「破滅」の「姿」とはどのような様子のことか。最も適切なものを一つ選びなさい。

1　危険だとわかっていても十分注意をせずに、やはりその危険におちいって痛手を負ってしまう様子。
2　はじめはそれほど危険だとは思っていないが、行動を進めるうちにその本当の危険さがわかってくる様子。
3　危険だと気づき、途中でその行動をやめようと思うのに、かえってその危険さゆえに先へ進んでしまう様子。
4　危険だとわかっていながら、そこから逃れようとせず、なりゆきのままに先へと行動を進めてしまう様子。

問24　傍線部(5)「帰って鞄を開けてみたら、どこから入ったのか、入りそうにも思えない泥の固りが一つ入っていて、本を汚していた。」とあるが、この一文の果たす役割を説明したものとして、最も適切なものを一つ選びなさい。

1　自分では緊迫感を持って傾斜を滑り下りていたつもりだったが、その時の自分の集中と緊張が実は十分でなかったことにがっかりしている今の思いを、気づかない間に鞄に入り込んでいた泥の固りによって表現している。

2　危険な傾斜を滑り下りた自分自身の行動やその時の感覚について、それが現実であったのか実感が持てなかったが、自分が確かに体験したことなのだと確認できた安堵《あんど》を、鞄の中に見つけた泥の固りによって表現している。

3　軟らかい土に足を取られて転んだ様子を自分では滑稽な芸当を見せることができたとその時は感じていたが、本を汚した泥の固りによって、危ないと思ったのに引き返さなかったことへの後悔を改めて感じたことを表現している。

4　自分の冒険的な行動を誰も見てくれていなかったことを残念に感じていたが、泥の固りが本を汚してしまっているのを見つけることによって、自分の行動の軽率さに気づき、腹立たしさを感じるようになった様子を表現している。

四　次の文章を読んで、あとの問いに答えなさい。

＊天暦《てんりやく》の御時、＊延光卿《のぶみつきやう》、蔵人頭にて、御おぼえことにおはしけり。少しも御気色《きしよく》にたがふこともなくて、過ぎ給ひけるに、ある時、＊叡慮《えいりよ》の心よからぬやうに見えければ、おそれをなして、入りこもられたるを、召しありければ、いそぎ参り給へるに、(1)「年ごろはおろかならずたのみて過ぐしつるに、ⓐ口惜しきことは、＊藤原雅材《ふぢはらのまさき》といふ学生《がくしやう》の作りたる＊文ⓑの、いとほしみあるⓒべかりけるを、奏せざりけるこそ、(2)いとたのむかひなし」と仰せられければ、＊ことわり申すかぎりなし。

ⓓやがて蔵人たるべきよし、仰せ下されけるを、＊御倉《みくら》の小舎人《こどねり》して、触れつかはすに、家をたづねかねて、＊通ふところを聞き出でて、告げたりける。

雅材、出仕すべきやうもなかりけるを、君、聞こしめして、＊内蔵司《くらづかさ》に仰せて、そのよそほひをたまはせける。

（『十訓抄』）

（注）＊天暦の御時＝村上天皇の御代《みよ》。
＊延光卿＝源延光。平安時代中期の上級貴族。
＊叡慮＝天皇の御機嫌。
＊藤原雅材＝平安時代中期の下級貴族。
＊文＝漢詩。藤原雅材はその漢詩の中で、天皇の御意を得て活躍したいのに、その機会もなくてむなしく年老いていく、という嘆きをうたっている。
＊ことわり申すかぎりなし＝「どんなに申し開きをしても無駄だった」の意。
＊御倉の小舎人＝蔵人所で雑用を務めた者。
＊通ふところ＝藤原雅材が通っている女性の家。
＊内蔵司＝中務省《なかつかさ》の一部局で、宮中の財物や様々な物品の管理などを行った。

問25　波線部ⓐ「口惜しきこと」の意味として、最も適切なものを一つ選びなさい。

1　残念なこと
2　意外なこと
3　嘆かわしいこと
4　腹立たしいこと

問26　波線部ⓓ「やがて」の意味として、最も適切なものを一つ選びなさい。

1　結局　　2　すぐに
3　ようやく　　4　しばらくして

問27　波線部ⓑ「の」と同じ意味・用法の「の」を一つ選びなさい。

1　春の野に霞《かすみ》たなびきうら悲しこの夕影にうぐひす鳴くも
2　蛍の多く飛びちがひたる、また、ただ一つ二つなど、
3　よになく清らなる玉の男御子《をのこみこ》さへ生まれ給ひぬ。
4　夢に、いと清げなる僧の黄なる地の袈裟《けさ》着たるが来て、

問28　波線部ⓒ「べかり」の文法的意味として、最も適切なものを一つ選びなさい。

1　推量　　2　意志
3　当然　　4　可能

問29　傍線部(1)「年ごろはおろかならずたのみて過ぐしつるに」の解釈として、最も適切なものを一つ選びなさい。

1　その年齢にしては優秀な者だと高く評価していたが
2　年齢から考えても思慮分別のある者と信頼していたが
3　ここ数年、優れた人物だと信じて使ってきたのだが
4　長年の間、並々ならぬほど頼りにしてきたのだが

問30　傍線部(2)「いとたのむかひなし」とあるが、天皇がそのような心情を抱いたのはなぜか。その理由として、最も適切なものを一つ選びなさい。

1　延光卿が、天皇の意にそむくまいとするあまり、天皇が不機嫌だと出仕しなくなるから。
2　延光卿が、志を持った人材を見出《みいだ》して天皇に推挙するという任務を果たせなかったから。
3　延光卿が、蔵人頭を務めるうえで必須の素養である漢詩について理解が乏しかったから。
4　延光卿が、困窮している若い貴族たちに対してあまり思いやりの心を持たなかったから。

問31　本文の内容と合致するものを一つ選びなさい。

1　延光卿は和歌の道で知られた人物であったため、藤原雅材のすぐれた漢詩に気づかず、天皇に推挙しなかった。
2　天皇は、藤原雅材がまだ少年の身でありながらすぐれた漢詩を作っていたことを知って驚き、蔵人に任命した。
3　外出先にいた藤原雅材は蔵人任命の知らせを受けたが、正装の用意がなかったため、すぐには参内できなかった。
4　御倉の小舎人は、藤原雅材に正装を下賜されるようにと天皇に進言し、天皇はその思いやりに感銘を受けてお与えになった。

五　次の漢文を読んで、あとの問いに答えなさい（設問の都合で返り点・送り仮名を省略した部分がある）。

前漢ノ曹《さう》参《さん》ハ*沛《はい》ノ人ナリ。従ヒテ二*高祖ニ一有リレ功。高祖以テ二*長子肥《ひ》ヲ一為シ二*斉王ト一、以テレ参ヲ為ス二*相国ト一。九年、斉国安集シ、大イニ称ス二賢相ト一。*蕭《せう》何《か》*薨《こう》ズ。参聞キレ之ヲ、告グ二*舎人ニ一。「趣《すみやカニ》*治メヨレ行ヲ。(1)吾且入相」。(2)居《をルコト》無クレ何《いくばクモ》、果タシテ召スレ参ヲ。参代ハリテレ何ニ為リレ相ト、挙ゲテレ事ヲ無クレ所ニ変更スル一、一ニ遵《したが》フ二何之約束ニ一。参*薨ズ。ⓐ百姓歌ヒテレ之ヲ(3)曰ハク、「蕭何為リレ相ト、(4)講《やはらグコト》若シ二画一ノ一。曹参代ハリレ之ニ、守リテ而ⓑ勿シレ失フコト。*載リ二其ノ清浄ニ一、民以テ寧一ナリト」。

（『蒙求』）

（注）
*沛＝劉邦《りゅうほう》の出生地。
*高祖＝漢を建国した劉邦の尊称。
*長子肥＝劉邦の長男劉肥。
*斉王＝斉国の王。
*相国＝大臣。ここでは、斉国の大臣のこと。
*蕭何＝劉邦を無名の頃から支え続けた功臣。漢の建国後は相国として劉邦を補佐した。
*薨＝死去する。
*舎人＝使用人。
*治行＝「旅の仕度をせよ」の意。
*載其清浄＝「その清らかで汚れのない統治のおかげで」の意。

問32 波線部ⓐ「百姓」の意味として、最も適切なものを一つ選びなさい。

1 天下　2 側近
3 農民　4 人民

問33 波線部ⓑ「勿」と同じ読み方・意味用法を持つ漢字を一つ選びなさい。

1 未　2 莫　3 不　4 非

問34 傍線部(1)「吾且入相」の返り点の付け方と書き下し文の組み合わせとして、最も適切なものを一つ選びなさい。

1 吾レ且入レ相　且つ吾は相として入らん
2 吾且レ入レ相　吾且に相として入るべし
3 吾且レ入相　吾且に入らんとして相たり
4 吾且二入相一　吾且に入りて相たらんとす

問35 傍線部(2)「居無何」の現代語訳として、最も適切なものを一つ選びなさい。

1 他に人もいないために
2 長く暮らすこともできず
3 いくらもたたないうちに
4 いつまで待つのかわからず

問36 傍線部(3)「之」の指す内容として、最も適切なものを一つ選びなさい。

1 蕭何と曹参の死。
2 曹参の死と彼の功績。
3 蕭何と曹参の統治と継承。
4 曹参の蕭何に対する誠意。

問37 傍線部(4)「講若画一」とはどのような状態を表現しているのか。最も適切なものを一つ選びなさい。

1 長年続いた戦乱が収まり、天下統一がなされて平和になった状態。
2 国全体がよく治められ、どこでも同じように穏やかになった状態。
3 政治の全般が改革され、誰もが平等に扱われるようになった状態。
4 人々の心が落ち着きを取り戻し、信頼し合えるようになった状態。

問38 この文章には、政治家としての曹参の優れた資質が記されている。それはどのような点か。最も適切なものを一つ選びなさい。

1 自分の立場や能力を適切に把握していて、事態の推移を的確に予測できる点。
2 偉大な先人を厚く敬い、その基本方針をさらに高めていくことができる点。
3 高い地位につけばつくほど、より優れた力を発揮して任を果たすことができる点。
4 自分の身に大きな変化が起こるとき、少しも迷わずに決断することができる点。

平成二九年度　九月実施

一　次の各問いに答えなさい。

問1　次の中で、熟語の読み方が誤っているものを一つ選びなさい。

1　敷設（ふせつ）　2　解熱（げねつ）
3　頻繁（ひんぱん）　4　完遂（かんつい）

問2　次の中から、「関係機関によるキン密な連携のもと、国際大会を滞りなく終える。」の「キン」に当たる漢字を含む熟語を一つ選びなさい。

1　キン慎　2　キン急　3　キン肉　4　キン代

問3　次の文中の空欄部に当てはまる語を一つ選びなさい。

＊発言者のささいな言い回しに気を取られ、肝心の内容を聞き漏らしている。それでは「（　　）を見て森を見ず」だ。

1　木　2　下　3　空　4　山

問4　次の文中の傍線部が文意に合う四字熟語になるように、空欄部に当てはまる漢字を一つ選びなさい。

＊校則の変更を（　　）知徹底させるため、校内各所に変更内容を掲示する。

1　衆　2　集　3　修　4　周

問5　次の文中の傍線部の対義語を一つ選びなさい。

＊彼は、協議会の新会長に推され、就任を快諾した。

1　承知　2　断絶　3　固辞　4　抗議

問6　次の文中の空欄部に当てはまる言葉を一つ選びなさい。

＊市長が会見の中で、（　　）な捉え方にとらわれない新たな観点での市政への意見を、広く市民から求めたいと語った。

1　デフォルメ　2　ステレオタイプ
3　ロジック　4　イリュージョン

問7　作者と作品との組み合わせとして誤っているものを一つ選びなさい。

1　井伏鱒二―富嶽百景　2　梶井基次郎―檸檬
3　幸田露伴《こうだろはん》―五重塔　4　森鷗外―渋江抽斎《しぶえちゅうさい》

二　次の文章を読んで、あとの問いに答えなさい（設問の都合上、表記を変えたところがある）。

　ある評論の理論が整然としているとか、論証が精緻だとかいうようなことは、これは注意力の問題で、大した難題でもない。平たく言えば、頭さえよければいいのであるが、文章の良い悪いの問題になると、頭の良い悪いというようなことでは片付かない。つまり良い文章を書く条件は、そんな簡単なものではない。ある評論が、論証に精《くわ》しいということは結構なことだが、精しい論証が必ずしも読者を説得するとは限らない。頭脳は明晰《めいせき》だがいっこう感化力も説得力もないという人間が世間にはいるように、そんな人間をそっくり思わせるような評論もあるので、そういう評論を書いて事が足りている限り、文章に関する本質的な問題は起こり得ないであろう。

　論証は精しいが説得力が貧しいという評論の性質をもう少し考えてみると、そういう評論は論理的な要素は充分に備えながら、心理的な要素に欠けるところがあるのだ、ということになる。ある評論を読んで理屈はなるほどそうだが、何か得心の行かぬ感じを読者が受けるのは、その評論に現れた理論が心理的な裏打ちを欠いている点を敏感に感じ取るがためである。

　理論上の細かい分析なぞは、評論を書き慣れた人には、そういうものに慣れない読者が考えるほど面倒なものではない。評論家がほんとうに困難を覚えるところは、ただ理論のaゲンセイを期するということから一歩を進め、理論が読者の心理にどういう効果を与えるか、その効果も併せ計って、評論の文章がただ理路の通った文章に止《とど》まらず、魅力ある生きた文章たることを期するという点にある。なかなか力及ばずそこまで行けないものだが、そういう覚悟で評論を書かないと何時《いつ》まで経《た》っても評論に精彩が出ないのである。

　(1)そういう点に評論の本質的な技巧があるわけだが、どういうふうにその技巧を磨くかということになると、これは小説家がその技巧を磨く方法と同様に一定した方法はないわけである。幾つも実際に文を創ってみて自得するより他はない。

　評論を書き始めて暫《しばら》くした頃、僕は自分の文章の平板な点、一本調子な点にしだいに不満を覚えてきたことがある。努めて同じ問題をいろいろな面から角度から眺めて、豊富な文体を得ようとしたが、どうしたら得られるかわからない。仕方がないから、ちょうど*切籠《きりこ》の硝子《ガラス》玉でも作る気で、ある問題の一面を出来るだけはっきり書いてごく短い一章を書くと、連絡なぞ全く考えずにまるで反対な面を切る気持ちで、反対な面から眺めたところをまた出来るだけはっきりした文章に作り上げる。こうした短章を幾つも作ってみたことがある。だんだんやっているうちに、こういう諸短章を原稿用紙に芸もなく二行開きで並べるだけで、全体が切籠の硝子玉程度の文章にはなるようになった。そんなことを暫くやっているうちに、玉を作るのにまず一面を磨き、次に反対の面を磨くというようなことをしなくても、一息でいろいろの面が繰り展《の》べられるような文が書けるようになった。

　またこんな経験がある。ルナン*が、始めから結論を持って論文を書き始めるな、と言っているのを読んで、(2)大変感じ入ったことがあるのを覚えている。僕はその頃まずはっきりした結論、いやその結論の文句まで頭に浮かばないと筆がとれなかったものだ。僕の文章には読者は即興的な部分が非常に多いと思われるかも知れないが、ほんとうに即興の何物かを会得したのは最近のことで、初期の僕の文なぞは皆予《あらかじ》め隅々までも計算して書き始めたものだ。詰まらぬ洒落《しゃれ》まで下書きして清書したものだ。そういう習慣で書いていた頃だから、ルナンの言葉は非常に心に応えた。どうにかして予め決めた結論なぞに縛られず、のびのびと書ける気になりたいものだと思ったが、そんな冒険がどうしたら成功するか全く見当がつかなかった。

無論そういうことに、確かな方法があるはずはない。仕方がないので、下書きというものを全然止《や》めることにした。結末がどうなるか決定しないで書き始めるというような冒険はとても出来なかったが、ぶっつけに原稿紙に書き始めるという方法は、ともかく書き出しと最後の結論との間にあるいろいろな小さな結論を無視させるから、やってみると思い掛けない様々な文章上の急所を僕に明かしてくれた。こういう自由な書き方で、文章の姿をくずすまいとすることは、なかなか難事であったが、長い間にはそれもどうにか出来るようになった。今ではもういったん書いた文章は、読み返しもしない。もっともこの状態が今後どう変わるか自分でもはっきりしない。再び言うが、文章は確かに自分のものでありながら、また自分のものではないのである。

◆現代では、美文というものは流行《はや》らない。そんなものは流行らない方が無論よいのであるが、美文の蔑視が文章というものの蔑視に進んでいる傾向があるのは争われないと思う。多くの文学者が、巧みに書こうとするより正確に観察しようとしている。そういう傾向は空々しい美文から離れるという点で結構なことだが、そういう道をあまり進み過ぎると、文章というものが、いや言葉というものが、観察者と観察対象との間を繋《つな》ぐ、単なる中間項のようなものになってしまっているのに気が付かないでいる、というところまで陥《お》ちて行くものだ。そういうカゴは多くの人々が犯している。

心にもないことを書かぬという覚悟はよいが、はっきり心に思ったことをそのまま書けばいい文章になるとは限らない。文章というものはそんなに易しいものではあるまい。考えたままを見たままを言葉に置き代えるという考え方からして大変軽薄なものである。そういうふうな考え方をして文を作っているから、知らず知らずのうちに、言葉は考えを現す単なる*符牒《ふちょう》だというような考えに陥る。

まず考えというものを押し進める、それが言葉になるかならぬかは第二の問題だ、そういう心構えで、僕も評論を書き始めた頃は文章を書いていたものである。(3)言葉は考えというものに隷属していると見做《みな》して、考えの赴くがままに言葉を自由に使おうとした。[X]、既存の言葉を無視して、新しい言葉なり語法なりを勝手に作り出すというようなことも平気で出来たのである。

ところで、一方言葉というものは、万人共有の財であり、個人の考えによる全く勝手な発明ということは許されないのであるから、上述のように、精神の赴くがままに言葉を自由に*馳駆《ちく》しようとひたすら進むやり方では、既存の言葉というものが絶えず新しい考えを述べる障碍《しょうがい》と考えられがちなのである。つまり精神は言葉を従えようとして、常に言葉の抵抗を感じていなければならぬ始末になる。こういう困難から逃れることは、僕には容易ではなかった。要するに(4)考えることとこれを表現することとの間に常に過不足を感じている、その苦痛から逃れることは難しかった。難解な言葉を使いたがったり、捻《ひね》くれた語法を使いたくなったりしたのも、そこに由来していたのである。文学者が考えるとは即《すなわ》ち書くことであり、巧みに考えるとは巧みな言葉によって考えるということに他ならぬ。そこまで行かなければ文章は生きて来ない。

まず考え次にこれを言葉にするという呑気《のんき》な考え方から文学者は出なくてはならない。そういう呑気な考え方が、例えば画家についても、画《え》で表現しようとする思想がまず画家の精神のうちにあり、これを色で翻訳したものが画だというふうな考え方をさせるのであるが、画家は実際には決してそういう事をしてはいない。色を塗って行くうちに自分の考えがしだいにはっきりした形を取って行くのである。言葉を代えれば、彼は考えを色にするのではなく、色によって考えるのである。文学者における言葉もまた画家における色のようなものでなければならないのであって、これは文学者のうちでも一番純粋な詩人の仕事を考えればよくわかるように、詩人の精神が言葉を駆使するというよりむしろ言葉というものが詩人の精神を常に導いているのだ。

（小林秀雄『文章について』）

（注）＊切籠の硝子玉＝ガラス製の切子（切籠）玉。切子は、ガラス工芸技法のこと。
＊ルナン＝フランスの思想家、宗教史家。一八二三〜一八九二。
＊符牒＝ある意味を含んだ図形や文字、記号。仲間うちだけにわかるようにした言葉。
＊馳駆＝駆使。使いこなすこと。

問８　二重傍線部ａのカタカナと同じ漢字を使うものを一つ選びなさい。

１　行動範囲をゲンテイする。　２　軍事費をサクゲンする。
３　地下のシゲンを活用する。　４　落書きをゲンキンする。

問９　二重傍線部ｂのカタカナと同じ漢字を使うものを一つ選びなさい。

１　大臣の身辺をケイゴする。　２　委員がコウゴに意見を述べる。
３　試行サクゴを繰り返す。　４　得意そうに大言ソウゴする。

問10　空欄部［Ｘ］に入る言葉として最も適切なものを一つ選びなさい。

１　あるいは　２　なぜなら
３　しかも　４　したがって

問11　傍線部⑴「そういう点に評論の本質的な技巧がある」とあるが、「そういう点」の表す内容として、最も適切なものを一つ選びなさい。

１　論理的要素を犠牲にしてでも心理的要素に魅力が感じられるような文章を創る覚悟をもつという点。
２　論の筋道が通っているだけでなく読者を納得させる心理的効果もある文章を創造しようとするという点。
３　論証が精しいだけでなく読者の心を引きつけるような魅力的な文章の出現を期待し続けるという点。
４　論理的な正確さがそのまま心理的な魅力に変わるところまでひたすら文章技術を磨き上げるという点。

問12　傍線部⑵「大変感じ入ったことがある」とあるが、「感じ入った」理由として最も適切なものを一つ選びなさい。

１　まず結論を得ることが難しかったので、予め隅々まで計算して書き始めていた失敗を、ルナンの言葉によって批判されたから。
２　ほんとうの即興が何物か会得もせずに自分の文章を即興的だと思い込んでいた間違いを、ルナンの言葉によって指摘されたから。
３　予め結論を決めることに縛られ、先を計算し詰まらぬ洒落まで清書していた自分の方法を、ルナンの言葉によって否定されたから。
４　予め決めた結論に縛られながらのびのびと書くことがいかに難しい冒険であるかを、ルナンの言葉によって気づかされたから。

問13　傍線部⑶「言葉は考えというものに隷属していると見做して」とあるが、そのように見做すとは、具体的にどういうことか。最も適切なものを一つ選びなさい。

１　言葉は考えたままを文章にするためのもので、まず考えた後でそれに合わせて自由に使えばよいと考えること。
２　心にもないことを書かないことが大切だが、考えたままを文章化できるのは言葉があるからだと考えること。
３　巧みに言葉を使うよりも考えをそのまま書くことのほうが大切だから、まず思考しなければならないと考えること。
４　考えたことが言葉になるかならぬかは後の問題で、まず考えさえすれば言葉はなくても構わないと考えること。

問14　傍線部(4)「考えることとこれを表現することとの間に常に過不足を感じている」とは、どのような状態か。その説明として最も適切なものを一つ選びなさい。

1　個人としては自由な考えを持っていても、表現するために必要な言葉は万人のものなので勝手に使うことができないでいる状態。
2　言葉は自分の考えを述べるためのただの符牒だと思っていたのに、万人が共有する以上は勝手に変えられないと知って失望した状態。
3　自分の考えが赴くままを表現しようとするとき、既存の言葉が万人共有のものであることに制約されて不自由を感じている状態。
4　自分の考えを押し進める言葉は自由になると思っていたのに、表現に必要な言葉は万人のものなので考えが行き詰まっている状態。

問15　◆印をつけた段落における美文についての記述は、論の展開上でどのような働きをしているか。その説明として最も適切なものを一つ選びなさい。

1　評論では予め決めた結論に縛られずに自由に書くことが難しいという前段の事例に基づいて、言葉は常に正しく使うべきだという後段における具体的な解決策を暗示する働き。
2　評論の文章の技巧を磨く方法を自得するのに苦心を重ねた経験を例示した前段から方向を転じ、思考や精神と言葉との関係をいかに考えるべきかを主題とする後段へ論を導く働き。
3　評論を魅力的な生きた文章にする自由な書き方の必要を訴えた前段の主張をさらに押し進めて、言葉の使い方には特に注意が必要だと新たな提案をする後段の根拠を示す働き。
4　評論では自由な書き方をして文章の技巧を磨くべきであるという前段の内容と、文学作品ではまず言葉の機能を重んじるべきことを論じた後段の内容との対照を印象づける働き。

問16　本文の表現と内容についての説明として、最も適切なものを一つ選びなさい。

1　筆者は、読者の心を動かす文章を創造するためには自分の言葉で考えたことを自分の言葉で表現する努力が必要なことを、自身が体験したことや文学者の方法を例にして繰り返し主張している。
2　筆者は、言葉を表現の単なる符牒としてでなく、詩人の精神を導くように私たちの思考を形成して表現に向わせるものと捉え、その言葉の力を生かした、人の心に響く文章の創造を求めている。
3　筆者は、画家にとっての色は文学者にとっての言葉と同じ働きをするといい、画と文章との共通点を明らかにしたうえで、思考と表現との間には深い結びつきが存在することを強調している。
4　筆者は、考えや観察結果を言葉に置き代えようとする際の間違いの原因が言葉をただの符牒として扱うところにあることを批判し、生きた文章を書くために言葉の機能を見直すべきことを訴えている。

三　次の文章を読んで、あとの問いに答えなさい（設問の都合上、一部省略した箇所等がある）。

> 次の文章は夏目漱石『三四郎』の一節である。熊本から上京して大学に入った三四郎は、講義で隣の席にいた男と知り合った。男は教授の顔のポンチ絵（漫画風の絵）を描いていた。

さっき(1)ポンチ絵をかいた男が来て、

「大学の講義はつまらんなあ」と言った。三四郎はいいかげんな返事をした。実はつまるかつまらないか、三四郎にはちっとも判断ができないのである。しかしこの時からこの男と口をきくようになった。

その日はなんとなく気が鬱して、面白くなかったので、池の周囲《まわり》を回ることは見合わせて家《うち》へ帰った。晩食後筆記を繰り返して読んでみたが、別に愉快にも不愉快にもならなかった。母にA言文一致の手紙を書いた。――学校は始まった。これから毎日出る。学校はたいへん広いいい場所で、建物もたいへん美しい。まん中に池がある。池の周囲を散歩するのが楽しみだ。電車には近ごろようやく乗り馴《な》れた。何か買ってあげたいが、何がいいかわからないから、買ってあげない。欲しければそっちから言ってきてくれ。今年の米は今に価《ね》が出るから、売らずにおくほうが得だろう。三輪田のお光さんにはあまり愛想をよくしないほうがよかろう。東京へ来てみると人はいくらでもいる。男も多いが女も多い。というような事をごたごた並べたものであった。

手紙を書いて、英語の本を六、七ページ読んだらいやになった。こんな本を一冊ぐらい読んでもだめだと思いだした。床を取って寝ることにしたが、寝つかれない。不眠症になったら早く病院に行って見てもらおうなどと考えているうちに寝てしまった。

あくる日も例刻に学校へ行って講義を聞いた。昼飯を食いに下宿へ帰ろうと思ったら、きのうポンチ絵をかいた男が来て、おいおいと言いながら、本郷《ほんごう》の通りの淀見軒《よどみけん》という所に引っ張って行って、ライスカレーを食わした。淀見軒という所は店で果物を売っている。新しい普請であった。ポンチ絵をかいた男はこの建築の表を指さして、これが*ヌーボー式だと教えた。三四郎は建築にもヌーボー式があるものとはじめて悟った。帰り道に*青木堂も教わった。やはり大学生のよく行く所だそうである。赤門をはいって、二人で池の周囲を散歩した。その時ポンチ絵の男は、死んだ小泉八雲先生は教員控え室へはいるのが嫌いで講義が済むといつでもこの周囲をぐるぐる回って歩いたんだと、あたかも小泉先生に教わったようなことを言った。なぜ控え室へはいらなかったのだろうかと三四郎が尋ねたら、

「そりゃあたりまえださ。第一彼らの講義を聞いてもわかるじゃないか。話せるものは一人もいやしない」と手ひどいことを平気で言ったには三四郎も驚いた。この男は佐々木与次郎といって、専門学校を卒業して、今年また*選科へはいったのだそうだ。東片町《ひがしかたまち》の五番地の広田という家にいるから、遊びに来いと言う。下宿かと聞くと、なに高等学校の先生の家だと答えた。

それから当分のあいだ三四郎は毎日学校へ通って、B律義に講義を聞いた。必修課目以外のものへも時々出席してみた。それでも、まだ物足りない。そこでついには専攻課目にまるで縁故のないものまでへも折々は顔を出した。しかしたいていは二度か三度でやめてしまった。一か月と続いたのは少しもなかった。それでも平均一週に約四十時間ほどになる。いかな勤勉な三四郎にも四十時間はちと多過ぎる。三四郎はたえず一種の圧迫を感じていた。しかるに物足りない。三四郎は楽しまなくなった。

ある日佐々木与次郎に会ってその話をすると、与次郎は四十時間と聞い

て、(2)目を丸くして、「ばかばか」と言ったが、「下宿屋のまずい飯を一日に十ぺん食ったら物足りるようになるか考えてみろ」といきなり警句でもって三四郎をどやしつけた。三四郎はすぐさま恐れ入って、「どうしたらよかろう」と相談をかけた。

「電車に乗るがいい」と与次郎が言った。三四郎は何か寓意《ぐうい》でもあることと思って、しばらく考えてみたが、別にこれという思案も浮かばないので、

「本当の電車か」と聞き直した。その時与次郎はげらげら笑って、

「電車に乗って、東京を十五、六ぺん乗り回しているうちにはおのずから物足りるようになるさ」と言う。

「なぜ」

「なぜって、そう、活《い》きてる頭を、死んだ講義で封じ込めちゃ、助からない。外へ出て風を入れるさ。その上に物足りる工夫はいくらでもあるが、まあ電車が一番の初歩でかつもっとも軽便だ」

その日の夕方、与次郎は三四郎を拉《らっ》して、四丁目から電車に乗って、新橋へ行って、新橋からまた引き返して、日本橋へ来て、そこで降りて、

「どうだ」と聞いた。

次に大通りから細い横町へ曲がって、平《ひら》の家《や》という看板のある料理屋へ上がって、晩飯を食って酒を呑《の》んだ。そこの下女はみんな京都弁を使う。はなはだ*纏綿《てんめん》している。表へ出た与次郎は赤い顔をして、また

「どうだ」と聞いた。

次に本場の寄席へ連れて行ってやると言って、また細い横町へはいって、木原店《きはらだな》という寄席へ上った。ここで小《こ》さんという落語家《はなしか》を聞いた。十時過ぎ通りへ出た与次郎は、また

「どうだ」と聞いた。

三四郎は物足りたとは答えなかった。しかしまんざら物足りない心持ちもしなかった。すると与次郎は大いに小さん論を始めた。

小さんは天才である。あんな芸術家はめったに出るものじゃない。いつでも聞けると思うから安っぽい感じがして、はなはだ気の毒だ。実は彼と時を同じゅうして生きている我々はたいへんなしあわせである。今から少し前に生まれても小さんは聞けない。少しおくれても同様だ。――円遊《えんゆう》もうまい。しかし小さんとは趣が違っている。円遊のふんした太鼓持ちは、太鼓持ちになった円遊だから面白いので、小さんのやる太鼓持ちは、小さんを離れた太鼓持ちだから面白い。円遊の演ずる人物から円遊を隠せば、人物がまるで消滅してしまう、小さんの演ずる人物から、いくら小さんを隠したって、人物は*活発発地《かっぱつはっち》に躍動するばかりだ。そこがえらい。

与次郎はこんなことを言って、また

「どうだ」と聞いた。実を言うと三四郎には小さんの味わいがよくわからなかった。そのうえ円遊なるものはいまだかつて聞いたことがない。したがって与次郎の説の当否は判定しにくい。しかしその比較のほとんど文学的と言い得るほどに要領を得たには感服した。

高等学校の前で別れる時、三四郎は、

「ありがとう、(3)大いに物足りた」と礼を述べた。すると与次郎は、

「これから先は図書館でなくっちゃ物足りない」と言って片町の方へ曲がってしまった。この一言で三四郎ははじめて図書館にはいることを知った。

その翌日から三四郎は四十時間の講義をほとんど半分に減らしてしまった。そうして図書館にはいった。広く、長く、天井が高く、左右に窓のたくさんある建物であった。書庫は入り口しか見えない。こっちの正面からのぞくと奥には、書物がいくらでも備え付けてあるように思われる。立って見ていると、書庫の中から、厚い本を二、三冊抱えて、出口へ来て左へ折れて行くものがある。職員閲覧室へ行く人である。中には必要の本を書棚から取りおろして、胸いっぱいにひろげて、立ちながら調べている人もある。(4)三四郎はうらやましくなった。奥まで行って二階へ上って、それから三階へ上って、本郷より高い所で、生きたものを近づけずに、紙のにおいをかぎながら、――読んでみたい。けれども何を読むかに至っては、別

にはっきりした考えがない。読んでみなければわからないが、何かあの奥にたくさんありそうに思う。

三四郎は一年生だから書庫へはいる権利がない。しかたなしに、大きな箱入りの*札目録を、こごんで一枚一枚調べてゆくと、いくらめくってもあとから新しい本の名が出てくる。しまいに肩が痛くなった。顔を上げて、中休みに、館内を見回すと、さすがに図書館だけあって静かなものである。しかも人がたくさんいる。そうして向こうのはずれにいる人の頭が黒く見える。目口ははっきりしない。高い窓の外から所々に樹《き》が見える。空も少し見える。遠くから町の音がする。三四郎は立ちながら、学者の生活は静かで深いものだと考えた。

(注)＊ヌーボー式…19世紀末から20世紀初頭にフランスを中心にヨーロッパで流行した芸術様式。
＊青木堂…当時、本郷にあった洋食屋の名前。
＊選科…定められた学科の中から一部を選んで学ぶ課程のこと。
＊纏綿…物事が複雑に入り組んでいる様子。
＊活発発地…活気があふれている様子。
＊札目録…書物の名前や内容をまとめて記録したもの。

問17・18　波線部A「言文一致」、B「律義に」の本文中の意味として、最も適切なものをそれぞれ一つずつ選びなさい。（Aは問17、Bは問18の解答欄にマークすること。）

A「言文一致」

1　改まった言葉で文章を書くこと
2　事実そのままを文章に書くこと
3　気持ちを直接伝える文章を書くこと
4　話し言葉によって文章を書くこと

B「律義に」

1　道徳的に
2　誠実に
3　立派に
4　表面的に

問19　傍線部(1)「ポンチ絵をかいた男」とあるが、この男（佐々木与次郎）はどのような人物として描かれているか。その人物像の説明として、最も適切なものを一つ選びなさい。

1　何事ももっともらしい理屈で説明し、相手を信用させて上手に世渡りをしていくような一面を持った人物。
2　新しい思想をいち早く取り入れ、親切心から周囲の人にもつい押し付けてしまうような一面を持った人物。
3　感じたことをそのまま口にし、痛烈な言葉であっても遠慮せずに発言してしまうような一面を持った人物。
4　ときに自分を悪人に見せ、自らの理想の実現のためには手段を選ばず進んでいくような一面を持った人物。

問20　傍線部(2)「目を丸くして、『ばかばか』と言った」とあるが、このときの「与次郎」の気持ちについて説明したものとして、最も適切なものを一つ選びなさい。

1　与次郎は、物足りなさから週に四十時間も講義を受けているという三四郎を驚きの目で眺め、その愚かさをとがめている。
2　与次郎は、たった週四十時間の講義を受けるだけで圧迫を感じているという三四郎を軽蔑し、その意気地のなさを非難している。
3　与次郎は、講義の内容を理解できずに物足りなさを覚えているという三四郎を一喝し、その受け身の態度に反省を促している。
4　与次郎は、上京してから下宿屋のまずい飯ばかりを食べているという三四郎を哀れな者に思い、その生活苦を気遣っている。

問21　傍線部(3)「図書館」とあるが、その描写について説明したものとして、最も適切なものを一つ選びなさい。

1　三四郎の目を通して見た建物の壮麗な様子が、三四郎の想像する真の学問の高尚さと重ね合わせられるように描写されている。
2　三四郎の目を通して見た書庫の入り口の様子が、三四郎の想像する学問の道の遠大さと重ね合わせられるように描写されている。
3　三四郎の目を通して見た館内の静かで奥深い様子が、三四郎の想像する学者の生活と重ね合わせられるように描写されている。
4　三四郎の目を通して見た高い窓の外の様子が、三四郎の想像する学生生活の理想像と重ね合わせられるように描写されている。

問22　傍線部(4)「三四郎はうらやましくなった」とあるが、このような気持ちになった理由を説明したものとして当てはまらないものを一つ選びなさい。

1　自分は入れない書庫から出てくる人たちばかりが、ここで生き生きと調べ物をしているように感じられたから。

2　何を読むべきかをはっきり自覚している人たちが、心ゆくまでここで勉強しているように感じられたから。

3　ここにいる人たちは講義に出るだけではなく、自由に本を選んでは勉強しているように感じられたから。

4　ここにいる人たちはみな、何事にもわずらわされることなく一心に読書に打ち込んでいるように感じられたから。

問23　本文の内容を述べたものとして、最も適切なものを一つ選びなさい。

1　三四郎は大学生活の中で一種の精神的圧迫を感じるようになり、不眠症に陥ってしまう。与次郎はそんな三四郎をさまざまな場面で元気づけ、三四郎は一人で図書館に通えるまでに回復する。

2　三四郎は大学の講義を週四十時間も受けたことで、かえって学問への興味を失ってしまう。与次郎はそんな三四郎に学生生活の楽しみ方を教え、三四郎は徐々に学問への興味を取り戻していく。

3　三四郎は郷里から遠く離れた東京で暮らす大学生活に充実感を味わえずにいた。与次郎はそんな三四郎を寄席に連れて行って小さんを聞かせ、三四郎はすっかり落語の魅力にとりつかれる。

4　三四郎は大学で数多くの講義に出席する毎日に満たされないものを感じていた。与次郎はそんな三四郎をあちこち連れ回して刺激を与え、三四郎は大学の講義以外の世界に目を開かれていく。

四　次の文章を読んで、あとの問いに答えなさい。

今は昔、＊河原院《かはらのゐん》は＊融《とほる》の左大臣の家なり。＊陸奥《みちのく》の塩釜《しほがま》の形《かた》を作りて、潮《うしほ》を汲《く》み寄せて、塩を焼かせなど、さまざまのⓐをかしき事を尽くして住み給ひける。大臣《おとど》失《う》せて後《のち》、＊宇多院には奉りたるなり。＊延喜《えんぎ》の御門《みかど》たびたび行幸ありけり。

まだ院住ませ給ひける折に、夜中ばかりに、西の対《たい》の＊塗籠《ぬりごめ》をあけて、そよめきて人の①参るやうに思《おぼ》されければ、見させ給へば、＊ひの装束うるはしくしたる人の、太刀《たち》はき、笏《しやく》取りて、二間ばかり退《の》きて、かしこまりてゐたり。ⓑ「あれはたそ」と問はせ給へば、「ここの主に候ふ翁《おきな》なり」と申す。「融の大臣か」と問はせ給へば、「しかに候ふ」と申す。「さはなんぞ」と仰せらるれば、「家なれば住み候ふに、(1)おはしますがかたじけなく、所狭《ところせ》く候ふなり。いかが仕るべからん」と申せば、「それはいといと異様《ことやう》の事なり。故大臣の子孫の、我に取らせたれば、住む②にこそあれ。(2)わが押し取りてゐたらばこそあらめ、礼も知らず、いかにかくは恨むるぞ」と高やかに仰せられければ、かい消《け》つやうに失せぬ。

その折の人々、「なほ御門は＊かたことにおはします者なり。(3)ただの人はその大臣にあひて、さやうにすくよかには言ひてんや」とぞいひける。

（『宇治拾遺物語』）

（注）
＊河原院＝左大臣源融が生前に造営した豪邸。
＊融の左大臣＝左大臣源融。第五十二代嵯峨天皇の皇子で、臣下の籍に下って左大臣となった。
＊陸奥の塩釜＝現在の宮城県塩竈市。古来、景勝地として知られた。
＊宇多院＝宇多上皇。第五十九代天皇。
＊延喜の御門＝醍醐天皇。宇多天皇の皇子で、第六十代天皇。
＊塗籠＝窓のない部屋で、衣服や調度品の物置、または寝室として使われた。
＊ひの装束＝束帯姿。貴族の正装。
＊かたことに＝「人格が格別で」の意。

問24・25　波線部ⓐ「をかしき事」、ⓑ「あれはたそ」の本文中の意味として、最も適切なものをそれぞれ一つずつ選びなさい。（ⓐは問24、ⓑは問25の解答欄にマークすること。）

ⓐ
1　楽しくおもしろいこと
2　趣深く風情のあること
3　意表をつく珍しいこと
4　人々の喜ぶようなこと

ⓑ
1　そこに控えよ
2　立ち去れ
3　何をしているのか
4　お前は誰だ

問26　二重傍線部①「参る」の敬意の対象として、最も適切なものを一つ選びなさい。

1　河原院　　2　融の左大臣
3　宇多院　　4　延喜の御門

問27　二重傍線部②「に」の文法的説明として、最も適切なものを一つ選びなさい。

1　格助詞
2　接続助詞
3　完了の助動詞「ぬ」の連用形
4　断定の助動詞「なり」の連用形

問28　傍線部(1)「おはしますがかたじけなく、所狭く候ふなり。いかが仕るべからん」とあるが、ここに表現されている「融の大臣」の亡霊の心情についての説明として、最も適切なものを一つ選びなさい。

1　自分と召し使いたちの住むこの屋敷に、上皇と大勢のお供の者たちが来訪すると手狭になってしまうので困っている、という心情。
2　自分よりも尊貴なお方が同じこの屋敷に住んでいらっしゃるのは気づまりでならないので、退去していただきたい、という心情。
3　この屋敷に上皇がお住まいになるのは光栄なことだが、そのために自分が塗籠を寝室としなければならないのは不満だ、という心情。
4　この屋敷は生前の自分が心を尽くして造営したもので、それが別な人の住居になってしまうのはどうしても納得できない、という心情。

問29　傍線部⑵「わが押し取りてゐたらばこそあらめ」の解釈として、最も適切なものを一つ選びなさい。

1　私が無理に奪ったのなら、恨み言を言うのもよいだろうが
2　私が無理に奪ったのだから、恨まれてもしかたがないことで
3　私が押しかけて来て住んでいるのなら困惑もするだろうが
4　私が押しかけて来て住んでいるのだから困惑するのも道理で

問30　傍線部⑶「ただの人はその大臣にあひて、さやうにすくよかには言ひてんや」とあるが、「その折の人々」がそのように評した理由として、最も適切なものを一つ選びなさい。

1　融の左大臣はその屋敷のかつての所有者であり、その人が所有権を主張する以上、誰も反論することができないから。
2　融の左大臣は、その生まれも官職も並ぶ者のない貴人であり、天皇・上皇と言えども対等の礼を執るべき人だから。
3　融の左大臣は皇子の身で後に左大臣となった尊貴な人であるうえ、亡霊となっているのでは畏怖されて当然だから。
4　融の左大臣は嵯峨天皇の皇子であり、天皇家の血筋という点で、宇多上皇にとっても親近感や敬意を覚える相手だから。

問31　本文の内容と合致するものを一つ選びなさい。

1　宇多上皇は、融の左大臣の生前に訪れたことのある河原院を気に入っていた。
2　融の左大臣の亡霊は、服装や立ち居振る舞いの点で、宇多上皇に対して礼儀正しかった。
3　融の左大臣の子孫たちは、故大臣の遺志に従って、河原院を宇多上皇に献上した。
4　宇多上皇が懇々とさとしたところ、融の左大臣の亡霊は納得して姿を消した。

問32　『宇治拾遺物語』と同時代に成立した作品を一つ選びなさい。

1　方丈記　　2　太平記
3　栄花物語　　4　梁塵秘抄

五

次の漢文を読んで、あとの問いに答えなさい（設問の都合で返り点・送り仮名を省略した部分がある）。

魏*ノ遼《れう》東《とう》公《こう》翟《てき》黒《こく》子《し》、有リレ寵二於*太武ニ一。*奉二‐使シテ并《へい》州《しう》ニ一、*受ケ二布千匹ヲ一、事覚《あらハル》。黒子謀リテ二於*著作郎高《かう》允《いん》ニ一曰ハク、「主上問ハバレ我ニ、(1)当ニ下以テレ実ヲ告グ上、当《キカ》ニ中レ*諱《いむ》ム上《キカト》レ之ヲ」。允曰ハク、「公ハ*帷《ゐ》幄《あくノ》寵臣ナリ。有リレ罪首セバレ実ヲ、(2)庶ニ二或□レ原。(3)不可重為欺罔也」。*中書侍郎崔《さい》鑒《かん》・公孫質曰ハク、「ⓐ若シ首セバレ実ヲ、罪不可測。(4)不トレ如カ二姑《しばらク》諱ムニレ之ヲ一」。黒子怨ミテレ允ヲ曰ハク、「君ⓑ奈何ゾ誘ヒテレ人ヲ就カシムルヤト二死地ニ一」。入リテ見エレ帝ニ、不ニ以テレ実ヲ対ヘ一。帝怒リテ殺スレ之ヲ。

（『小学』）

（注）＊魏遼東公翟黒子＝「魏」は国名。「遼東公」は官職名。「翟黒子」は魏の重臣の名。
＊太武＝魏の第三代皇帝。
＊奉使并州＝并州（地方名）に帝の使者として派遣されたことを言う。
＊受布千匹＝高価な品を賄賂として受け取ったことを言う。
＊著作郎高允＝「著作郎」は官職名。「高允」は魏の重臣の名。

＊諱＝ここでは「嫌って避ける」の意。
＊帷幄＝機密事項に参画する側近。
＊中書侍郎崔鑒・公孫質＝「中書侍郎」は官職名。「崔鑒・公孫質」は、それぞれ魏の重臣の名。

問33 波線部ⓐ「若」の読み方として、最も適切なものを一つ選びなさい。

1 いま　2 もし
3 かりに　4 もしくは

問34 波線部ⓑ「奈何」の意味として、最も適切なものを一つ選びなさい。

1 どうして　2 意外にも
3 やっと　4 結局のところ

問35 傍線部(1)「当以実告」の解釈として、最も適切なものを一つ選びなさい。

1 すぐに参上して申し上げようか
2 思い当たることを言上しようか
3 正直にお答えした方がよいのか
4 帝に直接御報告する方がよいのか

問36 傍線部(2)「庶或□原」は「或《ある》いは原《ゆる》さるるに庶《ちか》からん」と訓読する。傍線部中の空欄部に補う漢字として、最も適切なものを一つ選びなさい。

1 由　2 而　3 莫　4 見

問37 傍線部(3)「不可重為欺罔也」の返り点の付け方と書き下し文との組み合わせとして、最も適切なものを一つ選びなさい。

1 不レ可レ重為二欺罔一也
重ぬべからずして欺罔を為すなり
2 不レ可重為二欺罔一也
可ならずして重ねて欺罔を為すなり
3 不レ可三重為二欺罔一也
重ねて欺罔を為すべからざるなり
4 不レ可レ重レ為二欺罔一也
欺罔を為して重ぬるは可ならざるなり

問38 傍線部(4)「不如姑諱之」とあるが、崔鑒と公孫質はどのような助言をしているのか。最も適切なものを一つ選びなさい。

1 帝に謁見するのは、状況がもう少し有利になるまで待ったほうがいい。
2 帝に謁見したときには、曖昧な言葉や嘘をまじえて答えたほうがいい。
3 帝に対してはごまかそうとせず、ありのままを簡潔に述べたほうがいい。
4 帝に対しては卑屈になることなく、堂々と信じるところを論じたほうがいい。

問39　この文章の内容に当てはまらないものを一つ選びなさい。

1　崔鑒と公孫質は、事実をそのまま帝に伝えた場合には、どんな罪を受けるかわからないと黒子に忠告した。

2　黒子は、過ちの事実を正直に認めなかったために帝の怒りを買い、処刑される結果となった。

3　高允は、正直に自分の非を認めて反省の意を表せば、帝も許してくださるかもしれないと、黒子を諭した。

4　黒子は命に関わる重要な事柄について、人の意見に頼らずに自分の信じるところに従ったため、活路が開けた。

四月実施　解答と解説

一　語彙

〔解説〕

問1　漢字の書き

正解は3。「利《き》く」は「本来の機能を十分に発揮する」の意。1は「講演を聴く（聞く）」、2は「前宣伝が効く」、4は「集合場所を聞く」と書く。

問2　熟語

正解は2。「過大評価する。」は「物事を実際よりも高く見積もったり、評価したりする」という意味。1の「誇大」は「実際以上に大げさに言ったり、考えたりすること。また、そのさま」、3の「拡大」は「広げて大きくすること。また、広がって大きくなること」、4の「巨大」は「非常に大きいこと。また、そのさま」という意味。

問3　四字熟語

正解は1。「雲散霧消（する）」は「雲や霧が消えるときのように、あとかたもなく消えうせる」という意味。2の「解消」は「今までの状態や関係、約束などが消えてなくなること。また、それらをなくすこと」、3の「全消」という言葉はない。4の「抹消」は「塗りつぶして消すこと。記載事項を消すこと」という意味。

問4　故事成語

正解は3。「白眉《はくび》」は「（蜀《しょく》の馬氏の五人兄弟はみな優秀であったが、まゆに白毛のある長兄の馬良が最もすぐれていたという『蜀志』馬良伝の故事から）多数あるもののうち、最もすぐれているものや人のたとえ」の意。1の「蛇足《だそく》」は「付け加える必要のないもの。無用の長物」、2の「杞憂《きゆう》」は「心配する必要のないことを、あれこれ心配すること。取り越し苦労」、4の「杜撰《ずさん》」は、「①著作物などの典拠が確かでないこと。いい加減に書かれていて、誤りが多いこと。②物事のやり方がぞんざいで、手抜きが多いこと」の意。

問5　外来語

正解は4。「ネガティブ（消極的）」の対義語は「ポジティブ（積極的）」。1の「マジョリティー」は「大多数。過半数。多数派」の意。対義語は「マイノリティー（少数派）」。2の「ムーブメント」は「政治上・社会上・芸術上などの運動」。3の「シミュレーション」は「現実に想定される場面のモデルをつくり出し、そのモデルによって種々の状況に応じた実験。分析を行うこと」の意。

問6　慣用表現

正解は2。「馬の耳に念仏」は「馬にありがたい念仏を聞かせても無駄である。いくら意見をしても全く効き目のないことのたとえ。馬の耳に風。馬耳東風」の意。文意に適合している。1の「どんぐりの背比べ」は「どれもこれも平凡で、すぐれて目立つものがないことのたとえ」。3の「情けは人のためならず」は「人に親切にすれば、その相手のためになるだけでなく、やがてはよい報いとなって自分にもどってくる、ということ」。誤って、「親切にするのは、その人のためにならない」の意で使われることがあるので、注意が必要。4の「帯に短したすきに長し」は「中途半端で役に立たないことのたとえ」の意。

問7　敬語

正解は2。身内である母親は「母」、「ご相談する」は動作の受け手である先生に敬意を払っている謙譲表現であるのでこれが適切。1「お待ちする」は動作の受け手に対する謙譲表現になるので、動作主「お客様」に対して使うのは不適。正しくは尊敬表現として「お待ちになる」。3の「お持ちになる」は動作主に対する尊敬表現。動作主は「私」のなので、「私」自身に敬意を払うことになり、不適。「あなた」という動作の受け手に敬意を払う謙譲表現にならなくてはいけないので、正しくは「お持ちしましょう」または「持ちましょう」となる。4の「拝見する」は動作の受け手への敬意を表す謙譲表現なので、不適。正しくは「ご覧いただく」または「見ていただく」となる。

問8　文学史

正解は4。小林多喜二は、「プロレタリア文学」に属する作家であり、彼の作品は、『蟹工船』である。1の「新感覚派」としては、横光利一、川端康成など同人誌「文芸時代」による一派。『蠅』は、横光利一の作品。2の「新心理主義」は、伊藤整が提唱し、横光利一・堀辰雄《ほりたつお》・川端康成らもこれを試みた。『風立ちぬ』は、堀辰雄の作品なので、不適。3の「新思潮派」は、第3・4次「新思潮」の同人たちの呼称。山本有三・久米正雄・芥川龍之介・菊池寛らがおり、大正文学の一翼をになった。『恩讐《おんしゅう》の彼方に』は、菊池寛の作品なので、不適。

問9　古方位

正解は3。時刻や方角を十二支で表した。北が「了」で、時計回りに十二支が並んでいる。東が「卯《う》」、南が「午《うま》」、西が「酉《とり》」。時刻は、二十四時間を十二支で二時間ずつ割り当てたもの。1の北東は「丑寅《うしとら》（艮）」。2の北西は「戌亥《いぬい》（乾）」。4の南西は「未申《ひつじさる》（坤）」。

問10　古文　作品名

正解は1。「昔、男ありけり。」で始まるのは『伊勢物語』。2の『竹取物語』は、平安前期の伝奇（作り）物語。書き出しは「いまは昔、竹取の翁といふ者ありけり」。3の『大和物語』は、平安中期の歌物語。書き出しは「亭子の帝、いまはおりゐさせたまひなむとするところ」。4の『源氏物語』は、平安中期の長編物語。書き出しは「いづれの御時にか、女御、更衣あまたさぶらひ給ひけるなかに…」。伊勢物語と同じ頃に成立した歌物語は『大和物語』である。『栄花物語』は藤原道長の栄華を中心にした平安後期の歴史物語であるので不適。

二　評論

〔**出典**〕加藤秀俊《かとうひでとし》『取材学』（中公新書・一九七五年刊）

取材における材料選びのコツから図書館や索引を使いこなす方法、見出し読みの効用、論文をどうやってさがすか、カタログにない書物、もの知りに聞くこととその作法、現地をみることなど、体験をふまえて解説したもの。問題文は、「Ⅳ耳学問のすすめ」の中の「対話に学ぶ」から採った。

加藤秀俊（一九三〇〜）東京生まれ。東京商科大（現、一橋大）卒業後、京大人文科学研究所助手となる。この時期に、日本文化について論じた「中間文化」を発表し、注目された。日常生活のありふれた現象から、社会の隠された構造を露わにする方法を通して、多彩な研究活動を展開している。著書に『整理学』『人生にとって組織とは何か』『暮らしの世相史』『なんのための日本語』などがある。

〔**解説**〕

問11　漢字

正解は2。波線部ⓐは、「平易」。意味は、「特に事もなく、たやすいこと。やさしくて、わかりやすいこと」。選択肢で同じ「易」を使うのは、2の「安易」。意味は、「①たやすいこと。わけなくできること。②のんきなこと。いい加減なこと」。1は、「順位」で、

「ある基準に従ってものを並べたときの、それぞれの位置・地位」。3は、「経緯」で、「①縦糸と横糸。縦と横。②南北と東西。経線と緯線。経度と緯度。③秩序を立てて治めととのえること。④いきさつ。入り組んだ事情。物事がこれまで展開してきた筋道」。4は、「権威」で、「①他の者をおさえて服従させる威力。②ある分野できわめて高い信頼性があること。③ある分野で最高であると認められている専門家。権威者。オーソリティー」。

問12　漢字

正解は3。波線部ⓑは、「安住」。意味は「①安心してそこに住むこと。②ある状態に満足してそれ以上望まないこと」。同じ漢字を使うのは、3の「永住」。意味は、「永くその土地に居住すること。ある土地に移り、死ぬまでその地で生活すること」。1は、「補充」で、「不足を補い、満たすこと」。2は、「柔軟」で、やわらかなこと。しなやかなこと」。4は、「従事」で、「仕事に従うこと。仕事にたずさわること」。

問13　内容把握

正解は4。「その理想的なかたち」については、傍線部直後に説明されている。「はじめのあいだは、どちらが問う人なのか役割がはっきりしていても、話がすすんでゆくと、問う立場と答える立場とはいつのまにやら自由に交換されてゆくのである。つまり、ひとに話をきく、ということは、こちらも話すということであり、情報は相互交換的であるのがその理想のすがたなのだ」という部分。選択肢から同じ内容のものを探すと、4が正解となる。選択肢後半部分「弁証法的な対話の展開によって相互に思索が深められる。」は、傍線部の直前の段落で述べられている。1は、設問で問われているのが、「対話の展開のしかた」であるのに、準備の部分のことしか触れてないので不適。2は、「相手の答えをきくと同時に次の新たな問いを組み立て」が本文にないことなので不適。3は、「取材での話題に応じて聞き手と話し手が立場を交換し」が不適。本文には、「問う立場と答える立場とはいつのまにやら自由に交換されてゆく」とある。

問14　理由説明

正解は2。根拠は傍線部の後に書かれている。「意外な思索の展開というものは、たとえば文学者と電子工学者、物理学者と宗教家、といったような異質の人間が互いに相手のこころにさぐりをいれながら共通の問題をさがし求めるときに生まれるものなのだ」という部分。これに適する選択肢は2となる。1は、「よくわかるから」が不適。「おもしろさ」とは、「意外な思索の展開」があるということ。3は、「知らないものどうしが互いに心をさぐりあう対話の方が好奇心を刺激するから」が不適。本文には、「異質の人間が互いに相手のこころにさぐりをいれながら共通の問題をさがし求める」とある。4は、「専門家と非専門家の知識人を交えた」が不適。傍線部の後にあるように、非専門家ではなく、自分の専門以外のことに興味をもった専門家ということ。また、「率直なことばが使われていてわかりやすいから」も不適。本文にない。

問15　比喩の解釈

正解は1。「ヒナ人形のごとくに」とは、ただそこに顔をそろえているだけの状態の比喩。「かわりばんこに独白をつづける」は、交代で、相手のことを意識せずに一人で話すことを言う。傍線部直前の、「他領域の人と、発展的・相互刺激的に対話ができる」の反対の意味内容を指している。選択肢では1が適応する。2は、「他の専門との違いを強調しあっている」が不適。傍線部の「独白」つまり、「相手のことを意識しないで話す」の説明にはなっていない。3は、「独自性を訴え、互いの優劣の競争に夢中になっている」が不適。これも「独白」の説明にはなっていない。4は、「共同研究を妨げようとしている」が不適。特に、「独白」の意味には含まれない内容。

問16　構成把握

正解は4。まず、◆印の前の段落との関係を調べる。前の段落は、取材において理想的なかたちは、すぐれた対談集に学ぶべきで、相互交換的に情報をやりとりできるようになれば、立派な取材者だと述べている。それに対して◆印の段落は、「インタビューアー」について書かれている。前半では、「インタビューアーの大部分は、台本に書かれたとおりの断片的な問いを発し、どんな答えにたいしても『ああ、そうですか』ということばをオウムがえしにくりかえすだけで、ひとに話をきく方法として、もっとも愚かで軽薄なやりかただとし、まじめにじぶんの必要とする情報を手にいれようとする人は真似をしてはいけない」とあり、これは、前の段落とは全く違った存在の例になっている。また、◆印の後半では、「理想としてかかげるべきものは、もっと知的な対談、対話の世界なのである」とあり、これは、この後の段落につながる形になっているので、4が適切。1は、「自分の目標としている対話」が不適。2は、「対談集の対話を学ぶことの必要性に論を進めている」が不適。対談集の対話を学ぶことは一つ前の段落で述べられていることであり、知的な対談にするためには、異質の人間どうしがぶつかりあうことだという後の段落に続くもの。3は、まず『理想的な取材と実在する一般的な取材との方法上の違い』が不適。これを問題にしているのではない。また、そこに、対話をする者どうしの「人間関係」が介在するとも言っていないので、ここも不適。

問17　内容合致

正解は3。選択肢を、一つずつ丁寧に吟味していく。選択肢3の内容は、本文の第一段落から第三段落で確認できるので、これが適切。1は、「どんな専門家も自分の意見を述べ立てて他の専門家と対立しているだけでは」が不適。「自分の意見を述べ立て」ることと「他の専門家と対立」することは直結しない。また、「専門を離れ」るも不適。第七段落に、「学際的ということは、他領域の人と、発展的・相互刺激的に対話ができるということだ。」とあり、これは専門を離れての対話というわけではない。2は、「専門が同じ学者どうしより異質の知識人どうしの対談の方がおもしろい。だから、専門家」は「『学際人』として他領域の人間との対話を行うべき」が不適。最終段落に、「ほんとうに発展的な思索のためには、できるだけたくさんの、異質の人びとから話をきくことがのぞましい」とあり、「おもしろい」から対話をするのではない。4は、「すぐに専門家に頼らず」が不適。本文に書かれていない内容。また、「すぐれた対談集から弁証法的な対話を学び、思索を深める」も不適。異質の人間どうしがぶつかりあい、発展的・相互刺激的に対話する点に触れられていない。

三　小説

〔出典〕 梶井基次郎《かじいもとじろう》「路上」（『梶井基次郎全集』筑摩書房・一九八六年刊）。梶井基次郎（一九〇一〜一九三二）は、大阪生まれの小説家。東大英文科に入学し、外村繁らと同人誌「青空」を創刊し、「檸檬《れもん》」「城のある町にて」などを発表。しかし肺結核悪化のため、卒業を断念して、静岡県湯ヶ島《ゆがしま》での転地療養生活に入り、川端康成と知遇を得た。再度上京するも、病状が悪化して帰郷。療養生活で書いた「のんきな患者」が一九三二年「中央公論」に掲載され、小林秀雄の賛辞を受けてようやく文壇に認められたが、まもなく肺患で没した。鋭い感受性と豊かな詩情の混じり合った短編は、没後高い評価を受けている。『路上』は、一九二五年、「青空」第八号に掲載された。

〔解説〕

問18　語句の意味

正解は3。「獲物」とは、ここではいつもとは違うE停留所までの新しい行き方を見つけたという意味で使われている。1は、「思いどおりにできる」が不適。2は、「理想的な結果」が不適。どちらも本文にそぐわない内容。4は、「改めて見出した」が不適。これは何度も通っている道ということになる。実際には初めて通った道である。

問19　語句の意味

正解は4。「自力を施す術がなかった」は直後の言い換えで、「いくら危険を感じていても、滑るに任せ止まるに任せる外はなかったのだった」と、自分の力ではどうにもならないということ述べている。従って4の「自力で何とかする方法」が適する。1の「自分を落ち着かせる」は、精神に関わることなので不適。2の「自分に問い直す」も、1と同様。また、「余裕」という解釈も不適。3は「姿勢を立て直す」が不適。姿勢だけではなく、体そのものを制御できない状態にいるのである。また、「術」を「時間」と解釈しているのも不適。

問20　理由説明

正解は2。傍線部の直前に、「どこか他国を歩いている感じだ」とあり、このような気持ちを、道に馴れたあとまで味わうとある。また、この時の「自分」は、「病的に不活発な気持ちを持てあましていた」わけで、これが、傍線部の相手の反応を求めるような気持ちにつながる。自分が感じた旅情の思いを確かなものにしたかったと解釈できる。1は、「日常を忘れて…旅行に行きたくなった」が不適。本文にない記述。「不活発な気持ち」にも適合しない。3は、「いつもと同じ道を通り…異国情緒を感じる」が不適。「自分」が「異国情緒」を感じたのは、崖からの近道を歩いたのがきっかけで、それは非日常的な感覚であり、異国のようなものに触れたということではない。4は、「友人は新鮮な感覚を抱いているだろう」が不適。ここで感情の主体は「自分」である。

問21　内容把握

正解は1。傍線部の一つ前の段落に、「それからが傾斜である。自分は少し危ないぞと思った」とある。そして傍線部を含む段落の中頃に「しかしまだ本気にはなっていなかった」と心情表現がある。これが、傍線部の「本気になっていた」につながるのである。何について本気になったのか、それは傾斜に対して滑らないようにすることである。選択肢では1が適する。2は、「引き返すことも考えていた」が不適。傍線部を含む段落のはじめに、「自分は引き返そうとも、立ち止まって考えようともしなかった」とある。3は、「またこのように転んでしまうに違いないと、確信した」が不適。本気になる以前のこと。4は、「まずはしっかり立ち上がろうとした」が不適。傍線部直前に「恐る恐る立ち上がった」とあるので、立ち上がるために本気になったわけではない。

問22　心情把握

正解は3。傍線部の直前に「あっけない気がした」とある。これは、飛び降りる心構えで緊張感を持って実行したのに、それを認めてくれる人がいなかったので、「悲しいもの」になってしまったということ。選択肢は3の「その時の自分の張り詰めた緊張感が無意味なものに思えてきてむなしく感じている」が適する。1は、「崖の手前で止まるという不思議な出来事の感動が幻に思えてきて悔しく」が不適。「崖の手前で止まる」ことにこだわっていたわけではない。本気で傾斜を滑り降りることが中心であった。2は、「幸運だったという自分の思いが独りよがりなものにすぎなくなり」が不適。「幸運だった」という意識があったとは本文に表現されていない。4は、「自分が奮った勇気について誰からも評価してもらえない」が不適。「自分」がその時の行動を、「勇気」あるものであったという表現は本文から読み取れない。

問23　内容把握

正解は4。傍線部の直前、「魅せられたように滑って来た自分」の言い換えになっている。選択肢では4の、「危険だとわかっていながら、…なりゆきのままに先へと行動を進めてしまう様子」が適する。1は、「痛手を負ってしまう」が不適。「痛手を負う」かどうかではなく、あえて滑ることを選んだ自分の心の動きを述べている。2は、「行動を進めるうちにその本当の危険さがわかってくる」が不適。危険だとわかっていながら行動を進めたのである。3は、「途中でその行動をやめようと思うのに、かえってその危険さゆえに」が不適。途中でやめようとは思っていないし、「危険さゆえに滑ることを選んだのでもない。

問24　役割解釈

正解は2。滑ったということが、夢の中の出来事だったような気がしていた「自分」にとって、「泥の固り」は、傾斜を滑り降りる一連の行動と感覚が、確かに実在する経験の証となったのである。1は、「自分の集中と緊張が実は十分でなかったことにがっかりしている」が不適。本文の内容からは読み取れない。3は、「危ないと思ったのに引き返さなかったことへの後悔を改めて感じた」が不適。特に引き返そうとも考えていなかったし、「後悔」もしていない。4は、「自分の行動の軽率さに気づき、腹立たしさを感じるようになった」が不適。これも本文中には書かれていない。

四　古文

〔出典〕『十訓抄《じっきんしょう》』。鎌倉時代中期の説話集。三巻一〇編。編者未詳。菅原為長《すがわらためなが》説と六波羅二﨟左衛門《ろくはらにろうざえもん》入道説がある。建長四年（一二五二）成立。一〇綱の徳目を主題にたて、和漢の教訓的説話を各綱の例話として編成した幼少者用の啓蒙書。実用的教養的性格が濃厚。

本文は、『十訓抄』下巻第十「才芸を庶幾《しょき》すべき事」の第二十八話。村上天皇の御代《みよ》、蔵人頭《くろうどのとう》であった源延光《みなもとののぶみつ》は、天皇の寵愛を受けていたが、ある時、藤原雅材《ふじわらのまさき》という下級貴族が作った漢詩のすばらしさを見出せず、その人材を推挙しなかったことを叱責され、許してもらえなかった。雅材は、すぐに蔵人に任じられたが、出先でその知らせを受けたので、正装の用意がなかった。それを聞いた天皇が、正装を下さったという話。村上天皇の思いやりの深さや臣下への心配りを伝える逸話。

〔現代語訳〕

村上天皇の天暦《てんりゃく》の御時、源延光卿は蔵人頭で、帝の御寵愛《ちょうあい》も格別でいらっしゃった。卿は少しでも帝の御心に違《たが》うことなく、年を過ごしていらっしゃったのだが、ある時、ご機嫌がうるわしくないようであったので、おそれ多く思い、御自分のお屋敷に閉じ籠もられてしまったところ、帝からお召しがあったので、急いで参内なさると（帝は）「長年、そちを一通りならず、頼みと思ってきたのだが、とても残念と思われることがあった。藤原雅材という学生《がくしょう》の作った漢詩で、たいそう不憫《ふびん》なものがあった。そちはそれを奏上することを怠った。とても頼みとするにかなわぬことだ。」とおっしゃられたので、どんなに申し開きをしても、無駄であった。

すぐに雅材を蔵人に任ずる旨の勅旨を下されたので、蔵人所の雑役人に命じて、告げ知らせに遣わしたところ、雅材の家がなかなかわからない。雅材が夜な夜な訪れているという女の家を尋ねて、この旨を伝えることができたのだった。

雅材は出仕の服を持っていないということを帝はお聞きになられ、宮中の内蔵司に命じられて、衣装をお与えになったということだ。

〔解説〕

問25　語句の意味

正解は1。「口惜《くちを》しき」は、形容詞シク活用の連体形。意味は、「①残念だ・情けない、②つまらない・もの足りない・感心しない、③卑しい」となる。選択肢では1が適する。本文は、帝が延光卿について「残念なこと」があったという場面。

問26　語句の意味

正解は2。「やがて」は、ある状態が継続する意「そのまま・同時に」、またその状態から直ちに次に移る意「すぐに・ちょうど」を表す。現代語とはニュアンスが異なるので注意する。波線部ⓓは、天皇が延光卿を叱責した後、すぐに藤原雅材を蔵人に任命した場面である。

問27　同じ意味・用法

正解は4。「の」は格助詞で、①主格、②連体修飾格、③体言の代用、④同格、⑤比喩と多数あるので注意する。波線部ⓑは、「の」の前後の語句（「学生の作りたる文」と「いとほしみあるべかりける」）が同じ資格として用いられているので、「同格」となる。格助詞の「の」が出題される場合、「同格」を答えるケースが多い。選択肢を吟味する。1は、「春の」が、「野」を修飾する形になるので連体修飾格。2は、「蛍」が主語になるので「主格」。3は、「玉の男御子」とあり、これは「玉のような男の御子」となり、「比喩」。

選択肢それぞれの口語訳

1　春の野原に霞がたなびき、私の心はもの悲しい。この夕日の中で鶯が鳴いているよ。

2　蛍が多く飛び交っているのも、また、一、二匹など（で飛び交っているの）も、

3　類いなく気品があって美しい玉のような男の御子までがお生まれになった。

4　夢に、とてもきれいな僧侶で、黄色い生地の袈裟を着ている人が来て、

問28　文法的意味

正解は3。「べかり」は、助動詞「べし」の連用形。意味は、①推量、②意志、③当然・義務、④可能、⑤勧誘・命令・適当と多くの意味がある。「べし」は基本的に「当然の理としてそうなるはずだ」という気持ちを表し、それが具体的な場面で、意志とか可能とかの意味に解釈される。推量の場合も「きっと…だろう」という確信をもった推量となる。本文では、藤原雅材の「文」（漢文）について説明する部分に用いられている。天皇は、「いとほしみあるべかりける」と言っている。「いとほしみ」は「同情。憐憫」の意で、天皇は雅材の漢詩について延光興が「同情するべきだった」と言ったのである。選択肢では3の、「当然」が適する。

問29　本文解釈

正解は4。「としごろ」は、「長年・数年来」の意。「おろかなら」は形容動詞ナリ活用「おろかなり」の未然形。意味は、「①いいかげんだ・並一通りだ、②それでは言い尽くせない・十分に表しきれない、③愚かだ」。これに打消しの助動詞「ず」の連用形が付き、「並一通り出ない」となる。「たのみ」は、「①頼みにする・あてにする、②信用する・信頼する」の意。まとめると、「長年、そちを一通りならず、頼みと思ってきたのだが、」となる。

問30　心情把握

正解は2。「いとたのむかひなし」は、「とても頼みとするにかなわぬことだ。」という意味で、天皇の信頼を延光卿は失ってしまった場面。その理由は、直前部分「藤原雅材という学生《がくしょう》の作った漢詩で、たいそう不憫なものがあった。そちはそれを奏上することを怠った」というところ。1は、出仕しなくなったのは、「天皇の意

にそむくまい」としたためではなく、天皇の不機嫌な様子を見て、自分に落ち度があったのかと恐れたため。3は、「漢詩について理解が乏しかった」が不適。本文にない記述。4は、「困窮している若い貴族たちに対してあまり思いやりの心を持たなかった」が不適。「困窮している若い貴族たち」に対する思いやりを問題にしているのではない。延光卿は藤原雅材について同情の念を持たなかったのである。

問31 内容合致

正解は3。本文最後の段落に「雅材は出仕の服を持っていないということを帝はお聞きになられ、宮中の内蔵司に命じられて、衣装をお与えになったということだ」とある。1は、「和歌の道で知られた人物であった」が不適。本文にない記述。また、「藤原雅材のすぐれた漢詩に気づかず」ということも、本文にない。2は、「藤原雅材がまだ少年の身で」が不適。「学生《がくしょう》」は、大学寮および各地方の国学で学ぶ者を指し、少年とは限らない。4は、「御倉《みくら》の小舎人《こどねり》」が藤原雅材に対する正装を天皇にお願いしたということは、本文に記述がない。

五 漢文

〔**出典**〕中国の類書。三巻。唐の李瀚《りかん》撰。古代から南北朝時代までの古人の伝記・言行で相似するものを二つずつ四字韻句とし、八句ごとに韻をかえたもの。後世まで初等教科書として用いられた。日本には古注本が平安時代に伝来し、鎌倉時代には補注本が伝わり、いずれも多く読まれた。

本文は、『蒙求《もうぎゅう》』第八六「曹参趣装《そうさんしゅそう》」のほぼ全文。前漢の二代目相国曹参についての逸話。曹参は、蕭何《しょうか》が亡くなったので、さっそく参内の準備をさせると、果たして召し出され、相となった。曹参は、蕭何の規定した法規に従って物事一つ変更することなく政治を執り行った。曹参が亡くなった後、人々は彼の生前の徳をたたえて歌ったという話。

〔**書き下し文**〕（漢字の読み仮名は現代仮名遣いで表記）

前漢《ぜんかん》の曹参《そうさん》は沛《はい》の人《ひと》なり。高祖《こうそ》に従《したが》ひて功有《こうあ》り。高祖長子肥《こうそちょうしひ》を以《もっ》て斉王《せいおう》と為《な》し、参《さん》を以《もっ》て相国《しょうこく》と為《な》す。九年《くねん》、斉国安集《せいこくあんしゅう》し、大《おお》いに賢相《けんしょう》と称《しょう》す。蕭何薨《しょうかこう》ず。参之《さんこれ》を聞《き》き、舎人《しゃじん》に告《つ》ぐ。「趣《すみや》かに行《こう》を治《おさ》めよ。吾且《われまさ》に入《い》りて相《しょう》たらんとす」と。居《お》ること何《いく》ばくも無《な》く、果《は》たして参《さん》を召《め》す。参何《さんか》に代《か》はりて相《しょう》と為《な》り、事《こと》を挙《あ》げて変更《へんこう》する所無《ところな》く、一《いつ》に何《か》の約束《やくそく》に遵《したが》ふ。参薨《さんこう》ず。百姓之《ひゃくせいこれ》を歌《うた》ひて曰《い》はく、「蕭何《しょうか》相《しょう》と為《な》り、講《やはら》ぐこと画一《かくいつ》の若《ごと》し。曹参之《そうさんこれ》に代《か》はり、守《まも》りて失《うしな》ふこと勿《な》し。其《そ》の清浄《せいじょう》に載《の》り、民以《たみもっ》て寧一《ねいいつ》なり」と。

〔**現代語訳**〕

前漢の曹参は沛県の人である。高祖（劉邦）に従って天下を平定し、大いに手柄があったが、高祖が長男の肥を斉王とした時、彼はその相国になった。任にあること九年間、斉国はよく治まって、人民は生活に安んじ、賢相として大いにほめたたえられた。漢の相国蕭何が亡くなった。曹参はその訃報を聞くと、使用人に「速やかに旅装を整えるように。自分はこれから朝廷に入って（蕭何に代わって）漢の相国となろう」と言った。その後どれほどのこともなく、やはり朝廷から任命のお召しがあった。曹参は何《か》に代わって相国となったけれども、物事一つ変更することなく、専ら何《か》の規定した法規に従い政治を執り行った。その後、曹参が亡くなった。人々は彼の生前の徳をたたえて歌った。「蕭何が相国となって、世の中は和らぎ、よく整った。曹参が代わって相国となり、何《か》の道を守って、取りはずすことはなかった。その清浄無為の教えに従い治められ、おかげで民は安らかに暮らせた」と。

〔解説〕

問32　語句の意味

正解は4。「一般の人民・公民」の意。「農民」の意味ではない。

問33　同じ読み方・意味用法

正解は2。「勿」は「なし」または「なかれ」と読むが、本文では「なし」と読む。「なかれ」では禁止の意味になるので、文意には合わない。「莫」の他に「無・毋」がある。1「未」は再読文字で「未《いま》だ〜ず。」と読む。3「不」は「ず」と読む。4「非」は「あらず」と読む。

問34　返り点

正解は4。「且」は読み方が三種類ある。①再読文字「まさニ〜（ントト）す」（今にも〜しようとする）。②「かツ」（そのうえ・また）。③「しばらク」（しばらく・ひとまず）。傍線部は、曹参が、使用人に「旅の仕度を命じた」に続く部分なので、選択肢1のように「且《か》つ」と読むのは不適。再読文字として「まさニ〜（ント）す」と読む。残りの選択肢を見ると、2・3はともに「（ント）す」の形に読まれていないので、不適となる。従って4が正解となる。

問35　現代語訳

正解は3。読み方は、「居《お》ること何《いくば》くも無《な》く、」となる。「何《いくば》く」は「幾許」「幾何」とも書かれ、「どれほど・どんなに多く」の意。

「その後どれほどのこともなく、」となる。

問36　指示語の内容

正解は3。「之」は「これ」と読む指示代名詞。「之」を指す内容は、直前部「曹参の生前の徳」に当たること。これは傍線部(3)以降に書かれている、「蕭何が相国となって、世の中は和らぎ、よく整った。曹参が代わって相国となり、何《か》の道を守って、取りはずすことはなかった。その清浄無為の教えに従い治められ、おかげで民は安らかに暮らせた」ということ。

問37　内容把握

正解は2。傍線部(4)は「講《やはら》ぐこと画一《かくいつ》の若《ごと》し。」と読む。「講《やはら》ぐ」は、「人の仲が丸く収まる・むつまじくなる・平和になる」の意。「画一」は、「すべてを同じようにすること」の意。訳は、「世の中は和らぎ、よく整った。」となるので、選択肢は2が適当。1は、「戦乱が収まり、天下統一がなされて平和になった」が不適。戦乱が収まったのは、劉邦の勝利の結果であり、蕭何一人の功績ではない。3は、「誰もが平等に扱われるようになった」が不適。この時代にも身分制度は残っている。4は、人々が、「信頼し合えるようになった」が不適。本文にはない、言いすぎの選択肢。

問38　内容把握

正解は1。曹参は蕭何の訃報を聞くと、使用人に旅支度を命じ、自分が漢の相国になるだろうと予測し、それが現実のものとなった。これは曹参が、「自分の立場や能力を適切に把握していて、事態の推移を的確に予測できる」という部分に合致する。2は、「その基本方針をさらに高めていく」が不適。曹参は、蕭何の定めたことを引き継いではいるが、「さらに高めて」いるという記述はない。3は、「高い地位につけばつくほど、より優れた力を発揮して」が不適。本文にない。4は、「少しも迷わずに決断することができる」が不適。これが曹参の優れた資質というわけではない。

国語　4月実施　正解と配点

（60分，100点満点）

問題番号		正解	配点	合計
一	1	3	2	20
	2	2	2	
	3	1	2	
	4	3	2	
	5	4	2	
	6	2	2	
	7	2	2	
	8	4	2	
	9	3	2	
	10	1	2	
二	11	2	2	20
	12	3	2	
	13	4	3	
	14	2	3	
	15	1	3	
	16	4	3	
	17	3	4	
三	18	3	2	20
	19	4	2	
	20	2	3	
	21	1	3	
	22	3	3	
	23	4	3	
	24	2	4	

問題番号		正解	配点	合計
四	25	1	2	20
	26	2	2	
	27	4	3	
	28	3	3	
	29	4	3	
	30	2	3	
	31	3	4	
五	32	4	2	20
	33	2	2	
	34	4	3	
	35	3	3	
	36	3	3	
	37	2	3	
	38	1	4	

九月実施　解答と解説

一　語彙

〔解説〕

問1　熟語の読み

正解は4。設問は「誤っているもの」を選ぶもの。落ち着いて最後まで読んでから解答すること。「完遂」は「かんすい」と読む。意味は、完全に成し遂げること。最後までやり遂げること。1「敷《ふ》設《せつ》」は、装備や施設などを設置すること。備え付けること。2「解《げ》熱《ねつ》」は、高熱の体温を下げること。3「頻繁《ひんぱん》」は、しきりであること。ひっきりなしに行われること。

問2　漢字の書き

正解は2。設問の傍線部は「緊」となる。正解の「緊急」の他に、緊縮・緊張・緊迫などがあり、ゆるみがない、引き締める、縮む、迫るなどの意味で使われる。1は「謹慎」。「謹」は、つつしむこと・ひかえめにすることの意。他に、謹賀・謹呈・謹啓などがある。3は「筋肉」。「筋」は、すじ、ちからなどの意。他に、筋道・筋書・筋骨などがある。4は「近代」。「近」は他に、近況・近世・近辺・側近・卑近などがある。

問3　慣用表現

正解は1。「(木)を見て森を見ず」。意味は、細かい点に注意しすぎて大きく全体をつかまないこと。「木を数えて林を忘れる」とも。「森を見て木を見ず」は誤り。

問4　四字熟語

正解は4。「(周)知徹底」。意味は余すところなく、よく知れわたらせること。「徹」を「撤」と書くのは誤り。

問5　対義語

正解は3。「快諾」(気持ちよく承知すること)の対義語は「固辞」。意味は、断固として断ること。固く辞退すること。1「承知」は、目上の人の命令などをうけたまわること。相手の願い、要求などを聞き入れること。知ること。わかること。2「断絶」は、つながりや結びつきが切れて絶えること。また、それを断ち切ること。4「抗議」は、相手の発言・決定・行為などに対して反対の意見を申し立てること。

問6　外来語

正解は2。「ステレオタイプ」とは、「ありふれたやり方・決まり切った型」という意。1「デフォルメ」は、「絵画・彫刻などで、対象を意識的に変形して表現すること」。3「ロジック」は、「①論理・論法、②論理学」。4「イリュージョン」は、「幻影・幻覚・幻想・錯覚」。空欄部を考えると、直後に「新たな観点」とあるので、反対の意味の言葉の中で適当なものを探す。

問7　作者と作品　現代文学

正解は1。設問は、「誤っているもの」を選ぶもの。選択肢1の『富嶽百景』の作者は、太宰治なので、これが誤り。「井伏鱒二」の作品としては、『山椒魚』『黒い雨』などがある。2「梶井基次郎」の作品は他に、『城のある町』『冬の蠅』、3「幸田露伴」の作品は、『風流仏』、4「森鷗外」の作品は、『舞姫』『雁』『高瀬舟』などが挙げられる。

二　評論

〔出典〕小林秀雄「文章について」(新潮社「小林秀雄全集13」所収)。

「文章について」は、昭和十五（一九四〇）年に、「現代文章講座」第一巻に発表された評論で、問題文は、冒頭の三段落と、末尾の一段落を除いたものである。

良い文章とはどのような文章なのか。良い文章の条件を満たすために行ってきた努力や工夫を挙げ、また後半では、言葉の捉え方に対しての考えを述べ、その言葉の力を生かした、人の心に導く文章の創造を求めている。

小林秀雄（一九〇二～一九八三）は、東京生まれの文芸評論家、作家。東京大学仏学科卒業。おもな著作に『無情といふ事』『近代絵画』『本居宣長』など多数ある。

〔解説〕

問8　漢字

正解は4。二重傍線部aは、文脈から「ゲンセイ」と読む熟語を考える。「ただ理論のゲンセイを期するということから一歩を進め」と、このあとの言い換え部分「評論の文章がただ理路の通った文章に止まらず」を参考にすると、「厳正」（厳格で公正なこと）がふさわしいと判断できる。選択肢では、4の「厳禁」が正解となる。意味は、「厳しく止めること。厳重な禁止」。1は、「限定」で、「数量や範囲などをあるところまで限ること」。2は、「削減」で、「量・金額を削り減らすこと」。3は、「資源」で、「生産活動のもとになる物質・水力・労働力などの総称」。

問9　漢字

正解は3。二重傍線部bは、問8と同じように、文脈から考える。直前部「いや言葉というものが、観察者と観察対象との間を繋ぐ、単なる中間項のようなものになってしまっているのに気が付かないでいる」という記述から、「過誤」が適当と判断できる。意味は、「あやまち。あやまり。やり損じ」。選択肢では、3「錯誤」が正解となる。「錯誤」の意味は、「①間違うこと。誤り。②その人の観念と事実とが一致しないこと」。1は、「警護」で、「警戒し、守ること」。2は、「交互」で、「互い違いにするさま。かわるがわる」。4は、「大言《たいげん》壮語」で、「自分の力以上の大きなことを言うこと。また、その言葉」。

問10　空欄補入

正解は4。空欄の前後の関係を調べる。空欄の前部は、考えたままに言葉を使おうとしたと述べられており、それに対して後部は、既存の言葉を無視して新しい言葉や語法を勝手に作り出すということも平気で出来たとあるので、前部の内容により、後部のようになったという原因と結果の関係になっている。選択肢は4の「したがって」が適する。

問11　内容把握

正解は2。指示語の問題なので、傍線部より前の部分に手掛かりを探す。前の段落の後半、「理論が読者の心理にどういう効果を与えるか、その効果も併せ計って、評論の文章がただ理路の通った文章に止まらず、魅力ある生きた文章たることを期するという点にある」が依拠部分。この内容を満たす選択肢は2となる。

1は、「論理的要素を犠牲にしてでも心理的要素に魅力が感じられる」が不適。「論理的要素を犠牲に」するとは述べられていない。「ただ理路の通った文章に止まらず」とあるように、論理的要素は必須のこと。3は、「魅力的な文章の出現を期待し続ける」が不適。本文の「魅力ある生きた文章たることを期する」は、待つという意味ではなく、そのことを成し遂げようと心に決めるという意味。4は、「論理的な正確さがそのまま心理的な魅力に変わるところまで」が不適。論理的要素と心理的要素は別々のものである。

問12　理由説明

正解は3。傍線部「感じ入る」とは、「深く感じる。すっかり感心する」という意味。作者が「すっかり感心した」理由を述べている部分を探す。まずは傍線部以降を読んでいく。本文に「初期の僕の文なぞは皆予め隅々までも計算して書き始めたものだ。詰まらぬ洒落まで下書きして清書したものだ」だから「ルナンの言葉は非常に心に応えた」とある。そして、その後に、結論に縛られずにのびのびと書ける気になりたいとあるので、ここが依拠部分となる。選択肢では、3が適する。1は、「ルナンの言葉によって批判された」が不適。ルナンの言葉は、筆者の方法の失敗を批判したわけではない。2は、ルナンの指摘内容が不適。ルナンは、初めから始めから結論を持って論文を書き始めるなと言っているのである。即興に関しては何も触れていない。4は、「予め決められた結論に縛られながらのびのびと書くことがいかに難しい冒険であるか」が不適。筆者が難しい冒険と言っているのは「縛られず、のびのびと」書くことである。また、「ルナンによって気づかされた」も不適。ルナンが気づかせたものでもない。

問13　内容把握

正解は1。傍線部の語句「隷属」は、「従いつくこと。他の支配下にあること」の意。「見做す」は、「こうであると判断して決める」の意。傍線部の言い換え部分は、直前の「そういう考え」＝「まず考えというものを押し進める、それが言葉になるかならぬかは第二の問題」ということ。さらには直後の「考えの赴くがままに言葉を自由に使おうとした。」も依拠部分となる。選択肢では、1が適する。2は、「考えたままを文章化できるのは言葉があるからだ」が不適。言葉と考えの扱いが反対になっている。「心にもないことを書かないことが大切だ」も「言葉は考えというものに隷属している」の考えに合わない。3は、「巧みに言葉を使うよりも」が不適。その後の部分との比較が「巧み」か「そのまま」か、ということになってしまい、考えと言葉という関係になっていない。4は、「言葉はなくても構わない」が不適。直前部に「それが言葉になるかならぬかは第二の問題だ」とは述べているが、「なくても構わない」と言っているわけではない。

問14　内容把握

正解は3。傍線部は直前に「要するに」とあり、直前部の言い換えになっている。「こういう困難」のことであり、さらに「こういう」の指す部分をさがすと、この直前、「精神は言葉を従えようとして、常に言葉の抵抗を感じていなければならぬ始末になる」が、依拠部分になる。選択肢では、3が適する。1は、「言葉は万人のものなので勝手に使うことができない」が不適。本文にない記述。ここで問題になっているのは、考えたことを言葉にするときに感じる不自由である。2は、言葉が勝手に変えられないことに失望しているわけではないので、不適。4は、「自分の考えを押し進める言葉」と「表現に必要な言葉」の比較ではない。また、「考えが行き詰まっている状態」ではない。

問15　構成把握

正解は2。まず、◆の段落と、その前の段落との関係を見る。すると、話題が転換していることが分かる。前の段落までは、評論の文章の技巧を磨くのにどのようにしたか、自分の経験を具体的に述べているが、◆の段落では、「美文」の蔑視が文章の蔑視に進み、巧みに書こうとするよりも、正確に観察しようとした結果、文章が単なる中間項のようになってしまっているのに気が付かないでいるという状況が述べられている。ここからあとは、思考や精神と言葉との関係の話になっている。選択肢では、2が適する。1は、「前段の事例に基づいて」が不適。◆の段落は、前段の事例に関することを述べてはいない。また、後段は、言葉を正しく使うべきだということが中心ではない。さらに、「具体的な解決策を暗示」しているわけでもない。3は、まず、前段の解釈が不適。また、後段を「新たな提案」とするのも不適。4は、「対照を印象づける」が不適。前段と後段が特に対照的とは言えない。後段は、別の内容になっている。

問16　内容合致

正解は2。選択肢は、一つ一つ丁寧に吟味していくこと。正解の選択肢2は、本文後半で述べたこと。1は、「自分の言葉で考えたことを自分の言葉で表現する努力が必要」という主張の繰り返しという部分が不適。筆者は、人の心に響く梵鐘の創造を求めている。3は、本文に「考えを色にするのではなく、色によって考えるのである」とあるように、色は言葉の働きを補強するためのたとえとして使われており、単に色＝言葉という図式ではない。筆者が強調しているのは、思考や精神と言葉の結びつきを理解した上で、文章を創造すべきということ。4は、言葉について批判するだけで、どういうことが良いのかということに触れていない点で説明不足。

三　小説

〔出典〕夏目漱石『三四郎』（筑摩書房『夏目漱石全集第四巻』所収）。夏目漱石（一八六七～一九一六）は、小説家・英文学者。江戸の生まれ。本名、金之助。英国留学後、教職を辞して朝日新聞の専属作家となった。自然主義に対立し、心理的手法で近代人の孤独やエゴイズムを追求、晩年は「則天去私」の境地を求めた。日本近代文学の代表的作家。小説「吾輩は猫である」「坊っちゃん」「三四郎」「それから」「行人」「こころ」「道草」「明暗」など。自宅跡地に建設された、新宿区立夏目漱石山房記念館は、二〇一七年九月二四日に開館した。

本文は、明治四十一（一九〇八）年、「朝日新聞」に連載され、翌年五月に春陽堂より刊行された。

〔解説〕

問17　語句の意味

正解は4。辞書的な意味を選択するのが基本。「言文一致」とは「文語体でなく、日常使われる話し言葉に近い形で文章を書くこと。また、その文体」の意で、選択肢では、4の「話し言葉によって文章を書くこと」が適する。

問18　語句の意味

正解は2。辞書的な意味を選択するのが基本。「律儀に」の意味は、「きわめて義理がたいこと。実直なこと」。選択肢では、2の「誠実に」が適する。

問19　内容把握

正解は3。「ポンチ絵をかいた男」（佐々木与次郎）についての記述を追っていくと、三四郎と二人で池の周辺を散歩した時に、小泉先生について「手ひどいこと平気で言った」とある。選択肢では3が適する。1は、「相手を信用させて上手に世渡りをしていく」が不適。本文からは読み取れない表現。小さんと円遊の比較の場面では、「ほとんど文学的と言い得るほどに要領を得たには感服した」は、「何事ももっともらしい理屈で説明し」たとは言えない。2は、「新しい思想をいち早く取り入れ」が不適。本文からは読み取れない表現。4は、「ときに自分を悪人に見せ」ているような表現はない。また、「与次郎」が自身の「理想」を示したり語ったりしている場面は見られない。

問20　心情把握

正解は1。傍線部「目を丸くする」は、「驚いて目を見張る」という意。与次郎が目を見張ったのは、三四郎が、物足りない気持ちから週に四十時間も講義を受けているということに対してのこと。これを「ばかばか」と言ったのである。傍線部直後の「与次郎」のセリフが手掛かりになる。「下宿屋のまずい飯を一日に十ぺん食ったら物足りるようになるか考えてみろ」と比喩を使って三四郎の愚かさを指摘したのである。選択肢では1が適する。2は、「たった週四十時間の講義を受けるだけで圧迫を感じている」が不適。与次郎は、四十時間の講義は多いと認めている。さらに圧迫を感じていることや、意気地のなさを非難しているわけでもない。3は、まず、「一喝し」が不適。「ばかばか」は、一喝のような強い意味ではない。どやしつけたのは、そのあとのこと。三四郎の「受身の態度に反省を促している」も不適。本文からは読み取れない表現。4は、比喩で使った「下宿屋のまずい飯」を実際のこととして扱っているので不適。あくまでも比喩であって、実際にまずい飯を食べていたかどうかは不明。

問21　内容把握

正解は3。本文最後に「三四郎は立ちながら、学者の生活は静かで深いものだと考えた」とある。奥深さを表現した選択肢は3．これが適する。1は、後半の「三四郎の想像する真の学問の高尚さと重ね合わせられるように」が不適。特に本文にない表現。2は、「書庫の入り口の様子が、三四郎の想像する学問の道の遠大さと重ね合わせられるように」が不適。「書庫の入り口の様子」が「学問の道の遠大さ」となるとは言えない。本文にも「学問の道」についての記述がない。4は、後半の「三四郎の想像する学生生活の理想像」を表す表記が本文にないので不適。

問22　理由説明

正解は1。設問は「当てはまらないもの」とあるので注意する。1の、「書庫から出てくる人たちばかりが」が不適。このような記述は見当たらない。従ってこれが正解になる。2は、三四郎のうらやましくなった理由が、書庫の中から本を抱えて出てくる人や職員閲覧室へ行く人、書棚から本を取り下ろして立ちながら調べている人を見たということにあり、これは、選択肢2の、「心ゆくまでここで勉強しているように感じられた」が本文と適合する。3は、2の説明と同様の理由により、選択肢3の、「自由に本を選んでは勉強しているように感じられた」が適合する。4も同様に、「何事にもわずらわされることなく一心に読書に打ち込んでいるように感じられた」が適合する。

問23　内容合致

正解は4。一つ一つ本文と対照しながら丁寧に吟味する。選択肢4は、本文の中盤以降にある、与次郎が三四郎に大学の講義以外の世界を教える場面を指す。1は、「不眠症に陥ってしまう」が不適。本文と合致しない。本文ではあくまでも「不眠症になったら」という仮定の話として出てくるのみ。2は、「かえって学問への興味を失ってしまう」が不適。「学問への興味」についての記述は見当たらない。「一種の圧迫」を感じ、「しかるに物足りない」とあるのみ。3は、「すっかり落語の魅力にとりつかれる」が不適。「三四郎には小さんの味わいがよくわからなかった」とある。

四　古文

〔出典〕『宇治拾遺物語』。鎌倉初期の説話集。十三世紀初めの成立。十五巻。編者未詳。『今昔物語集』（宇治大納言物語）の後を追った著作で、全編百九十七話のうち、八十四話が共通する。内容は仏教説話が多いが、また人間的な笑いを豊かに取り入れた民話的説話も見られる。

本文は、『宇治拾遺物語』巻十二第十五「河原院融公の霊住む事」の全文による。宇多院が、左大臣源融の屋敷をその子孫から贈られ、そこに住んでいたところ、夜中に正装をした源融の亡霊が現れ、「あなた（宇多院）がいらっしゃるのが恐れ多く、気が重い」と言った。宇多院は、自分の正当性を述べ、礼儀をわきまえるように告げると、源融の亡霊は消えてしまった。その宇多院の対応を人々は称賛したという話。

〔現代語訳〕

今は昔のこと、河原院は融の左大臣の家である。奥州の塩釜の風景をまねて庭を作り、塩水を汲み寄せて塩を焼かせたりなど、さまざまの風雅なことの限りを尽くして住んでおられた。大臣が亡くなってのち、（大臣の子孫が）宇多院に差し上げたのである。延喜の帝がたびたび行幸になった。

また宇多院がお住みになっておられた頃、夜中時分に、西の対の塗籠を開けて、そよそよと衣ずれの音がして、人がやって来るように思われたので、御覧になると、束帯《そくたい》の装束きちんと身につけた人が、太刀をつけ、笏を持って、二間ばかり下がって、かしこまっていた。「おまえは誰か」とお聞きになると、「ここの主《あるじ》の翁《おきな》でございます」と申し上げる。「融の大臣か」とお聞きになると、「さようでございます」と申し上げる。「では何事か」と仰《おお》せになると、「我が家ですので住んでおりますが、帝がいらっしゃるのが恐れ多く、気が重く存ぜられます。どうしたものでございましょう」と申し上げるので、「それは全く話が違うことだ。おまえの子孫が私にくれたからこそ住んでいるのだ。私が無理に奪い取って住んでいるというのならともかく、礼儀もわきまえず、どうしてそんなに恨むのか」と声高らかに仰せられると、かき消すようにいなくなってしまった。

その時の人々は、「やはり、帝（＝宇多院）は人格が別格なお方です。普通の人なら、その大臣に会って、あんなに、はきはきとものが言えるだろうか（いや言えない）」と言い合った（という）。

〔解説〕

問24　語句の意味

正解は2。「をかし」（形容詞・シク活用）は、「①おもしろい。趣がある。風情がある。②賞すべきである。すばらしい。すぐれている。③かわいらしい。愛らしい。④滑稽だ。おかしい」などの意味がある。波線部の「をかしき事」は、融の左大臣が豪邸で暮らしていた様子（景勝地の塩釜をまねて塩を焼かせたなど）について書かれているところであるので、「趣深く風情のあること」が正解となる。

問25　語句の意味

正解は4。波線部について、「あれ」（代名詞）は「①遠称の代名詞。遠い位置の人・事物・場所・時をさす。あの人。あれ。あそこ。あの時。②対称の人代名詞。あなた」の意。ここでは、目前にかしこまって控えていた人（主の翁と名乗った融の左大臣の亡霊）のこと。「たそ」（誰《た》そ）は、「だれか。だれだ」の意。「そ」は係助詞「ぞ」に同じ。

問26　敬意の対象

正解は3。「参る」は「①『行く』『来』の謙譲語。参上する。うかがう。参詣する。②『与ふ』の謙譲語。差し上げる。③『食ふ』『飲む』の尊敬語。召し上がる。④『す』『仕ふ』の謙譲語。（何かを）して差し上げる」などの意味がある。本文では、直前の「人」に対して作者が使っている謙譲語。敬意は動作の受け手に向けられるので、現在住んでいる人、「宇多院」に対する敬意となる。

問27　文法的意味

正解は4。「に」の識別は、種類が多いので、注意する。A連用形に接続の場合、①「にき・にけり・にけむ」の形になると、「完了の助動詞「ぬ」の連用形。②「〜のために」の意の場合は、格助詞（目的）となる。B体言に接続の場合は、③連用修飾語になれば、格助詞。④下に補助動詞「あり・侍り・候ふ」などがあれば、断定の助動詞「なり」の連用形。C連体形に接続の場合、⑤直前に体言が補えれば格助詞。⑥直前に体言が補えなければ、接続助詞。

⑦下に補助動詞「あり」「侍り」などが続くと、断定の助動詞「なり」の連用形。Dその他には、⑧形容動詞ナリ活用の連用形活用語尾、⑨ナ変動詞の連用形活用語尾、⑩副詞の一部。

本文二重傍線部の「に」は、動詞「住む」の連体形に接続し、係助詞「こそ」を挟んで「あれ」に続くのでC⑦のパターン。これは断定の助動詞「なり」の連用形と判断する。

問28　心情把握

正解は2。傍線部(1)について、口語訳してみると、「おはします」が尊敬動詞で「いらっしゃる」、「かたじけなく」は、形容詞「かたじけなし」の連用形で「恐れ多く」の意。「所狭く」は形容詞「所狭し」の連用形で「①場所が狭い、②窮屈だ・気詰まりだ、③やっかいだ・めんどうだ、④あたり狭しと振る舞っている、⑤仰々しい・大げさだ」の意で、ここでは②③の意味で「気が重い」。「候ふ」は、「①貴人のそばに仕える意の謙譲語、②『あり』の丁寧語」、ここでは②の意で「〜でございます」となり、話し手の「融の左大臣（幽霊）」が、新たに移り住んだ宇多院のことを迷惑に感じているということ。後半部、「いかが」は「どのように」の意、「仕る《つかまつ》」は「①『仕ふ』の謙譲語、お仕え申し上げる、②『す』『なす』『おこなふ』などの謙譲語」で、②の「いたす・いたします」の意。「べからん」は、助動詞「べし」の未然形「べか・ら」＋推量の助動詞「む」で、「〜だろう・〜べきだろう」となり、口語訳すると、「どうしたものでございましょう」となる。選択肢を吟味すると、2の宇多院が家にいることが気詰まりだということが、正解となる。1は、「大勢のお供の者たちが来訪する」が不適。3は、後半部分「自分が塗籠を寝室としなければならないのは不満だ」が不適。4は、「別な人の住居になってしまうのはどうしても納得できない」が不適。融の左大臣（幽霊）の不満は、あくまでも宇多院が住む事に対するものである。

問29　本文解釈

正解は1。「押し取りて」は「無理に奪い取って」の意。「ゐ」は「住む・いる」の意。「たらば」は、完了・存続の助動詞「たり」の未然形に、順接仮定条件の接続助詞「ば」（〜ならば・〜としたら）が付いた形。ここで、已然形に接続していたら、この「ば」は順接の確定条件（①原因・理由〔〜ので・〜から〕、②偶発条件〔〜と・〜ところ〕、③恒時条件〔〜と必ず〕）となるので、注意する。ここでは「住んでいたとしたら」となる。「こそあらめ」は、係助詞の「こそ」＋ラ変動詞「あり」の未然形＋推量の助動詞「む」の已然形となっている。「こそ〜已然形」の係り結びで文章が終止せずに、下に続いていく形になっているので、「〜こそ…けれど（も）・〜こそ…が・〜こそ…のに」という逆接強調となる。口語訳すると、「（私に恨み言を言うこと）こそあるだろうが」となる。2・4は、「ば」を順接の確定条件で訳していること、逆接強調の意味も含まれていないので不適。3は、「困惑もする」が不適。

問30　理由説明

正解は3。傍線部(3)は「普通の人なら、その大臣に会って、あんなに、はきはきとものが言えるだろうか（いや言えない）」ということ。このように評した理由は、亡霊となって現われた「その大臣」が位の高い人であったから。でも、直前部「御門はかたことにおはします者なり。」（やはり、帝（＝宇多院）は人格が別格なお方です。）とあるように、宇多院は、「普通の人」ではなく、「人格が別格」だったということ。1は、「所有権を主張する」が不適。2は、あくまでも臣下であって、天皇。上皇と対等の礼を執るべき人ではないので不適。4は、宇多上皇が「親近感や敬意を覚える相手」とは記述にないので不適。

問31　内容合致

正解は2。宇多院の前に現われる時の様子として「束帯の装束きちんと身につけた人が、太刀をつけ、笏を持って、一間ばかり下がって、かしこまっていた。」とあるので合致する。1は、「融の左大臣の生前に訪れたことのある」とは記述にないので不適。3は、「故大臣の遺志に従って、河原院を宇多上皇に献上した」とは記述にないので不適。4は、「懇々《こんこん》とさとした」・「納得して姿を消した」が不適。宇多院は、「高やかに」「すくよかに」反論したのであり、また、姿を消したという記述はない。

問32　文学史　同時代の作品

正解は1。『宇治拾遺物語』は、鎌倉初期に作られた説話集である。同時代に成立した作品は、『方丈記』。鎌倉初期の随筆。作者は鴨長明。2の『太平記』は、南北朝時代の軍記物語。作者は不詳である。3の『栄花物語』は、平安後期の歴史物語。作者は不詳。4の『梁塵秘抄』は、平安末期の歌謡集。後白河院の編による。

五　漢文

〔出典〕『小学』。中国、宋代の修身、作法書。『小学書』ともいう。六巻。淳熙一四（一一八七）年に成立した。初学者のために朱子が編纂した書物であるが、内容は、古聖人の善行や箴言および人倫の実践的教訓などを集めた啓蒙的なものである。日本でも昌平黌をはじめ各藩校で初学の教科書として用いられた。

本文は『小学』善行第六中の一話。翟黒子から、自分が賄賂を受け取ったことを、帝に正直に言うべきかどうかという相談を受けた高允が「正直に言いなさい」と忠告したのに、翟黒子は別の友人にも相談したところ、「事実は隠した方がよい」という忠告を受け、それを取り入れ、高允に「なぜ私を死なせようとするのか」と恨み言を言った。後日、翟黒子は帝に虚偽の答えをしたために、帝は怒って翟黒子を処刑したという話。

〔書き下し文〕（漢字の読み仮名は現代仮名遣いで表記）

魏《ぎ》の遼東公翟黒子《りょうとうこうてきこくし》、太武《たいぶ》に寵《ちょう》有《あ》り。幷州《へいしゅう》に奉使《ほうし》して、布千匹《ふせんひき》を受《う》け、事覚《ことあら》はる。黒子《こくし》　著作郎高允《ちょさくろうこういん》に謀《はか》りて曰《い》はく、「主上《しゅじょう》　我《われ》に問《と》はば、当《まさ》に実《じつ》を以《もっ》て告《つ》ぐべきか、当《まさ》に之《これ》を諱《い》むべきか」と。允曰《いんい》はく、「公《こう》は帷幄《いあく》の寵臣《ちょうしん》なり。罪有《つみあ》りて実《じつ》を首《しゅ》せば、或《ある》いは原《ゆる》さるるに庶《ちか》からん。重《かさ》ねて欺罔《ぎぼう》を為《な》すべかざるなり」と。中書侍郎崔鑒《なかしょじろうさいかん》・公孫質《こうそんしつ》曰《い》はく、「若《も》し実《じつ》を首《しゅ》せば、罪測《つみはか》るべからず。姑《しばら》く之《これ》を諱《い》むに如《し》かず」と。黒子《こくし》　允《いん》を怨《うら》みて曰《い》はく、「君《きみ》　奈何《いかん》ぞ人《ひと》を誘《いざな》ひて死地《しち》に就《つ》かしむるや」と。入《い》りて帝《てい》に見《み》え、実《じつ》を以《もっ》て対《こた》へず。帝《てい》怒《いか》りて之《これ》を殺《ころ》す。

〔現代語訳〕

魏の国の遼東公翟黒子は太武帝の寵臣であった。幷州に帝の使者として派遣された時に、高価な品物を賄賂として受け取り、そのことが発覚した。そこで黒子は著作郎の高允に、「帝からこのことを問われたら、本当のことを言うべきか、それともこれを隠すべきか」と相談すると、高允は、「あなたは機密に参画する側近の寵臣です。だから罪があっても、自分から申し出れば、あるいは許されることが期待される。重ねて偽りごとをしてはいけない」と答えた。ところが中書侍郎の崔鑒や公孫質は、「もし事実を申し出れば、どのような罰に処せられるかわからない。ここは、一応、隠した方がよい」と言った。黒子は高允に、「どうしてあなたは人を死地に赴かせるようなことをするのか」と恨みごとを言い、太武帝に謁見して、事実通りに返答をしなかったので、太武帝は怒って、黒子を殺した。

〔解説〕

問33　漢字の読み

正解は2。波線部ⓐ「若」は「もシ」と読む。「もシ～バ」の形で仮定を示す副詞。「若」は他に、①「ごとシ（～のようだ〔比況〕）」、②「しク（及ぶ・匹敵する）」、③「なんぢ（お前）」などの形で使われる。1・3・4は読み方にないもの。波線部直後に、「首セバ」とあることも判断の材料になる。

問34　語句の意味

正解は1。「奈何」は「いかん」と読み、意味は、送り仮名「ゾ」がついた場合、「どうして～か、いや～ではない」と反語になるのが基本。「如何ゾ」も同意。ただし、波線部は文脈から、反語ではなく、「強い疑問」と考えるのが妥当。「奈何」「如何」は、他に「ゾ」がつかない場合、「どうしたらよいか〔処置・手段〕」の意味となる。また、「何」が先に来て、「何如」「何若」の場合、読みは「いかん」であるが、意味が、「どうか〔状態・結末〕」となるので、注意する。

問35　本文解釈

正解は3。再読文字「当（まさニ～べシ）」に注意する。意味は「当然～すべきだ・きっと～だろう」である。傍線部の単語、「実」は「本当のこと」の意なので、直訳すると、「当然、本当のことを言うべきか」となる。従って選択肢3が正解となる。1は、「すぐに参上して」、2は、「思い当たることを」、4は、「直接」が不適。

問36　空欄補入

正解は4。空欄に入るのは、訓読の「るるに」の部分。これは受身の形であるので、選択肢は受身の形で使われるものを選ぶ。4の「見」だけが条件を満たす。1「由」は、①「なホ～ごとシ（ちょうど～のようだ〔再読文字〕）」、②より（～から〔起点・理由を示す〕）、③よし（わけ・手段・方法）、④よル（もとづく・通る）。2「而」は、①しかシテ・しこうシテ（そして〔順接〕）、②しかルニ・しかレドモ（しかし〔逆接〕）、③置き字（文中で直前に読む語に「テ・シテ・ドモ」をつけ、順接・逆接を示す）、④なんぢ（お前）。3「莫」は、①なシ（～ない〔否定〕）、②なカレ（～してはいけない〔禁止〕）。

問37　返り点

正解は3。返り点の問題では、返読文字（必ず下から上へ返って読む字）に注意する。「不」「可」とも返読文字で、「不可」で「～（する）べからず」と読む。意味は、「～してはいけない〔禁止〕・～できない〔不可能〕」。どちらを取るかは文脈から判断する。本文では「～してはいけない」の意味で使われている。ここまでで、選択肢2・4は不適となる。次に1・3を比較する。1は、「繰り返して行うことができないで、偽りをするのである」。3は、「重ねて偽りを行ってはいけない」となる。傍線部の直前が「あなたは機密に参画する側近の寵臣です。だから罪があっても、自分から申し出れば、あるいは許されることが期待される。」となるので、これに続くのは3の方である。

問38　内容把握

正解は2。傍線部を訳すると、「ここは、一応、隠した方がよい」となり、何を隠した方がよいと言っているのかを考える。直前部に「もし事実を申し出れば、どのような罰に処せられるかわからない。」とあることから、「事実を隠した方がよい」と助言したのである。

る。選択肢の中で、この内容を満たすのは2となる。1は、「謁見する」のを「待ったほうがいい」が不適。3は、傍線部の解釈が逆になっているので不適。4は、「堂々と信じるところを論じる」が不適。

問39　内容合致しないもの

正解は4。設問は「当てはまらないもの」を選ぶものなので、注意する。この形は頻出。選択肢四つのうち、三つは正しいわけで、本文解釈の助けにもなる。選択肢4は、文中にない内容であるので、不適。

国語　9月実施　正解と配点

（60分，100点満点）

問題番号		正解	配点	合計
一	1	4	2	14
	2	2	2	
	3	1	2	
	4	4	2	
	5	3	2	
	6	2	2	
	7	1	2	
二	8	4	2	26
	9	3	2	
	10	4	2	
	11	2	3	
	12	3	3	
	13	1	3	
	14	3	3	
	15	2	4	
	16	2	4	
三	17	4	2	20
	18	2	2	
	19	3	3	
	20	1	3	
	21	3	3	
	22	1	3	
	23	4	4	

問題番号		正解	配点	合計
四	24	2	2	25
	25	4	2	
	26	3	2	
	27	4	2	
	28	2	3	
	29	1	3	
	30	3	4	
	31	2	4	
	32	1	3	
五	33	2	2	15
	34	1	2	
	35	3	2	
	36	4	2	
	37	3	2	
	38	2	2	
	39	4	3	

平成30年度

基礎学力到達度テスト
問題と詳解

平成三〇年度　四月実施

一　次の各問いに答えなさい。

問1　読み方の誤っている熟語として最も適切なものを一つ選びなさい。

1　固唾（かたず）　2　老舗（おいほ）
3　祝詞（のりと）　4　投網（とあみ）

問2　次の文の空欄部に当てはまる漢字として最も適切なものを一つ選びなさい。

＊弟は志望校合格を確認し、□頂天になって連絡してきた。

1　得　2　宇　3　羽　4　有

問3　「A寒B温」の空欄部に当てはまる漢字の組み合わせとして最も適切なものを一つ選びなさい。

1　A一　B二　2　A三　B四
3　A四　B五　4　A五　B六

問4　次の文の空欄部に当てはまる故事成語として最も適切なものを一つ選びなさい。

＊試合の反省会で、隣の友とひそひそと無駄話をしていて監督の□。

1　鼎《かなえ》の軽重を問う　2　人口に膾炙《かいしゃ》する
3　逆鱗《げきりん》に触れる　4　牛耳を執る

問5　外来語とその意味の組み合わせが誤っているものとして最も適切なものを一つ選びなさい。

1　コンテンツ――文脈　2　コンセンサス――合意
3　コンセプト――概念　4　コントラスト――対照

問6　傍線部の慣用表現の使い方が最も適切なものを一つ選びなさい。

1　テストでの失敗を水に流そうと、何度も解き直して頭に刻みつけた。
2　チャイムが鳴ったとたん、皆水を打ったようにおしゃべりを始めた。
3　黙っていたのは白熱した二人の議論に水を差したくなかったからだ。
4　作戦の詳細を相手に知られたくないので、話の途中で水を向けた。

問7　次の文の空欄部に入れる敬語表現として最も適切なものを一つ選びなさい。

＊詳細につきましては、係の者に□ください。

1　お聞きして　2　承って
3　うかがって　4　お尋ねになって

問8　次の文の①と②に当てはまる、作家の名前の組み合わせとして最も適切なものを一つ選びなさい。

＊自然主義文学に批判的な立場をとるグループの中で、享楽的な虚構の美の世界の創造を目指す「耽美《たんび》派」には、『あめりか物語』などの作者の①や、『細雪』などを著した②がいる。

1　①永井荷風　②谷崎潤一郎　2　①井伏鱒二　②芥川龍之介
3　①夏目漱石　②太宰治　4　①志賀直哉　②佐藤春夫

問9　「戌《いぬ》の刻」の説明として最も適切なものを一つ選びなさい。

1　午後十一時から午前一時。　2　午後七時から午後九時。
3　午前九時から午前十一時。　4　午後三時から午後五時。

問10　次の説明に合う詩人の名前として最も適切なものを一つ選びなさい。

＊「詩仙」とよばれた唐代随一の詩人。作風は自由奔放、表現は明るく雄大で、自然、酒、友人を歌う作品が多い。「黄鶴楼《くわうかくろう》ニテ　送ル三孟浩然《まうかうねん》ノ之《ゆ》クヲ二広陵《くわうりよう》ニ一」など絶句にすぐれた作品を残した。

1　杜甫　　2　王維　　3　李白　　4　白居易

二　次の文章を読んで、あとの問いに答えなさい。

言語表現は、具体的事象を意味し、つねに実質的な内容をもっているように考えられがちであるけれども、ことばがものごとと結びついているという考えは、いわば言語的習慣が生じた錯覚の上にたったものである。たとえば、(1)力強い表現にふれると、読者はあたかも、物理的な力を受けたかのような感じを受ける。しかし、ことばの中に真の力のエネルギーがこもっているのではない。ことばはいわば虚の世界で、その中にはもちろんエネルギーなどはない。それを実の世界のように感ずるのは、われわれの、ことばを現実や具体に結びつける能力のためである。

　ことばがある事象や観念と頻繁に結びつけられていると、やがて言語はしっかりした実質をもつように感じられてくる。この意味的実質の裏付けがしっかりしていればいるほど、ことばはそれが指し示しているものごとと同じように受けとられる。ある種のことばが恐れられたり、神聖なものと思われたりするのはそのためである。

　言語に強固な実質的裏付けができるには現実の社会が安定していなくてはならない。たえず局外者のはいってくるような集団ではその実質化はなかなかはかどらない。それに対して、閉鎖性の強い社会では言語の実質化が高度に進み、言語はときに神秘性すら帯びるようになる。未開社会における呪文などはこういう言語の実質化が極度に信じられている例と考えられる。

　虚である言語を実である経験や観念に結びつけている最も大きなパイプがことばの音声である。ところが、黙読によってこのパイプが切れてしまった。その結果、ことばとその意味するものとの関係が流動的になったのである。言いかえると、ことばの理解がむずかしくなった。もともと言語はそれが表現していると考えられるものとの間に必ずある距離をもっている。どんなに対象をあるがままに描いていても、表現は決して対象そのものにはなれない。

　表現とその対象との間に存在する(2)こういう論理上の断層を飛び越えて連結するのが読みの機能にほかならない。しかし、多くの場合、そういう断層があることも、また、それを飛び越えているということも読者は意識しないでいる。日常の言語生活ではその程度にギャップは小さくてすんでいるからである。

　文学作品などになると、この断絶の距離はずっと大きくなって、無意識に越えてしまうというわけにはいかなくなる。それで意識的にこの距離を埋めて何とか理解しようとする。この段階においてみられる理解活動が読者の側の想像力である。

　この想像力は表現理解にとってきわめて重要なものであるといわなくてはならない。もしこれがなければ、文学作品はおろか、何でもないような表現ですら、読解できないことになってしまう。

　ことばとその対象の距離の大きい文学作品、とくに詩歌においては、今日でも、音読や朗読ということが普通の散文などにおけるのとはまったくちがって独自の重要な意味をもっている。このことは、音声が表現の経験化にいかに有力なⓐバイ体であるかを証しているように思われる。

　印刷文化の発達が黙読を促し、その結果おこった(3)黙読の一般化が表現理解の根底をゆさぶっているのであるが、現代の読者の直面する困難はこれだけにとどまらない。

　ことば自体の複雑化という問題がある。社会が急激に変化すると、それにともなって、言語にも大きな変化がおこるから、表現の意味は不安定になる。また、同質的な共同社会が、職業的分業分化につれて崩壊し、共通のパタンを失うようになる。人間であればだれでも経験するというようなことがらがしだいにすくなくなってくる。教育は元来は人間経験の統率と共有化に役だつものであるが、高度の教育が一般化すると、人々は共通、普ⓑヘンを目ざすのでなくて、自己の個性へ眼《め》を向けるようになる。伝統的なものより独創的なものに価値ありとされて、価値のもっていた強固な体系が崩れ、社会は分散化の傾向を示す。

個性が尊重され、各人の独立性が強まるのと反比例して、人間の共通要素は見失われていく。人々はつねに自分がいかに他人と異なるか、ということにつよい関心をもつようになる。これは個人言語の発達をうながし、表現の理解に大きな障害となるのである。言語表現は社会的に承認された契約の上に存在するものであるから、契約の有効範囲がせばまったり、極端な場合、その約束を否定するような個人言語が優勢になれば伝達が困難になるのは当然である。

経験を共有する度合いの高いことがことばの理解にどんなに有効なものであるかは、家族同士の会話を思い合わせてみればよい。局外者にはほとんどわからない暗号みたいな省略表現で十分に意志が通じ合っている。親しい人たちの間の手紙などもそうである。

コミュニケイションということばの原義は、ものごとをほかの人と分《わか》ち合うということから出ている。他人と分ち合うにはお互いが共通の場をもっていなくてはならない。ことばを発する人と、それを受けとる人との間に、そのことばを知っているという共通経験がないと、ことばの伝達はおこらない。また、たとえ、ことばは知っていても、ことばの指し示す世界についての共通の了解がある程度ないと、やはり、伝達はおぼつかなくなる。

現代の社会は個人の間の共通要素がますます小さなものになりつつあるから、コミュニケイションもそれだけ困難になっている。(4)これまでのようなコミュニケイションが保証されなくなってきたために、現代においてコミュニケイションの問題がやかましくいわれるようになったのだとも考えられる。コミュニケイションは人間が社会活動を営むようになった、そもそものはじめから重要な文化の一部であったわけであるが、社会が高い均質的性格をもっている間は、コミュニケイションは当然のことのように考えられていて、実際にもその本質を反省するきっかけとなるような事態のおこることはほとんどなかった。現在においても家庭内でコミュニケイションの問題が意識されることは稀《まれ》である。

社会における個人個人の経験が多様になって、お互いを知り合う程度がすくなくなると、人々はことばの意味に確信がもてないようになる。同じ表現でも人によってさまざまに解釈される。

昔の人に比べると、現代の読者が、はるかに困難な情況におかれているのは、このように、黙読によって文字と音声の連繫《れんけい》が切れかけていることと、社会の分化が伝達の基盤をなしている人間共通の要素を崩壊させつつあるという二つの理由によると考えられる。（外山滋比古『近代読者論』）

問11　波線部ⓐのカタカナと同じ漢字を使うものとして最も適切なものを一つ選びなさい。

1　研究室で細菌をバイ養する。　2　試験のバイ率が高い。
3　蚊が伝染病をバイ介する。　4　損害のバイ償を求める。

問12　波線部ⓑのカタカナと同じ漢字を使うものとして最も適切なものを一つ選びなさい。

1　記念誌のヘン集に当たる。　2　いろいろな国をヘン歴する。
3　ヘン見にとらわれるな。　4　ヘン境の地を訪ねる。

問13　傍線部(1)「力強い表現にふれると、読者はあたかも、物理的な力を受けたかのような感じを受ける」とあるが、この例によって筆者が言おうとしたこととして、最も適切なものを一つ選びなさい。

1　その感じは、ことばが現実や対象と結びつくものであることを意味しているということ。
2　その感じは、対象による強固な実質的裏付けをもったことばの力に基づくものだということ。
3　その感じは、本来無力なことばが対象を実質化する力を見せる場合もあることを表すということ。
4　その感じは、対象のもつエネルギーの強さによってことばの力も変化することを示すということ。

問14　傍線部(2)「こういう論理上の断層」とは何のことか。その説明として、最も適切なものを一つ選びなさい。

1　ことばが対象をいかにあるがままに表現していても、表現は対象そのものではないという、表現と対象との相違のこと。
2　黙読によって音声が無視されるようになったために、ますます大きくなった表現と対象との間に存在する溝のこと。
3　虚であって中身のないことばによる表現と実質のある対象とは結びつかないという、表現と対象との間の距離のこと。
4　ことばの意味が理解しにくくなったために、ことばを使った表現と対象の間が離れたままになった変化のこと。

問15　傍線部(3)「黙読の一般化が表現理解の根底をゆさぶっている」とあるが、どういう状態を言っているのか。その説明として、最も適切なものを一つ選びなさい。

1　言語と対象との距離を縮める想像力の働きが、音声より文字が重視されるようになって失われ、表現を理解しにくくなった状態。
2　言語によって経験や観念を表すのに用いられていた音声にかわって文字が重視されるようになり、表現が理解できなくなった状態。
3　印刷術の発達以後は音声を使わない黙読が中心になり、言語と対象との距離が大きく感じられて、表現の理解が困難になった状態。
4　言語化された経験や観念は、音声を通して行われていたものが黙読を主にするようになったことで、表現の理解が難しくなった状態。

問16　傍線部(4)「これまでのようなコミュニケイションが保証されなくなってきた」とあるが、その理由として、最も適切なものを一つ選びなさい。

1　社会が変化して個人言語が優勢になり、コミュニケイションが可能なのは家庭の中だけに限られるようになったから。

2　社会での個人個人の経験が多様化してことばの意味が乱れ、コミュニケイションに適したことばが少なくなってきたから。

3　現代の個人には、コミュニケイションが人間の社会活動に必要な文化の一部であるという意識が乏しくなっているから。

4　社会の分化が進んで個人の独立性が強まったために人間の共通要素が見失われ、コミュニケイションの基盤が崩れてきたから。

問17　本文の内容と一致するものとして最も適切なものを一つ選びなさい。

1　日常の生活では人々が表現と対象との間の断層を意識しないので、想像力を養うことができず、それだけに詩歌のような文学作品が理解できなくなっている。

2　未開社会は閉鎖性が強くて仲間同士で言語を経験や観念と固く結びつけるので、言語が呪文のように大きな価値をもって人間の生活全体を支配している。

3　印刷文化が発達した結果、文字と音声の連繫が切れて黙読が重視され、表現の理解が想像力にたよるだけとなり、本来は効果のある朗読は疎外されてしまった。

4　社会が高度な均質性を保っている間は、伝達の基盤がしっかりしているので、人々が日常生活において言語表現の理解に障害を感じるようなことは少ない。

三　次の文章を読んで、あとの問いに答えなさい（設問の都合上、一部省略した箇所等がある）。

次の文章は、太閤《たいこう》秀吉と、秀吉から切腹を命ぜられた*千宗易《そうえき》（千利休）との対話の形で書かれた小説の一節である。

――あれ（天正十一年、宗易が初めて*御茶頭《おちゃどう》として席に臨んだ秀吉の坂本の茶会）から今日まで足かけ八年、上さまにお仕えしてまいりましたが、いよいよお別れの日となりました。永年に亘《わた》っての御愛顧、御温情のほど、お礼の申し上げようもございません。

――なにも別れなくてもいいだろう。

――そういうわけには参りません。死を賜りました。

――そうむきにならなくてもいい。

――むきにはなりません。上さまからはたくさんのものを頂いてまいりました。茶人としていまの地位も、力も、*侘数寄《わびすき》への大きい御援助も。そして最後に死を賜りました。これが一番大きい頂きものでございました。死を賜ったお蔭《かげ》で、宗易は*侘茶というものがいかなるものであるか、初めて判《わか》ったような気がしております。*堺《さかい》へ追放のお達しを受けた時から、急に身も心も自由になりました。永年、侘数寄、侘数寄と言ってまいりましたが、やはり*Aてらいや身振りがございました。宗易は生涯を通じて、そのことに悩んでいたように思います。が、突然、死というものが自分にやって来た時、それに真向《まむこ》うから立ち向《むか》った時、もうそこには何のてらいも、身振りもございませんでした。侘びというものは、何と申しますか、死の骨のようなものになりました。

――それはそれでいいではないか。むきにならない方がいい。

――でも、上さまは今はそのようにおっしゃいますが、上さまは上さまとして、本気で刀をお抜きになりました。お抜きになってしまいました。そうなると、宗易は宗易で、(1)茶人として刀を抜くしかありません。

――……

――上さまはこれまで、茶人としての宗易の採るべきところも、採るべからざるところも、なべて御承知の上でお付合《つきあ》い下さいました。そして採るべきところだけをお取り上げになっていらっしゃいました。ところが、こんどは初めて、宗易の何もかも、一つに纏《まと》めて、お取り捨てになりました。

――そんなことを言うなら、宗易も同じことではないか。余《よ》から採るべきところだけを採って、そこで余と付き合っていた。

――そうでございます。それでよかったのでございます。それなのに、上さまは刀をお抜きになりました。そうなると、宗易は宗易で、上さまに対して刀を抜くしかございません。上さまに上さまとしてお守りにならねばならぬものがあるように、宗易にもまた、茶人として守らなければならぬものがございます。刀なんか抜いてお見せにならず、いっそのこと腹立ちまぎれに、いきなりばさりとお切り捨てになればよろしかった。そうすれば何も問題は残りませんでした。でも、そうなさらなかった。

――……

――お気に召さないといって、死を下さいました。堺追放をお言渡《いいわた》しになった時、見栄《みえ》も外聞もなく、上さまは本当の上さまになられました。茶がなんだ、侘茶がなんだ、そんなものは初めからたいしたものとは思っておらん。付合ってやっただけだ。そんなお声が聞《きこ》えました。上さまが本当の上さまになられたことで、宗易もまた本当の宗易にならねばなりませんでした。お蔭さまで宗易は本当に、(2)長い長い間の夢から覚めることができたように思います。

――………

――上さまは茶室に入っても御立派でしたし、B お目利きもたいへんなものでございました。でも、もっと御立派なのは武人としてであるに違いありません。こんどのお怒りではきれいさっぱりと、茶などは棄て、本当のお姿をお見せになりました。お蔭で、宗易の方は宗易の方で、長い悪夢から覚めて、茶人宗易に立ち返ることができたと思います。上さまのお力に縋《すが》って、この現世の中に、現世の富とも、力とも、考え方とも、生き方とも無関係な小さい場所を作ろうといたしました。が、そんなことはもともと無理なことでございました。自分ひとりがそこに坐《すわ》っていれば宜《よろ》しかったのでございます。それなのに、愚かにも多勢の方々をそこへ入れようと思いました。とんでもない間違いでございました。上さまから死を賜った時、初めてそれが判りました。判ったというより、長い間忘れていたものに気付きました。(3)*妙喜庵の二畳の席を造った時の初心を思い出すことができました。あの妙喜庵の席は上さまの御命令で造った席でございます。が、上さまをお入れするためではなく、宗易自身が坐るために造った席でございました。それなのに上さまなどをお入れして。

――………

――そういうことに気付いた時、久しぶりで心の中に生き生きと立ち騒いでくるもののあるのを覚えました。妙喜庵の茶室は茶人宗易のお城でございます。一兵一卒もありませんが、宗易一人が籠って、世俗と闘うお城でございました。それなのに、それを京の中にも、大坂のお城の中にも、方々に造って、多勢の無縁の方々をそこへお入れしようとした。――大きな考え違いでございました。上さまのお力に縋ればそれができると思いました。

――………

――大きい間違いでございました。

――侘茶の世界。それはなんと長い間、(4)私にとっては不自由な世界であったことでございましょう。でも自分の死を代償として、それを守ろうとした時、それは一瞬にして、生き生きした、しかも自由な世界に変《かわ》りました。

――………

――御命令で堺に移りましてから、ずっと死が見えております。茶の湯は、己が死の固めの式になりました。茶を点《た》てても、茶を飲んでも、心は静かでございます。死が客になったり、亭主になったりしてくれております。師の*紹鷗《じょうおう》が、連歌の極みは*枯れかじけて寒いというが、茶の湯の果てもまたかくありたいものであると、そのようなことを言っておりましたが、その枯れかじけて寒い心境というのは、こういうものであろうかと、何回思ったことでございましょう。

――………

――それにつけても、枯れかじけて寒いこの心境に、宗易の前にたくさんの武将の方々がお坐りになっていたかと思います。その時々の名だたる武将の方々の茶室に於《お》けるお姿が眼《め》に浮かんで参ります。御茶頭として上さまのお力に縋り、それに守られていた宗易が一番茶の心から遠かったのではないかと思います。羞《はず》かしいことでございます。

――判った、判った。気を取り直して茶をもう一服点ててくれ。それにしても道具らしい道具は一つもないではないか。

――茶碗《ちゃわん》と茶入《ちゃいれ》と*茶杓《ちゃしゃく》がございます。ほかのものは何もございません。妙喜庵の茶室を造りました頃から、余分なものは一つ、一つ失《な》くすように心掛けてまいりました。が、いくら物をなくして行っても、最後には自分だけが残ってしまいます。が、いよいよその自分を失くす時が参ったようでございます。

――もういいではないか。今まで通り余のために茶を点ててくれ。どうして、そんな神妙な顔をしている?

――上さまがお優しいからでございます。考えてみますと、*安土《あづち》城で初めてお目にかかってより、ずっと優しくして頂いて参りました。この世の中で一番優しくして頂いたのは、何と申しましても上さまでございます。

――もう刀を抜くようなことはせん。

――めっそうな！　刀をお抜きにならなかったら上さまではなくなってしまいます。先刻刀をお抜きになったことをお恨み申し上げましたが、上さまはやはりお腹立ちになりましたら刀をお抜きになるのがよろしい。誰にでも死を命じられるのは、この世で上さまお一人でございます。そうなるために、そうなりたいために、何回命をお張りになっていらっしゃいますか。

――判っている。が、とにかく宗易は腹を切らなくていい。

――そういうわけには参りませぬ。宗易の最後の茶を見るために、多勢の方々がお控えになっていらっしゃいます。

――どこに。

――書院の広間の方に、もう既にお詰めでございます。その中には上さまと闘って、敗れて、死んだ方々も多勢いらっしゃるかと思います。お気をつけ遊ばしませんと。

――なに？

――どうぞ、もうお引きとり遊ばしますように。では上さま、これでお別れいたします。

――…………

――では、上さま。

（井上靖『本覚坊遺文』）

（注）＊千宗易＝千利休（一五二二～一五九一）。安土桃山時代の茶人。千家流茶道の祖。織田信長、豊臣秀吉に仕えたが、のちに秀吉の怒りに触れ、命により自刃。

＊御茶頭＝貴人に仕えて茶事をつかさどった茶の師匠。

＊侘数寄＝侘び（閑寂な趣）を尊ぶ茶の湯を好み、その道に専心精進すること。その趣味やその人を言うこともある。

＊侘茶＝侘びの境地を重んずる茶の湯のこと。千利休が強調し完成した。

＊堺＝大阪府中部の地名。室町時代には対明《みん》、対南蛮貿易が盛んとなり、富商を中心とする自由都市を形成。豊臣秀吉、徳川家康も共にここを直轄地とした。

＊てらい＝衒い。自分の学識や才能をひけらかすこと、誇示すること。

＊妙喜庵＝京都、大山崎にある臨済宗の禅院で、その茶室は豊臣秀吉が千利休に建てさせたと伝えられる。わずか二畳の茶室は、利休の草庵風茶室の完成された姿と言われる。

＊紹鷗＝一五〇二～一五五五。室町後期の茶人。侘茶の骨格を作り、千利休に伝えた。

＊枯れかじけて＝「枯れかじける」は、枯れて生気を失う。やせ衰える。

＊茶杓＝茶を点てる時、粉末状の抹茶を茶碗に入れる茶道具の一つ。竹製が多い。

＊安土城＝滋賀県琵琶湖東岸の安土に織田信長によって築かれた城。

問18・問19　波線部A「身振り」、B「お目利き」の本文中の意味として、最も適切なものをそれぞれ一つずつ選びなさい（Aは問18、Bは問19の解答欄にマークすること）。

A「身振り」

1　茶の湯を点てる際に重要な、手さばきを優雅にすること。
2　茶の世界では、言葉ではなく手や体で意志を伝えること。
3　客人の目を意識して、見た目をよく見せようとすること。
4　型を重視して、その型や様式どおりに動作を進めること。

B「お目利き」

1　観察眼鋭く、茶の亭主の身振り手振りをよく見つめること。
2　茶道具の真贋《しんがん》や価値などを正しく判断する能力があること。
3　場の状況や人の気持ちをしっかり見抜く洞察力が鋭いこと。
4　高価な茶道具を判別し、そこから利益を得ようとすること。

問20　傍線部(1)「茶人として刀を抜く」とあるが、どういうことか。その説明として、最も適切なものを一つ選びなさい。

1　理想とした侘茶の精神や世界を創るために、「茶の心」とは正反対の、権力や名声や富といったことと決然と対峙《たいじ》しようとすること。
2　自分の理想とする侘茶の世界を確立するために、茶人でありながら慣れぬ刀をとり、権力や名声や富にまみれた俗人と戦おうとすること。
3　自分の目指す侘茶の世界は多くの武将たちに理解されてきたのだから、茶の湯を守るために自ら刀をとって戦乱の世を戦おうとすること。
4　秀吉の庇護によって続けてきた茶の湯と自らの立場を守るために、世俗の批判や中傷に対してひるむことなく真っ向から対決を挑むこと。

問21　傍線部(2)「長い長い間の夢」とあるが、この「宗易」の夢の内容として、最も適切なものを一つ選びなさい。

1　妙喜庵を建てた頃の初心に立ち返って、自らが考える侘茶の精神を長く後世の人々に伝えようとすること。
2　秀吉の権力、財力に背中を向けて、自分の理想とする自由な侘茶の世界をひたすら確立しようとすること。
3　秀吉の庇護のもと、御茶頭という名声や豪華な茶室、茶道具などを手に入れて、自らの立場を守ろうとすること。
4　秀吉の権力、財力に縋って、現世の中に現世とは無関係な侘茶の世界を確立し、多勢に広めようとすること。

問22　傍線部(3)「妙喜庵の二畳の席を造った時の初心」とあるが、この「宗易」の初心と対照的な考えが最も明確に表現されている秀吉の言葉を一つ選びなさい。

1　そうむきにならなくてもいい。（P172・上7行目）
2　今まで通り余のために茶を点ててくれ。（P173・下24行目）
3　もう刀を抜くようなことはせん。（P174・上2行目）
4　とにかく宗易は腹を切らなくていい。（P174・上9行目）

問23　**傍線部⑷「私にとっては不自由な世界であった」とあるが、なぜ「宗易」にとって不自由だったのか。その理由として、最も適切なものを一つ選びなさい。**

1　現世の権力者である秀吉の庇護を受けながら、現世の富や力や考え方とは相容れない侘茶の世界を現世の中に作ろうとしたため。

2　常に秀吉の考えや嗜好《しこう》を意識し、自分の考えや理想とは別に、秀吉の命に従って茶の湯を行わなければならなかったため。

3　武人たちが生死を賭ける戦乱の世の中で、茶の湯などという現世から離れた精神的な行為を行うのは困難であったため。

4　多くの武将たちを茶室に迎えて死の固めの式としての茶の湯を繰り返し、最期を見送ることの辛さに耐えきれなくなったため。

問24　**「秀吉」との会話全体を通して描かれている、「宗易（利休）」の態度の説明として、最も適切なものを一つ選びなさい。**

1　秀吉に理不尽な切腹を命じられながらも宗易は武人秀吉を初めから終わりまで権力者として崇《あが》めており、その死を諦めをもって受け止めている。

2　宗易の秀吉に対する敬意のこもった言葉遣いの裏には、自らの死を覚悟することで権力者への恐れも、茶の湯の理想もなくした、虚無感が表れている。

3　宗易は、秀吉に命ぜられた死を、余計なものを切り捨てて簡素・閑寂を理想とする「茶の心」の究極の形であるとして、静かに受け容れている。

4　宗易は理不尽な死を前にして、これまで秀吉の権力に従うことで「茶の心」から離れていたのに気づき、自分の間違いを嘆くと同時に悔やんでいる。

四　次の文章を読んで、あとの問いに答えなさい。

昔、賈氏《かし》といふ人、たぐひなくかたちわろくて、顔うつくしき妻《め》をなん持ちたりける。この女、かばかりみにくき人とも知らず、会ひそめにければⓐ、くやしきこと取り返すばかりにおぼえけれど、ⓑいふかひなくて明かし暮らすに、よきことあしきこと、すべてもの言はず、え笑はで、世の常はむすぼほれてのみ過ぐしけるを、男「(1)たぐひなく憂し」と思ひて、この女にもの言はせ、うち笑ませばやとしけれども、いかにもかひなくて、三《み》とせにもなりにけるに、春、野辺に出でて、もろともに遊びはべりけり。*きぎすといふ鳥の、沢のほとりに立ち居はべりけるを、この夫、弓矢を取りて名を得たりければ、このきぎすをたちどころに射殺してけり。これを見るに、ⓒ年頃の憎さも忘れて、ほめ、うち笑みたりければ、夫嬉しさたぐひなくおぼえて、

(2)聞かましや妹が三とせのことの葉を野沢のきぎす得ざらましかば

これを聞くにこそ、よろづのことよくし X 。

（『唐物語』）

（注）　*きぎす＝雉《きじ》。

問25　波線部ⓐ「ば」のここでの文法的意味として、最も適切なものを一つ選びなさい。

1　順接仮定条件　　2　順接確定条件（原因、理由）
3　順接確定条件（偶然条件）　　4　順接確定条件（恒常条件）

問26　波線部ⓑ「いふかひなくて」の本文における意味として、最も適切なものを一つ選びなさい。

1　みじめな状態で　　2　みっともなく思って
3　仕方がなくて　　4　文句も言わないで

問27　波線部ⓒ「年頃」の本文における意味として、最も適切なものを一つ選びなさい。

1　数年来　　2　以前
3　年相応　　4　普段

問28　空欄部Xには助動詞「まほし」の活用形が入る。空欄部に入る形として、最も適切なものを一つ選びなさい。

1　まほし　　2　まほしき
3　まほしけれ　　4　まほしかる

問29　傍線部⑴「たぐひなく憂し」とあるが、この時の賈氏の心情の説明として、最も適切なものを一つ選びなさい。

1　妻が、どんな時も無表情で反応を示さないので、どうしたらよいかわからず途方に暮れている。
2　妻が、美しい顔を誇りに思い、賈氏の醜さを馬鹿にして失礼な態度をとるので、腹を立てている。
3　妻が、見た目の美しさとは異なり、心の汚い女性であることがわかり、残念に思っている。
4　妻が、顔の醜い自分と生活することに気落ちし、笑顔も見せてくれないので、つらく思っている。

問30　傍線部⑵「聞かましや妹が三とせのことの葉を野沢のきぎす得ざらましかば」の解釈として、最も適切なものを一つ選びなさい。

1　野沢の雉を弓で射殺することができたのだから、是非あなたの三年越しの言葉を聞かせてほしいものだ。
2　野沢の雉を射取ることができなかったら、あなたの三年越しの言葉を聞くことはできなかっただろう。
3　野沢の雉を射取る程度のことで、あなたの三年越しの言葉を聞くことができるとは、思いもしなかったことだ。
4　野沢の雉を取ることで、あなたの心を和らげ、三年越しの言葉を聞けると思えば、たやすいものだ。

問31　本文の内容と合致するものとして最も適切なものを一つ選びなさい。

1　賈氏はひどく顔の醜い男であったが、心は優しく、妻の笑顔を見るために、様々なことをしてあげた。

2　賈氏の妻は、賈氏の顔が醜いということを知らずに結婚してしまい、なんとか離婚できないものかと考えた。

3　賈氏は、妻の笑顔を見ようと様々なことを試したが、効果がないままに三年もの月日が経ってしまった。

4　賈氏の妻は、夫が自分のために苦手な弓で雉を取ってくれたことに感動して、自然と口をきき笑顔になった。

五

次の漢文を読んで、あとの問いに答えなさい（設問の都合で返り点・送り仮名を省略した部分がある）。

*虞《ぐ》・芮《ぜい》ノ二国、争ヒテレ田《でん》ヲ而訟《うった》フ。連年不レⓐ決セ。乃チ相謂ヒテ曰ハク、「*西伯ハ仁人也。(1)盍往質之。」入レバ二其ノ境ニ一、則チ(2)耕ス者ハ*譲リレ畔《あぜ》ヲ、行ク者ハ譲ルレ路ヲ。入レバ二其ノ邑ニ一、男女異ニシレ路ヲ、*斑白不二*提《てい》挈《けつ》セ一。入レバ二其ノ朝ニ一、*士ハ譲リ二于*大夫ニ一、大夫ハ譲ル二于*卿ニ一。虞・芮之君曰ハク、「嘻《ああ》、吾ガ*儕《ともがら》ハ　A　也。不トレ可カラ三以テ履《ふ》ム二　B　之庭ヲ一。」遂ニ自ラ相ⓑ与而退キ、咸《みな》以テ二所ノレ争フ之田ヲ一為ス二*閑田ト一矣。

孔子曰ハク、「以テレ此ヲ観レバレ之ヲ、文王之道ハ、其レ不レ可カラレ加フ焉。(3)不シテレ令セ而従ハレ、不シテレ教ヘ而聴カル。至レル矣《か》哉《な》ト。」

（『孔子家語』）

（注）＊虞・芮＝ともに国名。現在の山西省にあった。
＊西伯＝周の文王をいう。殷《いん》の紂王《ちゅうおう》のときに、西方諸侯の長（伯）に任じられていたことから、こう呼ばれた。
＊譲畔＝畑の境界を譲り合う。
＊斑白＝白髪交じりの老人。

＊提挈＝荷物を持つ。
＊士・大夫・卿＝いずれも天子に仕える官吏。上位から卿・大夫・士の順。
＊儕＝なかま。
＊閑田＝休耕地。一説に、持ち主のいない畑。

問32　**波線部ⓐ「決」の意味を表す熟語として、最も適切なものを一つ選びなさい。**

1　決戦　2　決心　3　決断　4　決着

問33　**波線部ⓑ「与」の読み方として、最も適切なものを一つ選びなさい。**

1　ともに　2　よりて　3　あたへて　4　くみして

問34　**傍線部(1)「盍往質之」の返り点の付け方と書き下し文の組み合わせとして、最も適切なものを一つ選びなさい。**

1　盍二 往 質一レ 之　　盍《なん》ぞ往きて之を質《ただ》さず
2　盍二 往 質一レ 之　　盍ぞ往きて之を質さざる
3　盍レ 往レ 質レ 之　　盍ぞ之を質しに往かず
4　盍レ 往レ 質レ 之　　盍ぞ之を質しに往かざる

問35　**傍線部(2)「耕者譲畔、行者譲路」とあるが、どういうことか。その説明として最も適切なものを一つ選びなさい。**

1　西伯の政治への反発から、人々の間に争いが絶えない。
2　西伯の姿勢次第で、人々が道徳心を持つかどうかが決まる。
3　西伯の徳が浸透し、人々が道徳心を持って秩序正しく暮らしている。
4　西伯の指導によって、人々の間で農業や商業が盛んに行われている。

問36　**空欄部A・Bを補う語の組み合わせとして、最も適切なものを一つ選びなさい。**

1　A君子　B小人
2　A小人　B君子
3　A夫子　B凡人
4　A凡人　B夫子

問37　**傍線部(3)「不令而従、不教而聴」とあるが、このことは虞・芮二国の争いに関してはどのような形で実現したか。最も適切なものを一つ選びなさい。**

1　虞・芮二国が、耕作地の境界をめぐって争った。
2　虞・芮二国が、耕作地争いの調停を西伯に依頼した。
3　虞・芮二国の耕作地争いが、西伯に頼ることなく解決した。
4　虞・芮二国の耕作地争いが、西伯の助言によって解決した。

問38　次の文章の空欄部X～Zを補う語の組み合わせとして、最も適切なものを一つ選びなさい。

前一〇五〇年ころ、周の文王の子の〔　X　〕が殷の紂王を討ち、周王朝を建てた。〔　X　〕は、太公望呂尚《りょしょう》らの協力を得て、文化・制度を整備し、封建制による統治組織を完成した。

しかし、周王朝の権威はしだいに衰え、前七七〇年、西方の異民族に都を攻略され、東方の洛邑《らくゆう》（現在の河南省洛陽市）に遷都した。これを周の東遷といい、この東遷以前を西周、以後を東周と呼ぶ。この東周時代をさらに二分し、前半を〔　Y　〕時代、後半を〔　Z　〕時代ともいう。

1　X尭《ぎょう》帝・Y伝説・Z三国
2　X舜《しゅん》帝・Y伝説・Z三国
3　X桀《けつ》王・Y春秋・Z戦国
4　X武《ぶ》王・Y春秋・Z戦国

平成三〇年度　九月実施

一　次の各問いについて、最も適切なものを一つ選びなさい。

問1　次の中で、熟語の読み方が誤っているものを一つ選びなさい。

1　天賦（てんぷ）　2　行脚（こうきゃく）
3　凝視（ぎょうし）　4　挙措（きょそ）

問2　次の中から、「ライバル関係にあるA社とB社の力は、現在均コウを保った状態にある。」の「コウ」に当たる漢字を含む熟語を一つ選びなさい。

1　コウ義録　2　振コウ策
3　コウ辛料　4　度量コウ

問3　次の文中の空欄部に当てはまる語を一つ選びなさい。

＊集団内のトラブルはつきものだ。リーダーとして集団を率いるのは大変だと思うが、「艱難汝《かんなんなんじ》を（　　）にす」という言葉を励みに乗り切ってほしい。

1　玉　2　石　3　木　4　花

問4　次の文中の傍線部が文意に合う四字熟語になるように、空欄部に当てはまる語を一つ選びなさい。

＊部内での言い争いを、部長が一刀（　　）のもとに解決した。

1　英断　2　裁断　3　決断　4　両断

問5　次の文中の傍線部の類義語を一つ選びなさい。

＊今後の予定については、逐次皆さんにお伝えしていきます。

1　漸次　2　途次　3　順次　4　今次

問6　次の文中の空欄部に当てはまる語を一つ選びなさい。

＊常に新たな需要の掘り起こしに力を注いでいるA社長は、まさに小売業界の（　　）に立っていると言えよう。

1　パラダイム　2　フロンティア
3　プロット　4　モラトリアム

問7　作者と作品との組み合わせとして誤っているものを一つ選びなさい。

1　有島武郎―生《うま》れ出《い》づる悩み　2　安岡章太郎―海辺《かいへん》の光景
3　国木田独歩―田舎教師　4　大江健三郎―飼育

二　次の文章を読んで、あとの問いに答えなさい（設問の都合上、一部を省略したり、表現を改めたりした箇所がある）。

東洋と西洋とを比較して、その差異を指摘しようという試みは、すでに多少なされ、そのなかで多くの相違点が明らかにされたと考えられている。たとえば、「非合理的」対「合理的」、「総合的」対「分析的」、「静的」対「動的」、などの対立点は、その最もポピュラーなものと言えよう。

そして、これらの諸点は、そのまま額面通りに受け取るには危険な要素を、たしかに含んでいると思われる。それぞれを切り離して一つずつ取り上げてみる限り、そうした対立的な諸点は、ことのごく一面的なところだけを、浅薄につかんでいるとしか言えない、という評言は、十分な説得力をもっている。

［X］、ここで私は、しばらくの間、(1)そのような危険を、ある程度承知のうえで、いくつかのそれらに類した対立点を、あげてみようと思う。それは、切り離してとらえればたしかに一面的で浅薄でしかないような、そうした局部的な現象面も、それらが重なり合うところには、何か本質的な重要な基層の断面が、姿を見せるのではないか、全体的、有機的なコンテクストの形成に役立ってくれるのではないか、というある意味でははかない期待をもっているからにほかならない。

さて、そうした対立点のなかで、第一にあげたいのは、やはり、言いふるされたことであるにせよ、主観と客観との分離という問題である。

主観と客観との分離は、西欧にのみ特徴的で、東洋思想のなかには見出《みいだ》せない、と言い切ってしまうことは、かなり一方的のそしりを免れ得ないとは思われるが、それなら、主観と客観との対立分化を、尖鋭《せんえい》化させる傾向が、東洋と西洋のどちらによりⓐケンチョであったか、という問《とい》の立て方をすれば、やはり答《こたえ》は自《おの》ずと決《きま》ってこざるを得ない。

とりわけ(2)この点は、自然科学を横軸にして考えてみると、よりはっきりする。主観と客観の分離は、しばしば、西欧の近代に特徴的な現象と考えられている。私は、それを必ずしも否定するつもりはないが、しかし、その分離を、近代にのみ限るのは、どこか偏りがあると考える。そして、ギリシア科学の伝統と中世におけるその伝承的展開のうえに立つヨーロッパの近代自然科学を支える基本的な構造は、やはりこの「主観と客観との分離」をぬきにしては考えられないものであると考える。

そうした構造は、すでにギリシア思想のなかに胚胎《はいたい》されていたと言ってよいが、キリスト教思想においてはじめて、それは明示的に姿を現す。

キリスト教では、神の理性が自然界を支配し、統括している、という信念がある。他方、人間は、神の似像として神に造られた存在であり、それゆえまた、人間の備える理性もまた、不完全ながら、神の理性の擬似的コピーである。すると、人間の理性は、神の理性による自然界の支配把握に重なることはできなくとも、少《すくな》くともある程度それに近いことはできる、と考えられるわけである。自然の支配把握についてのこうした楽観的な態度は、近代にただちに現れたものではなく、むしろ近代初期には、自然の支配は科学のなかで二義的な意味しかもたなかったと考えてよいが、それにしても、そうした楽観主義は、自然科学発展のための最も重大な契機であろう。

それはとにかく、(3)この論点が、主観と客観との分離に、どういう関係があるかを明確にせねばならない。先にも述べたように、キリスト教思想における神は、自然の外にその位置を占める。自然を外側から全能という形で支配・制御・統括・把握するのが絶対者たる神なのである。しかも人間は、その神が自然に対してもつ「視座」と同じ（正確に同じではないにしても）ところに自分の眼《め》をおいて、そこから、自然を眺め、把握し、場合によっては制御することのできる存在ということになる。つまり、人間も、自然の外側から自然に対し得る存在であると言えよう。その場合、明らかに、眺められている自然（そのなかには、眺められている存在としての人間も含まれるはずであるが）と、眺めている人間との間の視座移行、もしくは対立的な分離を認めることができる。

主観と客観は、英語で言えば〈subject〉〈object〉であるが、〈object〉は言うまでもなく、ギリシア語源で「前に投げ出されたもの」の意である。自然は、人間の前に投げ出されたものであり、人間は、主体としては、その投げ出されたものにⓑイドむ存在である、という主観と客観との分離は、ヨーロッパの近代に特有なものではなく、少くとも契機としては、キリスト教思想のなかに厳然と含まれていたことはたしかである。

◆これに反して、東洋思想や日本の思想のなかに、こうした主観と客観の分離を目ざす契機が欠けていたことは、否定できない事実ではなかろうか。東洋思想全般まで包括的に論ずるには、包むための風呂敷が大き過ぎることになりかねないので、日本思想に話を限るが、主観と客観とをはっきり分けて考えようとする立場に対する抵抗を、日本人のものの考え方のなかの各処に見つけることができるように思われる。

たとえば、仏教でしばしば称揚される「＊三昧《さんまい》」というような世界・境地は、明らかに、主観と客観とを明確に分離し、目前に投げ出されたものに対して、主体の側がそれを理解し、判断し、分別するという、ヨーロッパ流の、そして、先に述べたコンテクストに従ってあえて言うなら、キリスト教的な発想とは、反対の極にあると言わざるを得ない。

ということは、また、これもしばしば語られるように、ヨーロッパの文脈のなかでの知識が、「分析的」であるという点も、＊系として導かれるのではないかと思われる。

対象に向《むか》う分別・判断という行為は、必然的に人間の分別・判断能力の制限内に限られるはずである。人間の分別・判断は、神がそうであると考えられているように、時間と空間とを超越することは不可能である。全存在を一瞬に把握する（という表現自体が、すでにその制限を受けているのであるが）ことのできない「分別・判断」は、必然的に分析的にならざるを得ない。

ただ、(4)そのことからただちに、東洋思想や日本思想を「総合的」と呼ぶことには、私は必ずしも賛成できない。もちろん、いわゆる「悟り」の概念のなかには、時間や空間的な制限の枠組みを超えた、「総合的」な契機が含まれていることを否定するつもりはないが、「分析的」と「総合的」という対立の措定自体が、もともと、ヨーロッパ思想のなかでの「分析」の手法によって導かれたものであると思われるからである。つまり、日本の思想が「分析的」でないならば、それは同時にまた、「総合的」でもあり得ないと考えてよいのではなかろうか。

（村上陽一郎『近代科学を超えて』）

（注）＊三昧＝一つのことに精神を集中して雑念を去ること。
＊系＝一つの定理からすぐ推論できる別の命題。

問8　波線部ⓐのカタカナと同じ漢字を使うものを一つ選びなさい。

1　ケンシン的に活動する。　2　ケンビ鏡を使って調べる。

3　優勝ケンガイに去る。　4　有害物質をケンシュツする。

問9　波線部ⓑのカタカナと同じ漢字を使うものを一つ選びなさい。

1　審判に激しくコウギする。　2　形勢がギャクテンする。

3　横綱にチョウセンする。　4　ハンザイを取り締まる。

問10　空欄部［X］に入る言葉として最も適切なものを一つ選びなさい。

1　あるいは　2　なぜなら

3　しかも　4　けれども

問11　傍線部⑴「そのような危険」とはどのようなことか。最も適切なものを一つ選びなさい。

1　最もポピュラーとされる見方に従うこと。

2　既に指摘されたことを額面通りに受け取ること。

3　やむなくあやうい要素を含む方法をとること。

4　一面的で浅薄なとらえ方だと見なされること。

問12　傍線部⑵「この点は、自然科学を横軸にして考えてみると、よりはっきりする」とあるが、その内容の説明として、最も適切なものを一つ選びなさい。

1　主観と客観との分離が西欧に特徴的な現象であることは、分離がどの程度行われたかを東洋と比べてみればはっきりするということ。

2　主観と客観との分離は、ギリシア以来の自然科学の基本的な構造をなしてきたことから、西欧に特徴的な現象と言えるということ。

3　主観と客観との分離を自然科学の面で確かめると、西欧の近代に特徴的な現象と見るのが妥当な見方であることがわかるということ。

4　主観と客観との分離が見られるのは近代でなく中世のキリスト教思想であるから、明らかに西欧に特徴的な現象であるということ。

問13　傍線部⑶「この論点が、主観と客観との分離に、どういう関係があるかを明確にせねばならない」とあるが、明確になった内容を表しているものとして、最も適切なものを一つ選びなさい。

1　人間が自然を支配する絶対的な神と同じ立場に立つことは不可能であるが、同じ視座に目をおいて自然を眺めることはできる。

2　人間は神の理性をまねて自然を支配するようになって初めて、自然を自分の外側に投げ出して眺めることのできる主体になった。

3　人間が主体として自然を客観的に見始めたのは、神の視座を得たという西欧キリスト教思想によるもので、近代思想からではない。

4　人間は神の視座を得たことで、自然は自分の前に投げ出された客観的存在で、自分は自然を眺める主体であると意識するようになった。

問14　傍線部(4)「そのことからただちに、東洋思想や日本思想を『総合的』と呼ぶことには、私は必ずしも賛成できない」とあるが、その理由として、最も適切なものを一つ選びなさい。

1　主観と客観とを分けないのはキリスト教の発想と逆だが、分析的でなければ総合的という対立の措定は西欧思想の手法だから。

2　主観と客観とを分離しない三昧や悟りの境地を総合的や分析的という言葉で表現することは実態に即したものと言えないから。

3　主観と客観とが分離できないからといって総合的だと言い切るのはあまりにも西欧思想に偏った一面的な分析だと思われるから。

4　主観と客観とを統合していると言っても、三昧や悟りは神が全存在を一瞬に把握する総合的な手法とは違うと考えるから。

問15　◆印を付けた段落における記述は、論の展開上でどのような働きをしているか。その説明として、最も適切なものを一つ選びなさい。

1　主観と客観との分離をキリスト教思想の支配時代から西洋に特有なものとする前段の考察に、日本には初めから分離する考えがなかったと逆の内容を対置して東洋思想の特徴を具体的に印象づけている。

2　主観と客観との分離はキリスト教思想以来西洋の特徴だという前段までの考察の妥当性を、東洋とくに日本の思想には分離が見られないという反対事実の提示で裏付けつつ後の事例につなげている。

3　主観と客観との分離が明確に現れたのは西洋のキリスト教思想からではないかという前段の考察の不足を、東洋思想には分離の考えがなかったという事実を指摘することによって補っている。

4　主観と客観との分離を西洋の特徴とする前段までの考察の正しさを強調するには、主観と客観との分離を目ざしたキリスト教思想と、逆の立場の日本の思想との比較が効果的であることを強調している。

問16　本文の筆者の考えと一致するものとして、最も適切なものを一つ選びなさい。

1　東洋と西洋を比較する場合には、既に指摘されている対立点をただばらばらに並べたままで分析するだけでは足りず、総合的に見て共通する要素を見出して特徴を明らかにすることが必要である。

2　近代初期の科学が自然を支配することに消極的だったのは、キリスト教思想に見られる人間の理性は神の理性に重なるという考えがあまりに楽観的なことに疑いを持ったからだろうと思われる。

3　東西の差異としてまず主観と客観の問題を論じることは、主観と客観とを分離して対象を把握する思考の方法が西洋の思想の基本構造をなしている点に注目すれば、必ずしも一面的な考察とは言えない。

4　絶対的な神は時間や空間的な制限を受けずに、自然を支配・制御・統括・判断する力を持っているが、神の似像に過ぎない人間は無力であるから、神と同じ働きができず、分析することしかできない。

三 次の文章を読んで、あとの問いに答えなさい。

中学二年になって転校した「私」は、一年だけ通ったはじめの学校のことはほとんど記憶に残っていないのだが、ある体操教師についてははっきりとした記憶を持っていた。

(1)校庭に石村東平の姿が見えると、生徒たちはみんなぴりぴりした。彼は下級生であろうと上級生であろうと容赦しなかった。彼は目的物に向かって真直《まっす》ぐにすたすたと歩いて来て、ズボンのポケットに手を入れているものの手をぴしゃりと叩《たた》き、帽子をあみだに被《かぶ》っているものの額を小突いた。叩かれることや、小突かれることはよかったが、その手の小さい動作には痙攣《けいれん》でも起こしているような、異様な素早さと烈《はげ》しさがあった。一旦彼に狙われると、どんなに遠くにいても猫に狙われた鼠《ねずみ》同然で、誰も一様に逃げも隠れもできなかった。

「おお、お前は——」

ただそれだけしか呶鳴《どな》らなかったが、その言葉もまた痙攣を起こしたように震えていて、それがその前に立つ少年たちを恐れさせた。

私たちは彼の受持《うけもち》である体操の時間が一番厭《いや》だった。石村は生徒を整列させると、遥《はる》か遠方に下がってそこで号令を掛けた。そして生徒を端から端までひと渡り見渡し、何か見つけ出すとそこからまっしぐらに駆けて来た。私はいつも、彼が自分を目がけて駆け寄って来るような錯覚に陥った。体操の時間中は始終私はいささかの落度《おちど》もないように緊張していたが、しかし、それでも月のうち二回や三回は、私も彼の獲物になった。

「おお、お前は——」

怒声と一緒に私はいつも額を小突かれ、不様《ぶざま》に背後へ二、三歩蹣跚《よろめ》いたものである。

そんな石村東平について級友たちがいろいろ悪口を言うのを私は聞いた。雑多な蔭口《かげぐち》が彼に対して囁《ささや》かれたが、中には(a)穿《うが》ったものもあった。彼は現在教頭の地位についてはいるが、体操教師であるために校長にはなれない。そんな腹いせに生徒を苛《いじ》めるのだ。そんなことも言われた。

またこういうのもあった。去年一年間校長が躰《からだ》を壊して欠勤がちだったので、石村東平は自然校長代理といった恰好《かっこう》で何かと采配を振《ふる》っていい気《き》持《もち》になっていたが、今年になって校長が出て来てその地位を返上させられたので、むしゃくしゃして八つ当《あた》りをしているのだと言うのである。実際に石村東平は私たちがはいった時から、それ以前に増して生徒に対する態度に峻厳《しゅんげん》さを増しているもののようであった。

「去年一年、朝礼の時お説教したんで、その味が忘れられないんだそうだ」

とか、

「式の時*勅語が読めなくなって口惜《くや》しいんだ」

とか、一年坊主の口からもいろいろなことが言われた。

これらの蔭口はある程度当っていることかも知れなかった。そう言われてみると、なるほど朝礼の時に壇上へ上って行く校長の方へ視線を投げている石村東平の顔は、いつも何か憤懣《ふんまん》やる方ないといった表情に見えた。そして式の時、校長が勅語を捧《ささ》げ持って講堂へはいって来るや、気をつけの号令をかける石村東平の顔は、怒りと悲しみとをつき混ぜたような変なものに見えた。本当は石村東平の動きのない表情からは平生の苦渋以外の何ものも見出《みいだ》せる筈《はず》はなかったが、ともかく私たちにはそのように見えたのであった。

この石村東平が俳句を作るということは、生徒の間では有名であった。しかしどんな俳句を作るか、どこへ発表するかは誰も知らなかった。そんなことにかけてはⓑ鵜《う》の目鷹《たか》の目の生徒たちが知らなかったところから推すと、曾《かつ》て俳句を作ったことがあるとでもいった取りとめない事柄であるのかも知れなかった。石村東平に俳句の話をすると機嫌がよくなるということが言われていたが、しかしこの話は結局は伝説の範囲を出なかった。誰も体操の時間に石村東平に俳句の話を持ち出すような勇敢な生徒はいなかった。

しかし、私が二年に進級した時、上から落第して私たちの級へはいって来た生徒が、最初の体操の時間に石村東平が一応整列している生徒たちの前に現《あら》われるや、

「先生は俳句の号はなんですか」

と訊《き》いた。石村東平はまさに号令をかけようとしていた矢先、思いがけない質問で虚を突かれた形だった。私たちはどうなるかと固唾を飲んでしんとしていた。

石村東平は「気をつけ」の号令を一旦掛け、すぐ「休め」を掛けると、いつもと少しも変《かわ》らぬ峻厳な顔つきで、

「わしの俳号を知りたいのか？　わしは孤猿《こえん》と号している。孤独の孤に猿と書く。孤猿というのは独りぼっちの猿のことを言う。猿にも愚劣極まる集団生活が厭になって、仲間から離れて独りで静かにしていたいと思う変ったのがある。そういうのがつまり孤猿だ」

それだけ言うと、石村東平は生徒たちをねめ廻《まわ》し、尚《なお》も何か喋《しゃべ》りそうだったが、しかし、それ以上は落第生の策謀には乗らなかった、体操はいつもの厳しさで開始された。質問者もその時間中に二回直立不動の姿勢の手の甲を、その音が周囲に聞《きこ》えるほど烈しく叩かれた。

私が孤猿という言葉を耳にしたのは、この体操教師石村東平の口から出たものが最初であった。私はこの小さい事件があってから程なく転校したので、その後の石村東平については何ら知るところはないが、この孤猿の話だけは、ついに消えることなく私の記憶に残った。それは一人の体操教師の病的とさえ見られる厳格さと結びついて、ある凄《すさま》じさで時々思い出された。そして何年か経《た》つうちに石村東平の風貌は次第に記憶の中で薄れて行ったが、孤猿の話だけが辛うじて彼の映像を支えていた。仲間から独り離れた猿の孤介な精神だけが、私に次第に多少実際とは違った石村東平の風貌を新たに形造って行きつつあるようであった。

私が二度目に孤猿という言葉にぶつかったのは、石村東平の口からそれを聞いてから二十年程経った時である。

当時私は大阪の新聞社で学芸部の記者をしていて、美術関係を受持《うけも》っていたが、ある時日本画家の谷村大峯《たいほう》を宝塚の別邸に訪ね、そこで思いがけず孤猿という文字を目にする機会を持ったのであった。

その時私が谷村大峯を訪ねて行ったのは、(2)私としては余り有難くない用件であった。新聞社の幹部の一人のために、既に依頼してある絵を催促するのがその日の私の訪問の目的であった。私はこうした新聞記者の仕事とは違った、いわば個人的な用件で画家の許《もと》を訪ねることは、一番厭なことであった。

私は宝塚線の終点近くの駅で電車を降りると、落葉の散り敷いているだらだら坂を登って行った。そして、日本画家には珍しい傲岸不遜《ごうがんふそん》な大峯の面貌が瞼《まぶた》に思い浮かんで来ると、次第に足の運びに重いものを感じていた。

大峯は普通の画商が行っても容易なことでは絵を描こうとは言わなかった。莫大《ばくだい》な財を既に造っていて、生活のために絵を描く必要はなかったし、それに何年か前からの約束だけでも整理できない程沢山あった。

そこへもってきて、天才と言われているこの画家はひどく我儘《わがまま》で気難しかった。そうした彼へ、私は小さい鑑賞画を依頼し、しかもそれを催促に顔を出そうというのである。どう考えても厭な役割であった。

その日その別邸の座敷には何人かの先客があった。いずれも一見して画商と判《わか》る人たちだった。私はその客たちの間に挟まって一時間近く坐《すわ》って

いた。どういうものか大峯は一向に姿を見せなかった。先客の居催促《いざいそく》で絵でも描いているのか、あるいは箱書でもしているのかも知れなかった。

待ちくたびれた頃、顔見知りの書生が現われて、小さく巻いた絹地の絵を持って来て、私の前に置いた。私はその日大峯の作品を持ち帰ることができるとは思っていなかったのでひどく意外な気持であった。

開いてみると、尺八の絹本に水墨で一匹の猿が描かれてあった。季節は厳冬、葉一つない裸の木の梢《こずえ》の一本に猿は長い右腕を伸ばしてそれに手を掛け、凍りそうな月を窺《うかが》っている。嘯々《しょうしょう》とでも形容すべき画面であった。

この画題は大峯の得意中の得意なもので、同じ画題で名作と言われる幾つかの作品を残していた。勿論《もちろん》私の手にしたものは片々たる依頼画で、手慣れた画題を手慣れた手法で書いたものに過ぎず、私はそれに対して特にどうという関心は持たなかったが、それを巻き終えて、書生から手渡された時そうしてあったように白紙でそれを包むと、ふとその包み紙の端に走り書きで小さく『孤猿図』と書かれてあるのを見た。なるほど絵は孤猿には違いなかった。

私は大峯には会わないで書生によく礼を言ってそこを辞した。そしてその帰り途《みち》、(3)久しぶりで石村東平のことを思い出した。石村東平は孤猿というものを仲間の愚劣さに愛想をつかして集団生活から離れて独りになっている孤高狷介《けんかい》な猿と解して、それを自分の俳号に用いたが、大峯の場合は孤猿をどのように解しているかは不明だった。単に仲間から離れている孤独の猿という単純な意味でその言葉を使っているかも知れなかった。しかし、孤猿という言葉をどのように遣おうと、大峯の場合もまた、やはり画家としての自分の立場を、意識すると、しないに拘《かかわ》らずこの画題に託していることは否めなかった。自らを恃《たの》むこと強きあまり、殆《ほとん》ど他の画家たちとの交際を持っていず、画壇のこととなるとかくそっぽを向くような態度を取る。大峯もまた孤猿であった。独りで寒月を仰いでいる野猿にほかならなかった。

今年の二月のことである。私はある小さい会合で図らずも、(4)孤猿という言葉を生物学者の津宮洪作《こうさく》の口から聞いた。

その会合は同じ高等学校を出た職業の異《こと》なる各方面の人たちが月一回何となく顔を合わせようという気らくな集まりで、私は津宮洪作にはその時が初対面であった。

津宮はその席で、

「猿の社会というものは面白いものですよ。この間九州へ行って、若い学者たちからいろいろ聞いたんですがね」

と最近得た知識を皆の前で披露した。津宮は野棲《やせい》の猿の集団生活が見られることで最近有名になった大分県のＴ山へ行って、帰って来たばかりのところであった。

津宮に依《よ》れば、動物生態学の発達は戦後めざましいものがあり、Ｔ山の猿も若い学者のグループに依って、その群の社会的構造が次第に明らかにされつつあるということであった。

津宮は猿の生態についていろいろ聞いて来たことや見て来たことを話したが、とにかく猿の社会は全くの実力の世界で、一番腕力の強い一匹が統率者として、絶対の権力を持って全集団に君臨している。しかし、新しい若い実力者が現われて、実力で彼を倒すと、その時から主権は新しい猿の手に移る。

「そうなると、前の統率者の立場は頗《すこぶ》る微妙なものらしいですな。格下げになって、温和《おとな》しく平《ひら》ボスに収まれば問題はないわけですが、なにしろ昨日までの統率者なんですから、猿といえどもなかなかそういう気になれんでしょうね。中には仲間外れにされてしまって、独りきりでいる過去の王様も居るようです。——弱くて仲間外れに遇《あ》っているんじゃない。一番とは言えないが、とにかく曾ての大統領ですからね。——ひとり猿、おち猿、つまり孤猿という奴ですな」

この時、全く思いがけず私は津宮の口から孤猿という言葉を聞いたのであった。この前谷村大峯が包み紙の端に走り書きした孤猿という文字を見たのは昭和十五、六年のことであるから、それから十数年の歳月が流れている。その大峯も終戦の年に亡くなって今は故人であった。

私は孤猿という言葉を聞いてはっとしたが、孤猿という言葉の意味する単独生活者としての一匹の猿の持つ運命の凄じさのようなものは、その場に居合わせた私以外の人たちの心にも何らかの形で強く響いたようであった。ほんの僅かな間だったが、一座はしんとした。

（井上靖『孤猿』）

（注）　＊勅語…ここでは、「教育勅語（大日本帝国憲法下での教育の方針を示した明治天皇のお言葉）」のこと。忠君愛国を究極の国民道徳としたもので、全国の学校で礼拝・奉読の強制をし、国民に浸透させた。

問17・18　波線部ⓐ「穿った」、ⓑ「鵜の目鷹の目」の本文中の意味として、最も適切なものをそれぞれ一つずつ選びなさい。（ⓐは問17、ⓑは問18の解答欄にマークすること。）

ⓐ「穿った」

1　微妙な心の動きを捉えた

2　強引に突き進んでいった

3　事実をねじ曲げて解釈した

4　主観を交えないで冷静に観察した

ⓑ「鵜の目鷹の目」

1　勝手で無遠慮な言動をするさま

2　関心がなく問題にしないさま

3　熱心にものを探し出そうとするさま

4　自分の存在を必要以上に目立たせるさま

問19　傍線部(1)「校庭に石村東平の姿が見えると、生徒たちはみんなぴりぴりした」とあるが、「石村東平」の人柄について生徒たちはどう捉えているか。その内容として、当てはまらないものを一つ選びなさい。

1　人の上に立って指示をしたり、権力を振りかざしたりしたがっているように見える。

2　生徒への異様な厳しさは、出世できないことに対するいら立ちによるものだろう。

3　俳句を愛好しているが、教頭という立場上それをひた隠しにしているようだ。

4　生徒のどんな態度不良も決して見逃さない、異常なまでの気迫と厳格さが感じられる。

問20　傍線部(2)「私としては余り有難くない用件であった」とあるが、その理由として、最も適切なものを一つ選びなさい。

1　新聞記者としてのプライドを持っている「私」にとって、そのプライドを汚すようなこびへつらいは忌み嫌うべきものであったし、金銭的な苦労を全くしたことがない画家に対して以前から嫌悪感を抱いていたから。

2　新聞記者としての本来の業務ではない用件での訪問自体、「私」にとって嫌なことであるのに加え、傲慢で取り付きにくく、依頼してもいつ絵を描くかわからないような画家に対して絵の催促に行くことは気が進まなかったから。

3　絵を今日受け取れるはずはないと踏んでいた「私」は、上からの頼みとはいえ無駄足になることを避けたかったうえに、自分勝手で横暴な画家の前で萎縮してしまうに違いない自身の姿を想像すると決まり悪く感じたから。

4　興味のない仕事をさせられることへの嫌悪と、依頼済みなのにさらに催促させようとする幹部への反感を抱いている「私」にとって、画商たちのなかに新聞記者が同席することも場違いだと思えて、いたたまれなかったから。

問21　傍線部(3)「久しぶりで石村東平のことを思い出した」とあるが、「孤猿」という言葉を用いた石村東平と大峯について、「私」はどう考えているか。その考えの内容として、最も適切なものを一つ選びなさい。

1　「孤猿」について、石村東平は自ら集団を離れた猿という意味、大峯は孤独な猿という単純な意味であると解釈しており、石村は自分とは異なる次元の存在として、大峯は万人受けする画題として扱っている。

2　石村東平は素人俳人に過ぎず、その石村が自身の号に込めた思いなど日本画家の大家である大峯が『孤猿図』で描いた表現の重みと比べれば取るに足りないものではあるが、孤猿への共感という面では大峯の表現にも負けないものがある。

3　石村東平も大峯もともに社会に適合しようとする気のない人物であることが「孤猿」に親しみを感じるという両者に共通の志向として表れており、また、生活態度に表れる激しい自己主張も「孤猿」を理想とするがゆえのものである。

4　石村東平も大峯も「孤猿」を自分になぞらえているが、石村が「孤猿」を周囲とは一線を画しひとり気高くあろうとする存在として用いているのに対して、大峯の『孤猿図』には自分のみを拠《よ》りどころとする自負心が表れている。

問22　傍線部(4)「孤猿という言葉を生物学者の津宮洪作の口から聞いた」とあるが、その話を聞いた「私」や周りの人間の様子の説明として、最も適切なものを一つ選びなさい。

1　同じ学校を卒業した気の置けない仲間の集まりには「孤猿」の話の披露はいかにも場違いで、しらけた空気を醸し出した。

2　「孤猿」など猿の生態にまつわる津宮の話は、これまでの概念をくつがえすことばかりで、誰もが黙って熱心に耳を傾けた。

3　絶対的な統率者の座を追われて独りきりで生きる「孤猿」の凄絶な運命に思いを致し、皆の心が一瞬揺り動かされた。

4　「孤猿」を生む猿の社会の構造について、動物生態学の視点からの新たな知見を得たことに、一同そろって満足感を抱いていた。

問23　次に示すのは、この文章を読んだ四人の生徒が話をしている場面である。本文の内容や表現についての発言として、最も適切なものを一つ選びなさい。

1　生徒A――十代のころ、三十代のとき、そしてごく最近に、「私」が同じ「孤猿」という言葉と出合った際のエピソードが、その時のままを思わせる会話の内容や細部の様子まで具体的に描き出されていて、その場の光景が目に浮かぶようだよ。

2　生徒B――石村東平と津宮洪作には「孤猿」について直接語らせているのに、谷村大峯についてはその絵の存在に軽く触れるだけで、本人を登場させずに済ませているのは、「私」が大峯の人となりを好ましく思っていないからだと思う。

3　生徒C――石村東平の様子を詳細かつ主観的に描写したのは、谷村大峯の『孤猿図』の簡潔でものわびしい絵柄を際だたせようとしたためだけれども、この二つの対照的な描写方法が、猿の社会でのボス猿の悲劇的な運命を暗示させているのだと感じたよ。

4　生徒D――過去と現在が交互に現れ、その節目ごとに「孤猿」という言葉と繰り返し出合う様子が描かれているのは、人類の孤独ということに常に思いをはせ、生きる意味を問い続けている「私」の苦悩を反映させているのではないかな。

四 **次の文章は『撰集抄《せんじゅうしょう》』の一節で、大納言であった*藤原成通《なりみち》（「殿」）のところに、名も知れない僧がやって来て下男として仕え始めた、という話に続く箇所である。これを読んで、あとの問いに答えなさい。**

するわざもなかりけれど、心ざまのなつかしくて、殿にもいみじくいとほしきものにおぼされて、着る物などもさはやかに与へ給へば、二三日は肩に掛けたんめれど、のちには跡なく失ひけり。かくすること度々になり侍れば、人あやしみて、「女などを*かたらひたるにや」。「さも侍れ、けしからず」。また、「その心も見えざめり」など、わづらはしきまで(1)沙汰しあひ侍りけり。

大納言、このこと漏れ聞き給ひて、着る物なんどⓐたまはすとて、「いかにかくは跡なくなし果つるぞ。このたびは、あらかじめ失ふべからず」とよくよく仰せ含め給へりければ、この僧もかしこまりて取り侍りけり。その後、人々目をつけて見侍れば、この僧、暇をうかがひて、門より外ざまへ走り行くを、見えかくれに見侍りければ、法勝寺の辺に、ことにさむくⓑかはゆげなる乞食《こつじき》に、着物を脱ぎくれて、わが身はただ*袷《あはせ》なるものばかり着て、帰りにけり。これを見あらはせる人、目もめづらかに心驚きて、急ぎ大納言にこのよしを聞こえてけり。

その後、(2)「よしある人にこそ」とて、日ごろにも似ず殿も重くおぼし、人ももてなしⓒ聞こえければ、よにも本意なげにおぼしたりけるが、二三日ありてかき消すやうに失せにけり。殿よりはじめて、みな人々しのびあひ給へりけれど、つひに見え給はでやみ①にけり。

この僧、失せて後、二十日ばかり経て、大納言、歌詠みのうち選ばれ給ひて、*冷泉《れいぜい》の中納言俊忠と申す人になむあひⓓ給ひて、いかがして名歌詠みて君の*御感にあづかり侍らんとおぼして、このことのみを嘆き給ひけるに、ある日の暮れに、ありし僧来たりて、(3)「君のわづらひ給へる歌、思ひ寄りてこそ侍れ」とて

A　水の面《おも》にふるしら雪のかたもなくきえやしなまし人のつらさに

B　うらむなよ影みえがたの夕月夜おぼろけならぬ雲間まつ身を

と詠みて、逃げ去り給ひけるを、袖をひきとめて、「誰人②に てかおはすらん、この日ごろのなさけに、たしかにのたまはせよ」と侍りければ、「*泊瀬山《はつせやま》の迎西」とてなむ、ふりほどき、出で給ひにけり。そののちは*ふつと見え給はでやみ侍りけり。

（注）＊藤原成通＝平安時代後期の公卿《くぎょう》。歌人西行とは生涯にわたって親交があつく、ともに和歌に親しんだことでも知られている。
＊かたらひ＝懇意にする。
＊袷＝表裏を合わせて作った衣服類。
＊冷泉の中納言俊忠＝藤原俊忠。平安時代後期の公卿、歌人。
＊君＝ここでは帝のこと。
＊泊瀬山の迎西＝「泊瀬山」は、奈良県にある長谷寺《はせでら》のこと。平安貴族の信仰を集めた。「迎西」はその寺に所属した高僧の名。
＊ふつと＝まったく。

問24　波線部ⓑ「かはゆげなる」の意味として、最も適切なものを一つ選びなさい。

1　つらそうな様子の
2　かわいそうな様子の
3　気難しそうな様子の
4　悲しそうな様子の

問25　二重傍線部①・②の助動詞の文法的意味の組み合わせとして、最も適切なものを一つ選びなさい。

1　①推定の助動詞「なり」の連用形　②断定の助動詞「なり」の連用形
2　①完了の助動詞「ぬ」の連用形　②推定の助動詞「なり」の連用形
3　①推定の助動詞「なり」の連用形　②推定の助動詞「なり」の連用形
4　①完了の助動詞「ぬ」の連用形　②断定の助動詞「なり」の連用形

問26　傍線部(1)「沙汰しあひ侍りけり」とあるが、成通に仕えていた人々が、どのようなことをしていたというのか。その説明として、最も適切なものを一つ選びなさい。

1　よくない人物ではないかとうわさしていたということ。
2　僧にはふさわしくない者だと軽蔑していたということ。
3　なんとか正体を暴いてやろうと相談していたということ。
4　懲らしめるために互いに手はずを整えていたということ。

問27　傍線部(2)「よしある人にこそ」とあるが、このように判断した理由の説明として、最も適切なものを一つ選びなさい。

1　「この僧」が、殿の教えを常に忠実に守り続けていたから。
2　「この僧」が、人に知られないようにこっそりと善行を積んでいたから。
3　「この僧」が、殿の指示に従って民に食料を分け与えていたから。
4　「この僧」の言葉が、周りの人の気持ちを落ち着かせるものだったから。

問28　傍線部(3)「君のわづらひ給へる歌、思ひ寄りてこそ侍れ」の解釈として、最も適切なものを一つ選びなさい。

1　あなたが解釈に迷っておいでの歌については、私が説明しましょう。
2　あなたが病みながらもお作りになった歌に、私は感動いたしました。
3　あなたが作れなくて困っていらっしゃる歌を、私が思いつきました。
4　あなたが苦労して作っていらした歌を、私はやっと思い出しました。

問29　波線部ⓐ「たまはす」、ⓒ「聞こえ」、ⓓ「給ひ」の敬意の対象の組み合わせとして、最も適切なものを一つ選びなさい。

1　ⓐ迎西　ⓒ大納言　ⓓ中納言
2　ⓐ迎西　ⓒ大納言　ⓓ大納言
3　ⓐ大納言　ⓒ迎西　ⓓ中納言
4　ⓐ大納言　ⓒ迎西　ⓓ大納言

問30　本文中の歌Ａ・Ｂについての説明として、最も適切なものを一つ選びなさい。

1　Ａの歌ではすぐに消えてしまうもののたとえとして白雪を用い、Ｂの歌では人の姿のたとえとして雲間を用いている。

2　Ａの歌はつらい思いをしている人が死んでしまっては困るという気持ちを表し、Ｂの歌は自分がいい加減なわけではないという気持ちを表している。

3　Ａの歌は自分に対する相手の冷淡さを責める気持ちを表し、Ｂの歌は自分の振る舞いに対して不満を持たないでほしいという気持ちを表している。

4　Ａの歌では白雪が積もっても溶かすものの例として水面を用い、Ｂの歌では月に照らされた自分を隠してくれないものの例として雲を用いている。

問31　本文の内容と合致するものとして、最も適切なものを一つ選びなさい。

1　迎西という高僧を下男として仕えさせたために、人々から誤解を受けた成通は冷泉の中納言から名歌を詠めという難題を押しつけられてしまった。

2　成通は歌詠みに選ばれたため、僧によい歌を代作してもらって評価を高めようと思っていたのに、その僧が突然姿を隠したので困ってしまった。

3　迎西は自分の名では歌を詠んでも評価されないので、成通に仕えて歌の代作をすることによって自分の歌人としての能力を発揮しようとした。

4　成通は歌詠みに選ばれたからにはよい歌を作って認められたいと思ってはいたもののうまくいかないので、冷泉の中納言の前でため息をついた。

問32　本文は『撰集抄』から採ったものである。『撰集抄』は歌人である西行の著作と信じられてきたが、現在では自著ではなく偽作とされている。次のうちから西行と実際に最も関係の深いものを一つ選びなさい。

1　山家集

2　万葉集

3　古今和歌集

4　金槐和歌集

五

次の漢文を読んで、あとの問いに答えなさい（設問の都合上、返り点・送り仮名を省略した部分がある）。

欧*陽文忠公嘗《テ》語《リテ》レ人《ニ》曰《ハク》、「凡《ソ》治《ムル》レ人《ヲ》者《は》、不レ問《ハ》二吏材《ノ》能否、設*施《ノ》ⓐ何如《ヲ》一、但《ダ》民称《スレバ》レ便*《ト》、即《チ》是《レ》良吏《ナリト》。」故《ニ》公為《をさムルニ》二数郡《ヲ》一、不レ見《あらハサ》二治*跡《ヲ》一、不レ求《メ》二声誉《ヲ》一、(1)以寛*簡不擾*為意。故《ニ》(2)所レ至《ル》民便《トシ》、既去《リテ》民思《フ》。如《キハ》二揚*・青・南《なん》京《けいノ》一皆大郡《ナリ》。公至《リテ》三五日《ノ》間《ニ》、事已《ニ》十《ニ》減《ズ》二五六《ヲ》一。一両月《ノ》後、(3)官府如《シ》二僧舎《ノ》一。或《ルヒト》問《フ》、「公為《スニ》レ政《ヲ》寛簡《ニシテ》、而《しかモ》事不《ル》二弛*廃《セ》一者、ⓑ何也《ト》。」曰《ハク》、(4)「以《テ》レ縦*《ヲ》為《シ》レ寛《ト》、以《テ》レ略*《ヲ》為《セバ》レ簡《ト》、即《チ》弛廃《シテ》而民受《ク》二其《ノ》弊《ヲ》一。吾《ガ》所謂寛《ト》者、不《ル》レ為《サ》二苛*急《ヲ》一耳《のみ》。所謂簡《ト》者、不《ル》レ為《サ》二繁*砕《ヲ》一耳《ト》。」識者以《テ》為《ス》二知《ル》言《ト》一。

（朱熹『宋名臣言行録』）

（注）＊欧陽文忠公＝欧陽脩（一〇〇七—一〇七二）のこと。北宋の政治家・学者。唐宋八大家の一人。　＊設施＝政策の立案と実行。
＊便＝よい。　＊治跡＝業績。　＊寛簡＝ゆるやかで簡素なこと。　＊擾＝わずらわせる。　＊揚・青・南京＝いずれも地名。
＊弛廃＝ゆるむ。　＊縦＝勝手気ままなこと。　＊略＝粗略なこと。　＊苛急＝きびしいこと。　＊繁砕＝わずらわしく細かなこと。

問33　波線部ⓐ「何如」の意味として、最も適切なものを一つ選びなさい。

1　どうしてか　　2　どうしたらよいか
3　どうするか　　4　どうであるか

問34　波線部ⓑ「何也」の読み方として、最も適切なものを一つ選びなさい。

1　なんすれぞ　　2　なんぞなり
3　なんぞや　　4　なにや

問35　傍線部⑴の「以寛簡不擾為意」の返り点の付け方と書き下し文の組み合わせとして、最も適切なものを一つ選びなさい。

1　以二寛簡一不レ擾為レ意
寛簡にして以て擾《みだ》さざるを意と為す
2　以二寛簡不一レ擾為レ意
寛簡にして擾さざるを以て意と為す
3　以二寛簡一不レ擾レ為レ意
寛簡を以て意と為すを擾さず
4　以二寛簡不一レ擾為レ意
寛簡を擾さざるを以て意と為す

問36　傍線部⑵「故所至民便、既去民思」の解釈として、最も適切なものを一つ選びなさい。

1　だから至る所の人民は欧陽公の政治をよい政治と喜び、公が任地を去った後でも公の政治のよい所をまねした。
2　だから欧陽公が赴任する先々で、人民はよい政治と喜び、公が別の任地に去った後でも人民は公を慕った。
3　だから欧陽公は赴任する至る所で、人民によい政治を行ったので、公の後任者も公と同じように人民から慕われた。
4　だから欧陽公は赴任すると、どこでも人民に喜ばれる政治を行い、別の任地に行った後でも前の土地の人民を思っていた。

問37　傍線部(3)「官府如僧舎」の説明として、最も適切なものを一つ選びなさい。

1　欧陽公の厳しい姿勢を反映して、役人たちが仕事に精を出したので、役所が無人状態になり、寂しい僧房のようになった。
2　欧陽公の画期的な方針に対して役人が共感し、尊敬の気持ちを抱いたので、役所が欧陽公をまつる僧房のようになった。
3　欧陽公の行う政治の方針が行き届き、役人の仕事量が減り、人の出入りも減ったために、役所が僧房のように静かになった。
4　欧陽公の締め付けがひどいために、役人たちが萎縮して物も言わなくなり、役所が僧房のように暗い雰囲気になった。

問38　傍線部(4)「以縦為寛、以略為簡、即弛廃而民受其弊」の説明として、最も適切なものを一つ選びなさい。

1　役人が「寛簡」をはき違えると、結果的に綱紀はゆるみ、役人自身が害を受けることになる。
2　人民が欧陽公の考える「寛簡」に反発すると、綱紀はゆるみ、欧陽公は害を受けることになる。
3　役人が誤った意味での「寛簡」な政治を行うと、綱紀はゆるみ、人民が害を受けることになる。
4　人民が「寛簡」な行政を期待しても、役人に真心がないと、自然と綱紀はゆるみ、人民は疲弊する。

問39　この文章の内容と合致するものとして、最も適切なものを一つ選びなさい。

1　欧陽公はゆるやかで簡素な行政を常に心がけ、赴任する先々では人民のことを第一に考えて政治を行った。
2　欧陽公は役人が好き放題に粗略な法令を出す行政を悪政と考え、禁止したので、彼らの強い反発を招いた。
3　欧陽公は役人の資質と政策の良否を最重視したことから、ゆるやかで簡素な行政を実現し、人民の尊敬を得た。
4　欧陽公は役人が好き放題にすることを禁じるために、役人を厳しく抑えつけたので、よい政治家と評価された。

四月実施　解答と解説

一　知識

〔解説〕

問1　漢字の読み

正解は2。最初の問題から「誤っている」ものを選ぶ問題になっている。設問は最後まで読んでから解くこと。2「老舗」は「しにせ・ろうほ」と読む。意味は、「何代も同じ商売を続けてきた、格式と信用のある店」。誤答1「固唾（かたず）」の意味は、「緊張したときに、口中にたまるつば」で「固唾をのむ」と使われる。3「祝詞（のりと）」の意味は、「神事のときに神官が神前で唱える古体のことば」。4「投網（とあみ）」の意味は、「円錐状の網のすそにおもりをつけ、上部に長い手綱をつけた被《かぶ》せ網。水面に投げ広げて、比較的浅い所にいる魚を捕らえる」。

問2　漢字の書き

正解は4。「有頂天《うちょうてん》」。意味は、「喜びや得意の絶頂にいて、他をかえりみないこと」。「宇頂天」「有頂点」と書くのは誤りなので注意する。

問3　四字熟語

正解は2。「三寒四温《さんかんしおん》」。意味は、「三日ほど寒い日が続き、これを交互にくりかえす現象」。

問4　故事成語

正解は3。「逆鱗《げきりん》に触れる」の意味は、「天子の怒りに触れる。また、目上の人を激しく起こらせる」。竜の喉元には逆さに生えたうろこがあり、人がそれに触れれば必ず殺されるという中国の故事に基づく。誤答1「鼎《かなえ》の軽重を問う」は、「権威者の実力を疑うこと。また、統治者を軽んじ、その地位や権力を奪おうとすること」の意。2「人口に膾炙《かいしゃ》する」は、「世間の人々の話題・評判となって、広く知れわたる」の意。4「牛耳を執る」は「同盟の盟主となる。また、団体・党派などの実権をにぎって思うままに支配する。牛耳る」の意。

問5　外来語

正解は1。これも「誤っているもの」を選ぶ問題。1「コンテンツ」の意味として正しいのは「①中身。内容。②書籍の目次。③コンピューターで、インターネットなどでの情報サービスの内容。」ということ。

問6　慣用表現

正解は3。「水を差す」の意味は、「じゃまをする。特に、はたから仲のいい間柄のじゃまをする。水を掛ける」。誤答1の「水に流す」は、「過去のことをとやかく言わず、すべてなかったこととする」という意味。人間関係に対して使う語句であり、不適。2「水を打ったよう」は、「大勢の人がだれも口をきかず、静まりかえっているさま」のこと。選択肢後半「おしゃべりを始めた」が反対の意味になるので不適。4「水を向ける」は、「相手の関心が自分の思うところに向くように誘いをかける。誘い水をむける」。選択肢前半「相手に知られたくないので」とは合わない内容であり、不適。

問7　敬語表現（尊敬語）

正解は4。問題文から考えると、会場側（関係者）がお客様に対して使った言葉であるということが分かる。すると、空欄部は、お客様が係の者に聞くという内容になる。「聞く」という動作主に敬意が込められているので尊敬語となる。選択肢をみると4の「お尋ねになって」のみが尊敬語であり、これが適する。誤答1「お聞きして」。2「承って」、3「うかがって」はどれも謙譲語なので不適。

問8　文学史（現代）

正解は1。「耽美派」で『あめりか物語』の作者は「永井荷風《ながいかふう》」である。他には『すみだ川』『つゆのあとさき』『墨東綺譚《ぼくとうきたん》』など。また、『細雪《ささめゆき》』の作者は「谷崎潤一郎」であるので、正解は1になる。「谷崎潤一郎」の他の作品は、『刺青《しせい》』『痴人《ちじん》の愛』『陰影礼賛《いんえいらいさん》』などがある。誤答2の「井伏鱒二」の作品には『山椒魚《さんしょううお》』『ジョン万次郎漂流記』『黒い雨』など。「芥川龍之介」の作品には『羅生門』『地獄変』『河童《かっぱ》』『侏儒《しゅじゅ》の言葉』などがある。3の「夏目漱石」は、『吾輩は猫である』『坊っちゃん』『こゝろ』など。「太宰治」は、『走れメロス』『富嶽《ふがく》百景』『ヴィヨンの妻』『斜陽』『人間失格』など。4の「志賀直哉」は、『城の崎にて』『和解』『暗夜行路《あんやこうろ》』など。「佐藤春夫」は、小説『田園の憂鬱《ゆううつ》』や詩集『殉情《じゅんじょう》詩集』などがある。いずれも教科書レベルの作者である。

問9　古時刻

正解は2。一日（24時間）を子《ね》から始まる十二支を二時間ごとに順にあて、時刻を表したもの。「戌《いぬ》の刻」は、十一番目になるので、午後七時から九時の時間を指す。誤答1「午後十一時から午前一時」は、「子の刻」。3「午前九時から午前十一時」は、「巳《み》の刻」。4「午後三時から午後五時」は、「申《さる》の刻」。古方位とともに覚えておくこと。

問10　文学史（漢文）

正解は3。「李白《りはく》」は、好んで酒・月・山を詠み、道教的幻想に富む作品を残した。誤答1「杜甫《とほ》」は、盛唐の詩人で、「李白」が「詩仙」と呼ばれたのに対して、「詩聖」と呼ばれた人物。その詩風は写実的で力強く、沈痛の風趣があり、日本でも西行や芭蕉などの旅の詩人が尊び愛唱した。2「王維《おうい》」も盛唐の詩人。六朝以来の宮廷詩の伝統を継ぎ、格調高く山水美を詠じた。4「白居易《はくきょい》」は中唐の詩人・文人。その詩は平易通俗な言葉に巧みに風刺を盛り込み、代表作『長恨歌《ちょうごんか》』『琵琶行』などは多くの愛読者をもった。その詩文集『白氏文集《はくしもんじゅう》』は、存命中に日本に伝来し、もっとも広く読まれた。

二　評論

〔出典〕外山滋比古『近代読者論』（『外山滋比古著作集2』みすず書房・二〇〇二年刊）。近代文学とは自己意識から読む人の事であり、近代の活版印刷術の発明や活字本の流布から、作者と読み手との飛躍的な分離がはじめて生じたと述べている。著者は歴史的文脈の中で、活字文化の起源と意味を大きく捉え直し、さらに、この意識的な読みから発見される、言語の伝達と、言語表現への我々の知覚現象に注目する。本文は、言語表現の理解をめぐって、表現と対象とを結びつけようとする営みの上で生じている現代の問題点を考察した部分である。

〔著者〕外山滋比古（一九二三〜）。愛知県生まれ。東京文理大（現、筑波大）英文科卒。シェークスピア文学や英米近代批評文学の研究で知られる英文学者。言葉のまとまった意味は、視覚に認められる残像現象と同じような作用によるとした「修辞的残像」をはじめ、修辞学・表現論・読者論などにユニークな新説を出し続けている。著書に『修辞的残像』『近代読者論』『日本語の論理』『省略の文学』『日本語の個性』『思考の整理学』『思考力』などがある。

〔解説〕

問11　漢字（同じもの）

正解は3。波線部ⓐは、「媒体」。意味は、「①一方から他方へ伝えるために仲立ちとなるもの。②媒質（力や波動などの物理的作用を他へ伝える仲介物となるもの。音を伝える空気、光を伝える空間など）となる物体」。同じ「媒」を使うのは3の「媒介」。意味は、「①両方の間に立って橋渡しをすること。とりもつこと。②病原菌を一方から他方にうつすこと」。「媒」は、「二つのものを結合させる手づるとなること。また、そのもの」の意。誤答1は、「培養」。意味は、「①草木を養い育てること。②細菌・細胞などを人工的に発育・増殖させること。③物事の基礎を養い育てること」。「培」は、「草木の根元に土を乗せかけて育てる。転じて、広く草木を栽培する意となる。また、素質・能力を養い育てる」の意。2は、「倍率」。意味は、「①ある数が規準になる数の何倍になるかを示す数。②レンズを通して拡大された像の大きさと実物の大きさとの比」。「倍」は、同じ数を重ねて加え合わせる回数を表すのに用いる。4は、「賠償」。意味は、「他人・他国に与えた損害をつぐなうこと」。「賠」は、「つぐなう。欠損の分をおぎなってあてがう。弁償する」の意。

問12 漢字（同じもの）

正解は2。波線部ⓑは、「普遍」。意味は、「①広く行き渡ること。また、すべてのものにあてはまること。②哲学で、宇宙・世界の全体にかかわっていること。また、特殊・個物に対して、ある部類に属するすべての事物に共通する性質」。同じ「遍」を使うのは、2の「遍歴」。意味は、「①広く各地を巡り歩くこと。②いろいろな経験を重ねること」。「遍」は、「まんべんなく広がる。全体に行き渡ったさま」の意。誤答1「編集」の意味は、「①一定の方針に従って原稿や資料を集めて調整し、新聞・雑誌・書物などを作ることまた、その仕事」。「編」は、「書物・戸籍などを書いて整えること」の意。3「偏見」の意味は、「かたよったものの見方・考え方」。「偏」は、「かたよる。中心をそれて一方にかたよる」の意。4「辺境」の意味は、「中央から遠く離れた土地。国の果て。国境。国境」。「辺」は、「はて。いきついた所。また、物の中央に対して、物のはじ。はし近い」の意。

問13 内容把握

正解は2。「たとえば」に続く部分なので、これは直前部、「ことばがものごとと結びついているという考えは、いわば言語的習慣が生じた錯覚の上にたったものである」という筆者の考えを具体例に置き換えたものの前半部分である。傍線部は直後に「しかし、ことばの中に真の力のエネルギーがこもっているのではない」と否定した後に、傍線部を言い換えているので、ここ以降を見ていく。ここでは「それを実の世界のように感ずるのは、われわれの、ことばを現実や具体に結びつける能力のためである」とある。ではどのような場合に、表現が読者を錯覚させるほどの力強さを感じさせるのかという点については、次の段落で、ことばがしっかりとした実感を持つように感じられる場合として説明されている。この内容をまとめた選択肢は2となる。誤答1は、「ことばが現実や対象と結びつく」が不適。ことばが（無条件に）現実や対象と結びつくとは言っていない。3は、「本来無力なことばが対象を実質化する」が不適。「無力」という意味でことばについて述べているわけではない。また、実質化されるのは言語であって、対象ではない。4は、「対象のもつエネルギーの強さによってことばの力も変化する」が不適。問題とされていない内容。

問14 内容把握

正解は1。「こういう」と指示語から始まるので、直前部を見ていく。前の段落の内容を整理する。虚である言語を実である経験や観念に結びつけているのが「ことばの音声」である。しかし黙読によってことばとその意味するものとの関係が流動的になり、ことばの理解がむずかしくなった。断層に当たるのはその後の部分。「どんなに対象をあるがままに描いていても、表現は決して対象そのものにはなれない」という部分。この内容を満たす選択肢は1になる。誤答2は、「黙読によって音声が無視されるようになったために」が不適。設問は断層の生じた理由ではない。断層の内容を答える問題。3は、「ことばによる表現と実質のある対象とは結びつかない」が不適。本文には「ことばがある事象や観念と頻繁に結びつけられていると」とある。4は、「ことばの意味が理解しにくくなったために、ことばを使った表現と対象の間が離れたままになった」が不適。表現と対象が離れたままになった変化のことではない。

問15　内容把握

正解は3。「黙読の一般化」とは、直前部にある通り、印刷文化が発達し、音声が黙読にとって代わり、表現の経験化の有力な媒体であった音声が表現理解しにくくなると言う部分。この内容を満たす選択肢は3。誤答1は、「想像力の働きが…」が不適。本文にはない内容。また、音声より文字が重視されるようになったことを理由としている点も不適。2は、「音声にかわって文字が重視されるようになり、表現が理解できなくなった」が不適。これだけでは不十分。人々の間で広く黙読が行われるようになったことに触れることが必要。4は、黙読を主にするようになってどのような難しさが生じたのかという点に触れなければならない。

問16　理由説明

正解は4。依拠部分は、直前の「現代の社会は個人の間の共通要素がますます小さなものになりつつあるから、コミュニケイションもそれだけ困難になっている」というところ。これを満たす選択肢は4になる。誤答1は、「コミュニケイションが可能なのは家族の中だけに限られるようになったから」が不適。本文にない内容。2は、「コミュニケイションに適したことば」が不適。その内容を具体的に示すことが必要。3は、「コミュニケイションが人間の社会活動に必要な文化の一部であるという意識が乏しくなっている」が不適。本文にない表現。

問17　内容合致

正解は4。選択肢は一つずつ丁寧に見ていくこと。1は、「日常の生活では人々が表現と対象との間の断層を意識しないので、想像力を養うことができず」が不適。想像力が養えないとは言っていない。2は、「言語が呪文のように大きな価値をもって人間の生活全体を支配している」が不適。「呪文」はあくまでも言語の実質化が極度に信じられている例として挙げられているもの。3は、「本来は効果のある朗読は疎外されてしまった」が不適。本文にない表現。4は、本文最後の三段落分の内容になる。これが正解。本文最後から手前三段落目の後半に、「社会が高い均質的性格をもっている間は、コミュニケイションは当然のことのように考えられていて、実際にもその本質を反省するきっかけとなるような事態のおこることはほとんどなかった。現在においても家庭内でコミュニケイションの問題が意識されることは稀である。」とある。さらに4の選択肢で使われている「伝達の基盤」については、本文最後の段落の中で、「社会の分化が伝達の基盤をなしている人間共通の要素」という形で使われている。

三　小説

〔出典〕井上靖『本覚坊《ほんがくぼう》遺文《いぶん》』（角川書店『鑑賞日本現代文学27　井上靖・福永武彦』）。謎に包まれた茶人、千利休が豊臣秀吉から切腹を命ぜられて死んだという事件について、利休（宗易）最後の弟子本覚坊の手記をもとに利休の心を探っていく話。

〔作者〕井上靖（一九〇七～一九九一）。小説家。北海道旭川の生まれ。京大哲学科卒。毎日新聞記者となり、学生時代に書いていた小説の筆を断つ。一九四九年、四〇歳のとき、『闘牛』を書き、「文学界」に発表。これが芥川賞を受賞し、作家生活に入る。『風林火山』『天平の甍《いらか》』『楼蘭《ろうらん》』『敦煌《とんこう》』『氷壁』『憂愁《ゆうしゅう》平野』『本覚坊遺文』『孔子』など、歴史小説から現代小説まで幅広く、映画化された作品も多い。

〔解説〕

問18　語句の意味

正解は3。「身振り」の意味は、「意志や感情を伝えるための身体の動き、しぐさ」。本文では「永年、侘数寄、侘数寄と言ってまいりましたが、やはりてらいや身振りがございました」とあり、「てらい」とあわせて考えると、侘びを尊ぶ茶の湯を好み、その道に専心精進すると口では言うが、お点前では「見た目をよく見せよう」としてしまう、という場面であるとわかる。

問19　語句の意味

正解は2。「（お）目利き」の意味は、「器物・刀剣・書画などの真偽・良否について鑑定すること。また、その能力があることや、その能力を備えた人。人の才能・性格などを見分けることにもいう」。本文では「上さまは茶室に入っても御立派でしたし、お目利きもたいへんなものでございました。」とあり、茶の湯における太閤秀吉を褒め称えた場面である。選択肢では2の茶道具の真贋や価値などを正しく判断する能力を指している。

問20　比喩解釈

正解は1。依拠部分は傍線部以降にある。「上さまは刀をお抜きになりました。そうなると、宗易は宗易で、上さまに対して刀を抜くしかございません。上さまに上さまとしてお守りにならねばならぬものがあるように、宗易にもまた、茶人として守らなければならぬものがございます」とあり、宗易が上さま（権力や名声や富）と対峙しようとしたのである。誤答2・3は実際に刀を抜くことになっているので不適。4は、「世俗の批判や中傷に対してひるむことなく真っ向から対決を挑む」が不適。本文にない表現。

問21　内容把握

正解は4。依拠部分は傍線部(2)の次の段落以降にある。「長い間の夢」としてまず、「上さまのお力に縋って、この現世の中に、現世の富とも、力とも、考え方とも、生き方とも無関係な小さい場所を作ろうといたしました」という部分。さらにあとで「それなのに、愚かにも多勢の方々をそこへ入れようと思いました」とある。これらの内容を満たす選択肢は4になる。誤答1は、「妙喜庵を建てた頃の初心に立ち返って〜」が不適。ここでの「夢」は、宗易のこれまでの間違った茶の湯の方針・やり方を言っているのである。2も同様の点で不適。3は、「御茶頭という名声や豪華な茶室、〜守ろうとすること」が不適。本文にない表現。

問22　心情把握

正解は2。問21で考えたように、宗易は今までの太閤秀吉とおこなってきた茶の湯を「長い悪夢」と考えているのである。これが初心と対照的な考えになる。選択肢では、「今まで通り余のために…」とある2が適する。誤答1・2は、その場のやりとりの内容だけで「初心」とは無関係であり不適。3も、宗易の「初心」とは無関係の内容なので不適。

問23　理由説明

正解は1。傍線部「私にとっては不自由な世界」とは、宗易が太閤秀吉の下で見てきた「長い長い間の夢」であり「長い悪夢」と表現された「侘茶の世界」である。これがなぜ不自由だったのかを聞かれている。問21で触れた太閤秀吉との世界は、「上さまのお力に縋って、この現世の中に、現世の富とも、力とも、考え方とも、生き方とも無関係な小さい場所を作ろうといたしました。が、そんなことはもともと無理なことでございました」「自分ひとりがそこに坐っていれば宜しかったのでございます。それなのに、愚かにも多勢の方々をそこへ入れようと思いました。とんでもない間違いでございました」とあり、これが依拠部分になる。この内容を満たしているのは1となる。誤答2は、秀吉の名に従って茶の湯を行うという条件を限定している点で不適。3・4は宗易の置かれた状況の本質を正しく押さえていないので不適。

問24　内容把握（正誤判別）

正解は3。選択肢は一つずつ丁寧に見ていくこと。1は、「初めから終わりまで権力者として崇めており、その死を諦めをもって受け止めている」が不適。秀吉（権力）に対して刀を抜いたのであり、死も諦めではなく受け入れたのである。2は、「茶の湯の理想もなくした、虚無感が表れている」が不適。本文にない表現。3は、本文冒頭から語られている部分。これが正解。4は、「（自分の間違いを）悔やんでいる」が不適。本文にない表現。

四　古文

〔出典〕『唐物語《からものがたり》』。中国の話をもとに歌物語風に翻案した説話集。一巻。二七編からなる。成立年代未詳だが、平安時代末か。作者に藤原成範《しげのり》をあてる説もある。説話・物語などに引用され、親しまれていた人物に関する話が多い。原拠として『白氏文集』をはじめ多数の漢籍が挙げられるが、『蒙求《もうぎゅう》』などの類書に依った部分も多いと考えられる。本文は第三話、「賈氏の妻、夫の弓の技に心を解く語《こと》」の全文。

〔現代語訳〕

昔、賈氏という人は、並ぶものがないくらいひどい容貌の男であったが、美貌の妻をもっていた。この女は、賈氏がこれほど醜い人物だとは知らないで結婚したので、夫を取り替えたいと悔しく思うほどであった。しかし、しかたなく日を送り、良きにつけ悪しきにつけ、全くものを言わず、笑いもせずに、いつもはただ気詰まりな気分で過ごしていた。それを男はつらいことに思って、この女にものを言わせ、笑みを浮かばせようとしたけれども、よい手立てもなく、三年が過ぎ去った頃、春、野辺に出て一緒に散策した。その折、きぎすという鳥が、沢のほとりで動き回ったり、立ち止まったりしていた。この男は弓矢の腕前で名が知られていた者なので、このきぎすをたちどころに射殺してしまった。妻はこれを見て、長年の憎さも忘れて夫を誉め、微笑んだので、夫は他に例えようもないほど嬉しく思って、

はたして聞けたであろうか、あなたの三年越しの言葉を、もし野沢のきぎすを射取ることができなかったならば

これを聞くにつけても、なにごとも上手でありたいものである。

〔解説〕

問25　助詞（文法的意味）

正解は2。接続助詞の「ば」は頻出問題。接続によって意味が決まってくる。「ば」が活用語の未然形に接続すると、「順接仮定条件（もし～ならば・～としたら）」を示す。また、已然形に接続すると、「順接確定条件」を示し、次の三種類に分けられる。①原因・理由（～ので・～から）②偶発条件（～と・～ところ）③恒時条件（～と必ず）。波線部ⓐは、「けれ」（過去の助動詞「けり」の已然形）に接続しているので後者、順接確定条件となる。三種類のどれに当てはまるかは文脈から判断する。「かばかりみにくき人とも知らず、会ひそ」むことによって、「くやしき」気持ちになったのであるから、①原因・理由を示す選択肢2が正解となる。

問26　語の意味

正解は3。「いふかひなし」で、「①言っても何にもならない。

言ってもはじまらない。どうにもならない。②取り上げて言うほどの価値がない。子供っぽく、わきまえがない。たわいない。とるに足りない。つまらない」などの意味がある。ここでは波線部ⓑの直前部分が、「この女は、賈氏がこれほど醜い人物だとは知らないで結婚したので、夫を取り替えたいと悔しく思うほどであった。」となり、それで「日を送った」につながるので、①のあきらめの気持ちが含まれていると考えられる。選択肢では3「仕方がなくて」が適する。

問27　語の意味

正解は1。「年頃」は、「長年。長年の間。この何年もの間。数年来」という意味。選択肢では1「数年来」が適する。本文では「これを見るに」（夫が弓矢の腕前を発揮して、きぎすを射殺したことを見て）から続く部分で、「憎さも忘れて」につながっていく。憎い気持ちは「三とせにもなりにける」とあるので「数年来」が適する。

問28　空欄補入（助動詞の活用形・係り結び）

正解は3。文末の活用形を問われる場合、係り結びになっている事が多いのでまず、係助詞があるかどうかをチェックする。本文では直前に「こそ」があるので、結びは已然形になる。願望の助動詞「まほし」は形容詞シク活用型で、已然形は「まほしけれ」となる。誤答1は「終止形」。2は「連体形」。4も「連体形」になる。係り結びも頻出問題。「こそ」の他には、「ぞ」「なむ」「や」「か」があり、これらは連体形で結ぶ。

問29　心情把握

正解は4。「たぐひなく憂し」は、「相並ぶものがないくらいつらい」ということ。男（賈氏）は、何に対してそう思っていたのかが問われている。直前部の妻の様子「良きにつけ悪しきにつけ、全くものを言わず、笑いもせずに、いつもはただ気詰まりな気分で過ごしていた」ことに対するものである。妻の不満は「顔の醜い夫と生活する」ことにある。これを満たす選択肢は4となる。誤答1は、「どうしたらよいかわからず途方に暮れている」が不適。「つらい」の内容が入っていない。2は、「誇りに思い」「馬鹿にして失礼な態度」をとったなど、いずれも本文にない内容。3は、「心の汚い女性」「残念に思っている」など、これらも本文にない内容。

問30　現代語訳

正解は2。反実仮想の助動詞「まし（ましかば～まし）」の解釈が中心になる。反実仮想とは、事実に反する事態を想定して、その結果を推量するという意味である。本文では倒置の形で表記されている。「あなたの三年越しの言葉を、もし野沢のきぎすを射取ることができなかったならば、はたして聞けたであろうか」となる。この内容を満たす選択肢は2である。他の選択肢はいずれも反実仮想の訳にはなっていないので不適。

問31　内容合致

正解は3。選択肢は一つずつ丁寧に見ていくこと。1は、「心は優しく」が不適。本文にない内容。2は、「なんとか離婚できないものかと考えた」が不適。妻は後悔したが、仕方なく結婚生活を続けたのである。3は、本文中盤の内容であり、これが正解となる。4は、「苦手な弓で」が不適。夫は弓の腕まで名を知られるほどであったとある。

五　漢文

〔出典〕『孔子家語《こうしけご》』。孔子の言行や門人との問答・論議を録した書。初め二七巻、その後散逸。魏《ぎ》の王粛《おうしゅく》が注して一〇巻四四編。普通、王粛の偽作とされる。本文は好生編に収められている一話。西伯（周の文王）の徳が深く人々の心に浸透し、周の国がよく治まっていたことを示すエピソードである。

〔書き下し文〕（漢字の読み仮名は現代仮名遣いで表記）

虞《ぐ》・芮《ぜい》の二国《にこく》、田《でん》を争《あらそ》ひて訴《うった》ふ。連年決《れんねんけっ》せず。乃《すなわ》ち相謂《あいい》ひて曰《い》はく、「西伯《せいはく》は仁人《じんじん》なり。盍《なん》ぞ往《ゆ》きて之《これ》を質《ただ》さざる。」と。其《そ》の境《きょう》に入《い》れば、則《すなわ》ち耕《たがや》す者《もの》は畔《あぜ》を譲《ゆず》り、行《ゆ》く者《もの》は路《みち》を譲《ゆず》る。其《そ》の邑《ゆう》に入《い》れば、男女路《だんじょみち》を異《こと》にし、斑白提挈《はんぱくていけつ》せず。其《そ》の朝《ちょう》に入《い》れば、士《し》は大夫《たいふ》に譲《ゆず》り、大夫《たいふ》は卿《けい》に譲《ゆず》る。虞《ぐ》・芮《ぜい》の君《きみ》曰《い》はく、「嘻《ああ》、吾《わ》が儕《ともがら》は小人《しょうじん》なり。以《もっ》て君子《くんし》の庭《てい》を履《ふ》むべからず。」と。遂《つい》に自《みずか》ら相与《あいとも》に退《しりぞ》き、咸《みな》争《あらそ》う所《ところ》の田《でん》を以《もっ》て閑田《かんでん》と為《な》す。

孔子《こうし》曰《い》はく、「此《これ》を以《もっ》て之《これ》を観《み》れば、文王《ぶんおう》の道《みち》は、其《そ》れ加《くわ》ふべからず。令《れい》せずして従《したが》はれ、教《おし》へずして聴《き》かる。至《いた》れるかな。」と。

〔現代語訳〕

虞と芮の二国が、田地の境界争いをして訴訟を起こした。しかし、いつまで経っても決着しない。そこで互いにこう言った、「西伯は仁徳を備えた方だ。西伯を訪れて是非を決定しようではないか。」さて、西伯の治める周の境界に入ってみると、農民は田の境界を譲り合い、道を歩いている人は互いに譲り合って進み、その村に入ると、男と女は道を左右に分かれて歩き、ごま塩頭の老人が荷物を手に提げる姿はなかった。西伯の朝廷に入ると士は大夫に譲り、大夫は卿に譲って秩序を保っていた。虞と芮の君主は、「ああ、私たちは小人だ。君子のおられる朝廷に足を踏み入れることなど出来はしない。」と言うと、そのまま一緒にその場を立ち去り、これまで争っていた田地すべてを休耕地にしてしまった。

孔子はこう言った。「こうしてみると、文王の道には、何も付け加えることは出来ない。命令を下さなくても、民は自発的に従い、教えなくても言うことを聞くからだ。立派なものだ。」と。

〔解説〕

問32　語句の意味

正解は4。直前からの内容を確認する。「虞と芮の二国が、田地の境界争いをして訴訟を起こした。」に続く部分。「連年」は「長い時間・いつまで経っても」の意。その後に「決せず」とつながる。決しなかったのは両国間の訴訟であるので、選択肢は4の「決着」になる。

問33　漢字の読み

正解は1。「与」は、詠みを問う問題としては頻出。八つのパターンに分けられる。①疑問・反語の場合「か・や」。②詠嘆の場合「かな・か・や」。③選択の場合「より」。④並列・従属の場合「と」。⑤一緒にするの場合「ともニ・ともニス」。⑥仲間になる・助けるの場合「くみス」。⑦与えるの場合「あたフ」。⑧参加するの場合「あづカル」。本文では、「そのまま一緒にその場を立ち去り、これまで争っていた田地すべてを休耕地にしてしまった」となり、「与」は「相与（あひともニ）の形で使われており、⑤一緒にする「ともニ」のパターンになる。

問34　返り点と書き下し文

正解は2。「盍」は「なんゾ～ざル」と読む再読文字で、意味は「反語」で「どうして～しないのか、したらいいではないか」となる。選択肢の書き下し文を比較すると、文頭はどれも「なんぞ」で適しているが、文末は1・3が「ず」（終止形）になっているので不適。また、3・4は、「往質」を「質しに往く」とするのは漢文の読み方としては不適切。以上のことから2が正解となる。「質」（質《ただ》す）は、「是非を決定する」という意味。「二国の訴訟がいつまで経っても決着しないので、西伯に行って決着をつけてもらおうではないか」となる。

問35　内容把握

　正解は3。傍線部(2)を現代語訳すると、「農民は田の境界を譲り合い、道を歩いている人は互いに譲り合って進んでいた」となる。西伯の徳の思想が人民に行き渡っているということを表している。選択肢では3が適する。誤答1は西伯の政治を全く反対にとらえているので不適。2・4は本文にない記述。

問36　空欄補入

　正解は2。選択肢の「小人」とは、「徳・器量のない人」を指す。「君子」はそれに対して「人格が立派な人。徳が高くて品位の備わった人。人格者」を指す。「夫子《ふうし》」は、「①年長者・賢者・師などの総称。②孔子の敬称。③あなた・あの人の意で、その当人を指す語」。「凡人」は、「①特にすぐれたところのない、普通の人。②身分の低い人。平民」のこと。空欄部は、西伯の人々の仁徳のある生活をしている姿を見た、虞と芮の君主が自分たちと比較して発した言葉である。Aは、つまらぬことで争う自分たちを指しているので「小人」が適する。Bは、「Bのおられる朝廷に足を踏み入れることなど出来はしない」となり、西伯を称賛している場面になるので、Aとは反対の意味の語、「君子」が入る。選択肢では2になる。

問37　内容把握

　正解は3。傍線部(3)は、孔子の言葉「こうしてみると、文王の道には、何も付け加えることは出来ない」に続く部分で、「命令を下さなくても、民は自発的に従い、教えなくても言うことを聞くからだ。立派なものだ」となる。設問で聞かれている「どのような形で実現したか」については、直前の段落最後に述べられている。「そのまま一緒にその場を立ち去り、これまで争っていた田地すべてを休耕地にしてしまった」という部分。これは孔子の言う、命令を下されなくても自発的に行動する」ことを実践したということ。つまり、選択肢3の西伯に頼らなくても解決したということ。誤答1は、紛争が続いたことになるので不適。2は、解決を西伯に頼っているので不適。4は、西伯には会わずに帰っていることから不適。

問38　文学史（漢文・空欄補入）

　正解は4。Xは「武王」。誤答1の「尭帝」は中国伝説時代（夏）の伝説上の帝王。2の「舜帝」とともに理想的帝王とされた。3の「桀王」は、夏の末代の王。暴虐無道の王で、殷の紂王と並ぶ暴君の代表。Yは「春秋」。誤答1・2の「伝説」時代は、「夏」「三皇五帝」時代を指す。Zは「戦国」。誤答1・2の「三国」とは「古代中国で、後漢の滅亡後に天下を三分した、魏《ぎ》・呉《ご》・蜀《しょく》の三つの国」を指す。

国語　4月実施　正解と配点

（60分，100点満点）

問題番号		正解	配点	合計
一	1	2	2	20
	2	4	2	
	3	2	2	
	4	3	2	
	5	1	2	
	6	3	2	
	7	4	2	
	8	1	2	
	9	2	2	
	10	3	2	
二	11	3	2	20
	12	2	2	
	13	2	3	
	14	1	3	
	15	3	3	
	16	4	3	
	17	4	4	
三	18	3	2	20
	19	2	2	
	20	1	3	
	21	4	3	
	22	2	3	
	23	1	3	
	24	3	4	

問題番号		正解	配点	合計
四	25	2	2	20
	26	3	3	
	27	1	3	
	28	3	2	
	29	4	3	
	30	2	3	
	31	3	4	
五	32	4	2	20
	33	1	2	
	34	2	3	
	35	3	3	
	36	2	3	
	37	3	4	
	38	4	3	

九月実施　解答と解説

一　知識

〔解説〕

問1　漢字の読み

正解は2。「誤っているもの」を選ばせる問題から始まっている。これは4月実施のテストと同じパターン。設問はよく読んでから解くこと。2「行脚」は（あんぎゃ）と読む。意味は、「①僧が修行などのために諸国をめぐり歩くこと。②（徒歩で）諸所を旅すること」。誤答1「天賦（てんぷ）」は、「天から賦与されたもの。生まれつきの資質」。3「凝視（ぎょうし）」は、「目をこらして、じっと見つめること」。4「挙措（きょそ）」は、「立ち居振る舞い」。

問2　同音の漢字

正解は4。問題文の「均コウ」は「衡」と書く。同じ漢字を含むのは4の「度量衡」。意味は、「長さと容積と重さ。また、それを測るための物差し」。誤答1は「講義録」。意味は、「講義の内容を記録して発行する書物」。2は「振興策」。意味は、「学術・産業などを盛んにさせるための方策」。3は「香辛料」。意味は、「料理に香気や辛みを添えて風味を増す植物性の調味料」。

問3　慣用句

正解は1。「艱難汝《かんなんなんじ》を玉《たま》にす」。意味は、「人間は苦労・困難を乗り越えることによって立派な人物になる」ということ。

問4　四字熟語

正解は4。「一刀両断」。意味は、「①一太刀で真っ二つに切ること。②きっぱりと思い切った処置をすること」。誤答1「英断」は、「すぐれた決断。また、思い切った決断」。2「裁断」は、「①紙・布・鋼材などを型に合わせて断ち切ること。②物事の善悪・理非を判断してはっきりと決めること」。

問5　類義語

正解は3。問題文の「逐次《ちくじ》」の意味は、「物事が順を追って次々になされるさま」。類義語は3の「順次」。誤答1の「漸次《ぜんじ》」は、「しだいに。だんだん」の意。2「途次《とじ》」は、「ある所へ向かう途中。道すがら」。4「今次《こんじ》」は、「このたび。今度」。

問6　外来語の意味

正解は2。「フロンティア」の意味は、「国境地方。特に、米国開拓時代の最前線となった辺境地帯」を指すが、ここから未開拓の分野とか最前線といった意味合いで用いられることもある。誤答1「パラダイム」は、「ある時代に支配的な物の考え方・認識の枠組み。規範」。3「プロット」は、「小説・演劇・映画などの筋。構想」。4「モラトリアム」は、「①戦争・恐慌・天災などの非常事態に際し、経済的混乱を避けるために法令によって金銭債務の支払いを一定期間猶予すること。②知的・肉体的には成人していながら、社会人としての義務や責任を課せられないでいる猶予の期間。また、そこにとどまっている心理状態」。

問7　文学史（現代）

正解は3。設問は「誤っているもの」を選ぶ問題。「国木田独歩」の作品は、『武蔵野』『源叔父』など。『田舎教師』の作者は、「田山花袋」である。誤答1「有島武郎」の作品は他に『カインの末裔』『或る女』など。2「安岡章太郎」の作品は他に『幕が下りてから』『流離譚』などがある。4「大江健三郎」の作品は他に『個人的な体験』『万延元年のフットボール』などがある。

二 評論

〔出典〕村上陽一郎『近代科学を超えて』（講談社学術文庫・一九八六年刊）。科学の進むべき道は、新たな思考の枠組みを追究することが必要だという考えに基づいた論考を集めた著作。出題文は、東洋と西洋との相違点を、主観と客観との分離という観点から論じた部分である。

〔著者〕村上陽一郎（一九三六～）は、東京生まれの科学者・評論家。東京大学教養学部教養学科（科学史科学哲学分科）卒。東京大学・国際基督教大学名誉教授。豊田工業大学次世代文明研究センター長。著書に『日本近代科学の歩み』『西欧近代科学』『近代科学と聖俗革命』『歴史としての科学』『科学と日常性の文脈』『科学者とは何か』『新しい科学史の見方』『安全学』など多数。

〔解説〕

問8 同じ漢字

正解は2。波線部ⓐは、「顕著」。意味は、「きわだって目につくこと。著しいこと」。「顕」は、「あきらか・あらわれる」ということ。同じ漢字を使うのは、2の「顕微」。意味は、「微細なものを現し明らかにする」ということ。誤答1は、「献身」。意味は、「自分を犠牲にして人のために尽くすこと」。「献」は、「①たてまつる。ささげる。②たてまつる物。③賢人」ということ。3は、「圏外」。意味は、「ある範囲の外」。「圏」は、「①家畜を飼っておく所。動物を入れるおり。囲いをした所。②境界。さかい。③限られた区域。範囲」をあらわす。4は、「検出」。意味は、「検査して見つけ出すこと」。「検」は、「①調べる。改める。取り調べる。②封印。③とりまとめる。しめくくり。④考える」などのこと。

問9 同じ漢字

正解は3。波線部ⓑは、「挑む」。同じ漢字を選ぶ問題であるが、問8とは違い、訓読みの漢字を音読みに直したものを選ぶ問題。「挑」の音読みは「チョウ」となり、3の「挑戦」が適切。意味は、「戦いを挑むこと」。「挑」は、「①挑む。仕掛ける。そそのかす。気を引く。②掲げる。灯心をかきたてる」など。誤答1「抗議」は、「不当だと思われる発言・行動・決定などに対して、反対の意見や要求を強く主張すること」。「抗」は、「上げる。②あらがう。さからう。手向かう。③防ぐ。拒む」など。2「逆転」は、「①それまでとは反対の方向に回転すること。また、回転させること。②事の成り行きや優劣の位置などがそれまでとは反対になること。また、反対にすること」。「逆」は、「①逆らう。②迎える。③あらかじめ。前もって。④拒む。退ける。⑤よこしま。罪」などを表す。4「犯罪」は、「法律によって刑罰に科せられる行為」のこと。「犯」は、「①一定の枠を踏み越える。②罪。犯罪」などの意。

問10 空欄補入（接続語）

正解は4。空欄部［×］の前後の関係を見る。前半は、まず、第一段落で「東洋と西洋とを比較して、その差異を指摘しようという試みは、すでに多少なされ、そのなかで多くの相違点が明らかにされたと考えられている」と述べられ、その後に具体例として対立点が挙げられている。第二段落では、対立点は、「そのまま額面通りに受け取るには危険な要素を、たしかに含んでいる」と続いている。これに対して空欄部の後半は、「ここで私は、しばらくの間、そのような危険を、ある程度承知のうえで、いくつかのそれらに類した対立点を、あげてみようと思う」と、危険な要素を認めながらも論を進めていこうとしている形になっている。選択肢では4「けれども」の逆接が適している

問11 内容把握

正解は4。「そのような」という指示語なので、直前部を見ていく。「危険」なのは、「これらの諸点」を「額面通りに受け取るこ

と」。具体的には「ことのごく一面的なところだけを、浅薄につかんでいるとしか言えない、という評言」。「これら」とは第一段落で述べられている、東洋と西洋を比較して、その差異を指摘するために「対立点」で説明するということ。危険を説明した選択肢は4の「一面的で浅薄なとらえ方だと見なされること。」が適する。誤答1・2は「危険」の中身が違う。3は「危険」の具体的内容が欠けている。

問12　内容把握

正解は2。まず、傍線部の指示語「この点」を明らかにする。直前の段落に述べられている、「主観と客観との対立分化を先鋭化させる傾向が、東洋と西洋のどちらにより顕著であったか、という問の立て方をすれば、主観と客観の分離は、しばしば、西欧（西洋）にのみ特徴的で東洋思想のなかには見出せない」ということを指している。さらに「横軸」という語句の意味も確認しておく。これは、傍線部⑵の直後に、「その分離を、近代にのみ限るのは、どこか偏りがあると考える」とあり、これを参考にすると、「近代」という時代の方に重点を置くこと（これが縦軸となる）ではなく、「ギリシア科学の伝統と中世におけるその伝承的展開のうえに立つヨーロッパの近代自然科学を支える基本的な構造」を全体として捉えること、これが横軸になるということ。つまり、「主観と客観との分離」は、「西欧の近代に特徴的な現象」というよりは、ギリシア以来伝承的展開のうえに立つ自然科学にこそ特徴的な現象であり、その意味で西欧にのみ特徴的な現象なのである。この内容を満たす選択肢は2になる。誤答1は、「分離がどの程度行われたか」が不適。分離の程度は問題にされていない。主観と客観の分離は西欧の特徴であり、東洋思想の中には見られないと述べている。3は、主観と客観の分離が「西欧の近代に特徴的な現象と見るのが妥当」が不適。「その分離を、近代にのみ限るのは、どこか偏りがあると考える」という筆者の主張と正反対の内容になっている。4は、「分離が見られるのは近代でなく中世のキリスト教思想である」が不適。正解の選択肢2の解説にあるように、主観と客観の分離は、ギリシア以来中世を経て近代ヨーロッパにまで受け継がれてきた自然科学を全体として捉えているのである。中世のみを特別に捉えているわけではない。また、この時点ではキリスト教思想は話題に上っていない。

問13　内容把握

正解は4。「この論点」とは、直前の段落で述べられている、人間は、神の似像であるから自然界の支配把握もある程度できるという考え方を指している。この論点が、主観と客観との分離にどういう関係があるか、筆者が明確にした部分を探す。依拠部分は、傍線部⑶を含む段落の中「つまり」以降に見られる。人間は神と同じ視座を得て、自然の外側から自然に対しうる存在になった。これは、「自然」と「人間」の間に対立的な分離を認めることができると筆者は述べている。これが明確にした点になる。この内容を満たす選択肢は4になる。誤答1は、神と「同じ視座に目をおいて自然を眺めることはできる」が不適。これだけでは主観と客観との分離にどのように関わるのかの説明としては不十分。2は、「人間は神の理性をまねて」は筆者の述べる「神の視座に立って」の言い換えとしては正しくはない。また、「自然を支配するようになって初めて、自然を自分の外側に投げ出して眺めることのできる主体になった」も不適。自然の支配と自然を自分の外側に眺めることの間には、因果や時間的な差はない。3は、設問の「主観と客観との分離に、どういう関係があるか」の答えにはなっていない。「神の視座を得た」ことで、どうなったのかを説明すべき。また、「近代思想」が何を指すのかも不明。

問14　理由説明

正解は1。傍線部(1)からこの問いまで、すべて指示語（その・この）から始まっており、まず、指示語の内容を明らかにしてから解く必要がある問題になっている。ここでは「そのこと」をまず、明らかにする。直前の段落に述べられている、「全存在を一瞬に把握することのできない『分別・判断』は、必然的に分析的にならざるを得ない」が該当する部分。ここから西欧思想と反対に、主観と客観とを分離しない東洋思想や日本思想は「総合的」だと呼ぶことを賛成しない理由を探す。依拠部分は傍線部以降にある。「『分析的』と『総合的』という対立の措定自体が、もともと、ヨーロッパ思想のなかでの『分析』の手法によって導かれたものであると思われるから」とあり、さらに「つまり」と続く、「日本の思想が『分析的』でないならば、それは同時にまた、『総合的』でもあり得ないと考えてよいのではなかろうか」と言い換えている。この内容を満たす選択肢は1になる。誤答2は、「実態に即したものと言えない」が不適。西欧思想のなかでの「分析」の手法によって導かれたものであるという点を指摘すべきである。3は、「主観と客観とが分離できない」が本文にない表現。さらに「あまりにも西欧思想に偏った一面的な分析だと思われる」も不適。本文では「分析的」と「総合的」の措定が西欧思想のなかでの「分析」の手法によっていると述べているだけ。4は、「主観と客観とを統合している」とは本文にないので不適。

問15　構成把握

正解は2。◆の段落以前は、西欧思想のなかでの主観と客観との分離について述べられていて、◆以降の段落では、「これに反して、東洋思想や日本の思想のなかに」とあるように、ここまで触れられなかった、東洋思想や日本の思想について述べている。また、この日本の思想の特徴についての記述は、次の段落に示される「三昧」の事例につなげられている。この内容を満たす選択肢は2になる。誤答1は、「東洋思想の特徴を具体的に印象づけている」が不適。特に東洋思想を積極的に特徴づけるような記述は見当たらない。3は、「前段の考察の不足を〜補っている」が不適。西欧の特徴についての考察内容には不足はない。東洋思想の記述を加えたことで、西欧の特徴がよりはっきりしたのである。4は、「前段までの考察の正しさを強調するには、主観と客観との分離を目ざしたキリスト教思想と、逆の立場の日本の思想との比較が効果的」が不適。特に本文にない内容。また、キリスト教思想が、主観と客観との分離を目ざしたとしている点も不適。

問16　内容合致

正解は3。選択肢は一つずつ丁寧に見ていく。1は、「総合的に見て共通する要素を見出して特徴を明らかにすることが必要である」が不適。本文にない内容。2は、「（人間の理性は神の理性に重なるという考えが）あまりに楽観的なことに疑いを持ったからだろうと思われる」が不適。本文にない内容。4は、「神の似像に過ぎない人間は無力であるから、神と同じ働きができず、分析することしかできない」が不適。人間は制約を受けるからその分別や判断が分析的にならざるを得ないというのが本文の趣旨である。

三　小説

〔**出典**〕井上靖『孤猿《こえん》』（筑摩書房　現代日本文学大系「井上靖・永井龍男集」所収）。本文『孤猿』は、一九五六年「文藝春秋」一〇月号に発表された。

〔**作者**〕井上靖（一九〇七〜一九九一）。小説家。北海道旭川の生まれ。京大哲学科卒。毎日新聞記者となり、学生時代に書いていた小説の筆を断つ。一九四九年、四〇歳のとき、『闘牛』を書き、「文学界」に発表。これが芥川賞を受賞し、作家生活に入る。『風林火山』『天平の甍《いらか》』『楼蘭《ろうらん》』『敦煌《とんこう》』『氷壁』『憂愁《ゆうしゅう》平野』『本覚坊《ほんがくぼう》遺文《いぶん》』『孔子』など、歴史小説から現代小説まで幅広く、映画化された作品も多い。

〔解説〕

問17　語句の意味

正解は1。波線部ⓐ「穿《うが》った」の基本形は「穿つ」となる。意味は、「①穴を開ける。掘る。②物事の真相や人情の機微を巧みにとらえる。③袴《はかま》・履物《はきもの》などを身につける」などがある。本文では石村東平に対する級友たちの陰口の中の一例として、石村が生徒を苛める心境を語っている部分になる。選択肢1の「微妙な心の動きを捉えた」が正解。

問18　語句の意味

正解は3。波線部ⓑ「鵜の目鷹の目」の意味は、「鵜や鷹が獲物を求めるように、熱心にものを探し出そうとするさま。また、その目つき」。本文では、生徒たちが教員の行うことに興味を持っていたという部分。選択肢では3の「熱心にものを探し出そうとするさま」が適する。

問19　人物理解

正解は3。設問は「当てはまらないもの」を選ぶ問題なので注意して解くこと。1は、石村東平が校長代理になっていた時の様子、さらに校長が復帰してからの様子を「その地位を返上させられたので、むしゃくしゃして八つ当りをしているのだ」と生徒たちは捉えている。これは本文に即している。2は、1の直前部分、「教頭の地位についてはいるが、体操教師であるために校長にはなれない。そんな腹いせに生徒を苛めるのだ」とあるのでこれも適する。3は、「俳句」を「教頭という立場上それをひた隠しにしている」が不適。石村は体操の時間に、生徒から俳句の号について聞かれたときに、説明をするが、「尚も何か喋りそうだったが、しかし、それ以上は落第生の策謀には乗らなかった」とある通り、これは隠しているわけではなく、授業時間を気にして話をやめたのだと考えられる。よって3が正解となる。4は、冒頭に「ズボンのポケットに手を入れているものの手をぴしゃりと叩き、帽子をあみだに被っているものの額を小突いた」「一旦彼に狙われると、どんなに遠くにいても猫に狙われた鼠同然で、誰も一様に逃げも隠れもできなかった」とあり、これが選択肢の内容にあてはまる。よってこれも適する。

問20　理由説明

正解は2。「私」が「余り有難くない用件」と思った理由は傍線部(2)以降に述べられている。一つは「新聞記者の仕事とは違った、いわば個人的な用件で画家の許を訪ねることは、一番厭なことであった」という点。さらに、2段落あとに「天才と言われているこの画家はひどく我儘で気難しかった。そうした彼へ、私は小さい鑑賞画を依頼し、しかもそれを催促に顔を出そうというのである。どう考えても厭な役割であった」という二点が依拠部分になる。この内容を満たす選択肢は2になる。誤答1は、「そのプライドを汚すようなこびへつらいは忌み嫌うべきもの」や「金銭的な苦労を全くしたことがない画家に対して以前から嫌悪感を抱いていた」のどちらも本文にない表現なので不適。3は、「無駄足になることを避けたかった」「自分勝手で横暴な画家の前で萎縮してしまうに違いない自身の姿を想像すると決まり悪く感じた」これらも本文にない表現なので不適。4は、「幹部への反感」が本文にない表現なので不適。

問21　心情把握

正解は4。依拠部分は、傍線部(3)の直後。この段落の最後までに述べられている。石村は「孤猿」を、仲間の愚劣さに愛想をつかして集団生活から離れて独りになる猿ととらえている。それに対して大峯も、画家や画壇から離れて独りになっている野猿にほかならないと述べている。この内容を満たす選択肢は、4となる。誤答1は、「石村は自分とは異なる次元の存在として」「大峯は万人受けする画題として」がいずれも本文にない内容なので不適。2も本文にない内容なので不適。3は、「石村東平も大峯もともに社会に適合しようとする気のない人物である」が本文にない内容。

問22　状況把握

正解は3。傍線部(4)以降を読んでいくと、設問にある「その話を聞いた『私』や周りの人間の様子」について触れているのは最後の段落「私は孤猿という言葉を…」になる。「孤猿という言葉の意味する単独生活者としての一匹の猿の持つ運命の凄じさのようなものは、その場に居合わせた私以外の人たちの心にも何らかの形で強く響いたようであった。ほんの僅かな間だったが、一座はしんとした」という部分である。この内容を満たす選択肢は3になる。誤答1は、本文にない描写なので不適。2は、「これまでの概念をくつがえすことばかりで」が不適。本文にない表現。4は、「一同そろって満足感を抱いていた」が不適。「単独生活者としての一匹の猿の持つ運命の凄まじさのようなもの」から考えると、単に新たな知見を得た満足感とは考えられない。

問23　内容把握

正解は1。内容合致や表現の特徴を問う問題を、生徒の会話形式に直したもの。日大基礎学力到達度テストとしては新しい形式になる。近年の大学入試の出題傾向に見られるもの。選択肢は一つずつ丁寧に見ていくこと。まず1について、十代のエピソードは「中学時代に出会った体育教師、石村東平」のこと。三十代は、「二度目に孤猿という言葉にぶつかった」のが「二十年程経った時」のことである。さらにごく最近のことは、「今年の二月」に「生物学者の津宮洪作の口から聞いた」時のことであるから内容の説明としては適する。また、表現として「その時のままを思わせる会話の内容や細部の様子まで具体的に描き出されていて」という部分は、それぞれの年代の描写が具体的かつ詳細に描かれており、これが正解となる。誤答2は、谷村大峯について「本人を登場させずに済ませているのは、『私』が大峯の人となりを好ましく思っていないから」が不適。本文にない表現。3はまず、「石村東平の様子を詳細かつ主観的に描写した」が決め手に欠ける内容。さらに「谷村大峯」を対照的に「簡潔でものわびしい絵柄を際だたせようとした」も本文にない表現。後半の「この二つの対照的な描写方法が、猿の社会でのボス猿の悲劇的な運命を暗示させている」も本文にない表現。4は、「過去と現在が交互に現れ」が不適。時間軸に沿って話は進んでいる。

四　古文

〔出典〕『撰集抄《せんじゅうしょう》』。鎌倉中期の仏教説話集。九巻。十三世紀半ばころの成立か。約一〇〇話を収める。西行作と伝えられ、西行関係の説話が多い。実際には西行作ではないが、長くそう信じられ、遁《とん》世《せい》・漂泊の歌人としての西行像の形成に大きく関与したと思われる。神仏霊験談、発心遁世談が中心で、和歌や芸能に関する説話もあるが、全体として法語的性格が強い。本文は『撰集抄』第二「迎西上人の事」の一部。

〔現代語訳〕

する仕事もなかったが、心の様子が引きつけられるもので、殿もとても気の毒だとお思いになって、着るものなども気前よくお与えになると、二、三日は肩に掛けているようだけれども、後には跡形もなく無くしてしまった。このようなことが度々になりましたので、人が怪しんで「女などと懇意にして（着物をあげている）いるのではないだろうか」「それはともかくとしまして、怪しい」また、「その真意も分からないようだ」などと、うるさいほどお互いに噂しあったのです。

大納言はこのことを漏れ聞きなさって、着物などをお与えになるということで、「どうしてこうも跡形無くなくしてしまうのだろう。今度は前もって（言うが）なくしてはならないぞ」と、よくよく言い含めなさったので、この僧もかしこまって受け取りました。その後、人々が気を付けて見ていますと、この僧が、隙を狙って、門のところから外の方へ走っていくのを、隠れて見ますと、法勝寺のあたりで特に寒そうでかわいそうな様子の乞食に、着物を脱ぎ与えて、自分の身にはただ袷というものだけを着て、帰ってきてしまった。これを見つけた人は、目にもめずらしく驚いた心で、急いで大納言にこのいきさつを申し上げた。

その後、「（この僧は）由緒のある人なのだろう」と思って、それまでとは違って殿も大切にお思いになり、人々も大切に扱い申し上げたので、（僧は）大変不本意にお思いになっているご様子だったが、二、三日してかき消すようにいなくなってしまった。殿をはじめとして、人々はみな互いに（僧のことを）思い慕っていらっしゃったが、ついに姿をお現しにならないままになってしまった。

この僧が、いなくなってから、二十日ばかり経て、大納言が歌詠みの中に選ばれなさって、冷泉の中納言俊忠という人にお会いになって、どうにかして名歌を詠んで帝のお褒めにあずかりたいとお思いになって、このことばかりを思ってため息をついていらっしゃったところ、ある日の暮れに、このあいだの僧が来て、「殿が困っていらっしゃる歌を、思いつきました」と言って、

水の面に……水面に降る白雪が跡形もなく消えるように（私も）
　　消えてしまおうか、あなたが冷淡なので

うらむなよ……恨まないで下さい。月の見えにくい夕月夜に、
　　（月が）並々でない様子で（はっきりと）雲の切れ
　　間（から出るの）を待っている我が身を

と詠んで、逃げ去りなさろうとしたのを、袖を引き留めて「どなたでいらっしゃるのだろう。この数日来の思いやりに免じて、ぜひともおっしゃってください」と（いうお言葉が）ありましたので、「泊瀬山の迎西」と言って、（手を）振りほどき、外へお出になってしまった。その後はまったく姿を現しなさらないままになりました。

〔解説〕

問24　語句の意味

正解は2。「かはゆげなり」は形容動詞ナリ活用で、意味は「①いかにもかわいそうだ、②いかにも子供じみている、③いかにもかわいらしい」などがある。選択肢を見ると、これらの意味に適するのは、2「かわいそうな様子の」のみである。文脈では、「殿（藤原成通）」の下男になった「僧」が、殿からもらった着物を、すぐになくしてしまう。この日は法勝寺の辺りにいた乞食（特に寒そうで○○な様子の）にあげて帰ってきたというところ。

問25　助動詞の文法的意味

正解は4。二重傍線部①「に」は、下に「けり」（過去・詠嘆）が続き、「にけり」という複合助動詞になり、「〜てしまった・〜てしまったなあ」という意味になる。「に」は完了の助動詞「ぬ」の連用形である。二重傍線部②の「に」は、「誰人」という体言に接続し、下に「おはす」と補助動詞（他に「あり・侍り・候ふ」など）がある場合、断定の助動詞「なり」の連用形となる。これらを満たす選択肢は4となる。また推定の助動詞「なり」には活用形に「に」はないので不適。「に」の識別には、多くのパターンがあるので練習しておくこと。

問26 内容把握

正解は1。「沙汰」は、「①処置。始末。②評議。評定。また、訴訟。③命令。指図。④評判。うわさ。⑤報告。音信。知らせ。連絡。⑥手配。したく。」と多くの意味がある。文脈では、殿があげた着物をすぐに無くしてしまうことが度々あったので、人々が怪しんで、「女にあげたのではないか」とか「怪しい」「その真意もわからない」と口々に言い合ったというところなので、1の「よくない人物ではないかとうわさしていたということ。」が適している。誤答2は「軽蔑」が不適。「沙汰」には「軽蔑」という意味はない。3・4のように、具体的行動について考えていたわけでもないので不適。

問27 内容把握

正解は2。傍線部「よしある人にこそ」は、「(この僧は) 由緒のある人なのだろう」ということ。なぜそう判断したのかは、直前の段落で「僧」が、特に寒そうでかわいそうな様子の乞食に、殿 (大納言) からもらった着物をあげた行為による。選択肢では2「人に知られないようにこっそりと善行を積んでいた」が適する。

問28 現代語訳

正解は3。傍線部の単語について、見ていく。「わづらふ」は、「①あれこれ気をつかって、苦しむ。悩む。苦労する。②病気になる。病む」。「思ひ寄る」は、「①思い当たる。考えつく。②心がひかれる。③思いをかけて相手に近寄る。求愛する」。文脈では、殿 (大納言) が、良い歌が思い浮かばず困っていた時に、「僧」が現れて「あなたが困っていらっしゃる歌を、思いつきました」と言った場面である。選択肢は3が適する。

問29 敬語

正解は4。波線部ⓐ「たまはす」は、尊敬の四段動詞「たまふ」の未然形に、尊敬の助動詞「す」が付いたもの。「たまふ」よりも敬意が高く、「与ふ」「授く」の尊敬語。意味は「お与えになる。下賜なさる」。ここでは尊敬語なので「たまはす」の動作主に敬意が向けられている。動作主は「大納言」になる。波線部ⓒ「聞こえ」は、動詞の連用形に付いて、謙譲の意味を表す。意味は「お～申し上げる。お～する」。謙譲語は動作の受け手に敬意が向けられるので、「人々も大切に扱い申し上げた」の動作の受け手は「僧 (迎西)」になる。波線部ⓓ「給ひ」は、四段活用ならば尊敬語、下二段活用ならば謙譲語になる。ここでは、四段活用動詞「あふ」の連用形に付いているので尊敬語になる。敬意は動作主に向けられているので、「大納言」になる。選択肢では4が適する。

問30 和歌の解釈

正解は3。Aの歌は、「水面に降る白雪が跡形もなく消えるように (私も) 消えてしまおうか、あなたが冷淡なので」ということで、Bの歌は、「恨まないで下さい。月の見えにくい夕月夜に、(月が) 並々でない様子で (はっきりと) 雲の切れ間 (から出るの) を待っている我が身を」ということ。選択肢を見ていくと、1は、Bの「人の姿のたとえとして雲間を用いている」が不適。2は、Aの「つらい思いをしている人が死んでしまっては困るという気持ちを表し」が不適。「きえやしなまし」は「私も消えて (死んで) しまおうか」という意味。3は、AもBも適切な解釈であり、正解になる。4は、Aの「白雪が積もっても溶かすものの例として水面を用い」が不適。また、Bの「月に照らされた自分」と説明するのも不適。「月の見えにくい夕月夜」が正しい解釈。

問31 内容合致

正解は4。選択肢は一つずつ丁寧に見ていくこと。1は、「高僧を下男として仕えさせた」も、そのために「難題を押しつけられてしまった」も不適。本文に合致しない表現。2は、「僧によい歌を代作してもらって評価を高めようと思っていた」が不適。本文と合致しない。3は、「迎西は自分の名では歌を詠んでも評価されないので」が不適。さらに「歌の代作をすることによって自分の歌人としての能力を発揮しようとした」が不適。どちらも本文にない表現。4は、歌の直前の段落の内容。これが適する。

問32　文学史

正解は1。西行と最も関係の深いものは、1の「山家集」。西行の詠歌を撰した私家集。誤答2「万葉集」は、現存最古の和歌集。3「古今和歌集」は、平安初期の最初の勅撰和歌集。4「金槐和歌集」は、鎌倉前期、源実朝の私家集。

五　漢文

〔出典〕『宋名臣言行録《そうめいしんげんこうろく》』。南宋の思想家、朱熹《しゅき》（一一三〇～一二〇〇）の著。北宋の名臣たちの言行を記した書。『貞観政要《じょうがんせいよう》』とともに、為政者の必読書とされた。本文は、北宋の政治家、学者、文学者で唐宋八大家の一人である欧陽脩《おうようしゅう》が地方の長官を歴任していた時代のエピソードを記している。またこの本文は、「欧陽文忠公嘗語レ人曰、」と」「凡治レ人者、」の間の記述を省略している。その部分を現代語訳で示すと、次の通りである。

民を治めるのは病気を治すようなものだ。立派なお医者がおいで下さったとしよう。馬車に乗り、下僕を従え、いかにもそれらしくし、立ち居振る舞いも作法にかなっている。病人の脈をとるにも、専門書を片手に病状を述べ、立板に水の説明は耳に心地よい。ところが病気の子が薬を飲んで、「ちっとも効かない」と言えば、貧しい医者とどう違うのか。貧しい医者は馬車もなく、立ち居振る舞いがぎこちない。脈をとっても十分説明できぬが、病人が薬を飲み、「もう良くなった」と言えば、とりもなおさず良医である。

〔書き下し文〕（漢字の読み仮名は現代仮名遣いで表記）

欧陽文忠公《おうようぶんちゅうこう》嘗《かつ》て人《ひと》に語《かた》りて曰《い》はく、「凡《およ》そ人《ひと》を治《おさ》むるは、吏材《りざい》の能否《のうひ》、設施《せっし》の何如《いかん》を問《と》はず、但《た》だ民便《たみべん》と称《しょう》すれば、即《すなわ》ち是《こ》れ良吏《りょうり》なり。」と。故《ゆえ》に公数郡《こうすうぐん》を為《おさ》むるに、治跡《ちせき》を見《あら》はさず、声誉《せいよ》を求《もと》めず、寛簡《かんかん》にして擾《みだ》さざるを以《もっ》て意《い》と為《な》す。故《ゆえ》に至《いた》る所民便《ところたみべん》とし、既《すで》に去《さ》りて民思《たみおも》ふ。揚《よう》・青《せい》・南京《なんけい》のごときは皆大郡《みなたいぐん》なり。公至《こういた》りて三五日《さんごじつ》の間《あいだ》に、事已《ことすで》に十《じゅう》に五六《ごろく》を減《げん》ず。一両月《いちりょうげつ》の後《のち》、官府僧舎《かんふそうしゃ》のごとし。或《あ》るひと問《と》ふ、「公政《こうまつりごと》を為《な》すに寛簡《かんかん》にして、而《しか》も事弛廃《ことしはい》せざるは、何《なん》ぞや。」と。曰《い》はく、「縦《しょう》を以《もっ》て寛《かん》と為《な》し、略《りゃく》を以《もっ》て簡《かん》と為《な》せば、即《すなわ》ち弛廃《しはい》して民其《たみそ》の弊《へい》を受《う》く。吾《わ》が所謂寛《いわゆるかん》とは、苛急《かきゅう》を為《な》さざるのみ。所謂簡《いわゆるかん》とは、繁砕《はんさい》を為《な》さざるのみ。」と。識者以《しきしゃもっ》て知言《ちげん》と為《な》す。

〔現代語訳〕

欧陽文忠公がこんな話をされたことがあった。「人民を治めるのは、事務能力の有無、計画や施行の如何を問わず、民がこれはよいといえばそれがつまり良い役人である」と。だから欧陽公はいくつかの州知事となっても、治績を表にあらわしたり、声誉を求めたりせず、大まか、簡便で民をわずらわさぬことを意とされた。このため、公のある所どこでも、民は便益を受け、公がいなくってはじめてありがたさがわかった。揚州、青州、南京（宋州）などはいずれも大州である。公が着任して数日の間に、事務は五、六割かた削減され、一、二か月たつと役所は僧堂のように静かになる。ある人が「あなたが政務を執られると、大まかで簡単なのに物事がきちんとゆくのは何故でしょう」とたずねた。公は次のように答えた。「勝手することを大まか、手抜きを簡単とするなら、収拾がつかなくなり、民は弊害を被ることになる。わしの言う大まかとは苛酷とか急がせることをしない意味であり、簡単とは煩雑些細なことを避けるに過ぎない」。有識者たちは筋の通った話だと思った。

問33　語句の意味

正解は4。「何如」は「いかん」と読み、「どうか（状態・結果を問う）」という意味になる。「何若《いかん》」も同様。選択肢では4の「どうであるか」が適する。「何如」は文末で用いられるのがほとんどで、反語の形はまずない。同じ「いかん」と読む語で、順序を入れ替えた「如何」があるので、しっかりと区別すること。「如何」は、「どうしたらよいか（処置・手段を問う）」という意味で、文末で用いられる場合は疑問の意であることが多い。しかし、「如レAヲ何セン」の形になると反語として使われることもある。

問34　語句の読み

正解は3。「なんぞや」で、「どうしてか」という疑問の意味になる。「也」は、文末にある場合、①「なり」と読み「断定」の意味を表し、②「や」と読み疑問・反語、呼びかけなどを表す。「か」と読む場合は、「疑問」を表す。また、文頭・文中にある場合は、「や」と読み、主格の提示や強調などを表す。本文では文末にあり、欧陽文忠公が政務を執られると、大まかで簡単なのに物事がきちんとゆくことに対して問いかけるという文脈から「疑問」の「や」が適する。誤答1「なんすれぞ」は「何為レゾ」で、意味は「どうしてか（理由）」。

問35　返り点と書き下し文

正解は2。傍線部(1)は、「以レA為レB。」のパターン。これは「Aを以てBと為す。」と読み、「AをBとする（Bと考える、Bと評価する）。」の意味。ここでは「寛簡不擾」がA、「意」がBに当たる。「寛簡」は、「ゆるやかで簡素なこと」。2行後に「寛簡ニシテ」と読まれているので参考になる。さらに「擾」は「わずらわせる」と語注にあるので、「寛簡」で「不擾」がAになる。この構造になっている選択肢は2のみ。訳は「大まか、簡便で民をわずらわさぬことを意とされた。」となる。誤答1は、「寛簡にして以て」が不適。「以寛簡」はこのようには読めない。3は、「以レA為レB。」のパターンになっていないので不適。4は、「寛簡」と「不擾」が並列に扱われておらず不適。

問36　解釈

正解は2。「民便トシ」は、「人民は便益を受け」、「既ニ去リテ思フ」は主語「公（欧陽文忠公）」を補って、「公がいなくなってはじめて（ありがたさが）わかった」となる。この内容を満たす選択肢は2となる。誤答1は、「至」の主語と「思」の解釈が不適。3は、「既」の解釈が不適。4は、「民思」の解釈が不適。「民は思った」と訳すのであって、語順として「民を思った」とは読まない。

問37　内容把握

正解は3。傍線部(3)「官府如僧舎」は「役所は僧堂のように静かになる」という意味。なぜ僧堂のように静かになったのかは、この直前部で述べられている。「公が着任して数日の間に、事務は五、六割かた削減され、」とあり、このまま「一、二か月たつと」僧堂のように静かになったというのである。役人の仕事量が大幅に削減されたことで、出入りする人の数も減ったので僧堂のように静かになったということ。この内容を満たす選択肢は3になる。誤答1は、「欧陽公の厳しい姿勢」および「無人状態」「寂しい僧房のようになった」が不適。2も本文にない表現。4は、欧陽公の政治の方針が全く逆の説明になっているので不適。

問38　内容把握

正解は3。この問いも、問35と同じように、「以レA為レB。」のパターンを参考にする。注も併せて訳をすると、傍線部(4)は、「勝手することを大まかとし、粗略なことを簡単とする。そうすると、収拾がつかなくなり、民は弊害を被ることになる」となる。傍線部の主語は「役人」。役人が「寛簡」の意味をはき違えると、収拾がつかなくなり、民は弊害を被るのである。この内容を満たす選択肢は3になる。誤答1は、「役人自身が害を受ける」が不適。2は、「人民が」「反発すると」、「欧陽公は害を受ける」が不適。4は、「人民が『寛簡』な行政を期待しても、役人に真心がない」「疲弊する」が不適。

問39　内容合致

正解は1。一つずつ選択肢を見ていく。まず1について。本文前半「欧陽公はいくつかの州知事となっても、治績を表にあらわしたり、声誉を求めたりせず、大まか、簡便で民をわずらわさぬことを意とされた。このため、公のある所どこでも、民は便益を受け、公がいなくってはじめてありがたさがわかった」が該当する部分。よってこれが正解となる。誤答2は、「(悪政を)禁止したので、彼らの強い反発を招いた」が不適。本文と反する内容。3は、「欧陽公は役人の資質と政策の良否を最重視した」が不適。本文冒頭に「事務能力の有無、計画や施行の如何を問わず、民がこれはよいといえばそれがつまり良い役人である」とある。4は、「欧陽公は役人が好き放題にすることを禁じるために、役人を厳しく抑えつけた」が不適。欧陽公は、「大まかで簡単なのに物事がきちんとゆく」政務をおこなっていたのである。

国語　9月実施　正解と配点

（60分，100点満点）

問題番号		正解	配点	合計
一	1	2	2	14
	2	4	2	
	3	1	2	
	4	4	2	
	5	3	2	
	6	2	2	
	7	3	2	
二	8	2	2	26
	9	3	2	
	10	4	2	
	11	4	3	
	12	2	3	
	13	4	3	
	14	1	3	
	15	2	4	
	16	3	4	
三	17	1	2	20
	18	3	2	
	19	3	3	
	20	2	3	
	21	4	3	
	22	3	3	
	23	1	4	

問題番号		正解	配点	合計
四	24	2	2	25
	25	4	2	
	26	1	2	
	27	2	2	
	28	3	3	
	29	4	3	
	30	3	4	
	31	4	4	
	32	1	3	
五	33	4	2	15
	34	3	2	
	35	2	2	
	36	2	2	
	37	3	2	
	38	3	2	
	39	1	3	

平成31・令和元年度

基礎学力到達度テスト
問題と詳解

平成三一年度　四月実施

一　次の各問いに答えなさい。

問1　送り仮名の付け方が誤っているものとして、最も適切なものを一つ選びなさい。

1　膨らむ　2　傾むく　3　煩わす　4　慌てる

問2　読み方の誤っている熟語として、最も適切なものを一つ選びなさい。

1　掌握（しょうあく）　2　悪寒（おかん）
3　供物（くもつ）　4　要塞（ようそく）

問3　類義語の組み合わせとして、最も適切なものを一つ選びなさい。

1　架空――空虚　2　能弁――雄弁
3　楽観――客観　4　素朴――質素

問4　次の文の空欄部に当てはまる漢字として、最も適切なものを一つ選びなさい。

＊一人の善行が連□反応のように、人々の間に広がっていった。

1　呼　2　想　3　鎖　4　携

問5　次の空欄部に当てはまる慣用句として、最も適切なものを一つ選びなさい。

＊健闘したものの六位入賞を逃して□選手を、コーチが慰める。

1　肩を落とす　2　眉に唾をつける
3　背を向ける　4　目を凝らす

問6　傍線部が「頭を働かせて考える」という意味の慣用表現になるように、次の空欄部に入る言葉として最も適切なものを一つ選びなさい。

＊どのようにしたらうまくいくかと、あれこれ考えを□。

1　きわめる　2　つかわす　3　めぐらす　4　たてる

問7　対義語ではない外来語の組み合わせとして、最も適切なものを一つ選びなさい。

1　ゲスト――レギュラー
2　ポジティブ――ネガティブ
3　リアリスト――ロマンチスト
4　パブリシティ――プライベート

問8　次の文の①と②に当てはまる、文芸思潮と作品の名前の組み合わせとして、最も適切なものを一つ選びなさい。

＊第二次世界大戦敗戦後の混乱した世相を背景に、既成の道徳への反逆と現実への絶望感を描こうとする、新戯作《げさく》派（①派）と呼ばれる作家たちが登場した。その代表的作家には、坂口安吾《さかぐちあんご》、太宰治《だざいおさむ》らがいる。坂口の作品には『堕落論』、太宰の作品には『②』『人間失格』などがある。

1　①無頼《ぶらい》　②斜陽　2　①自然　②破戒
3　①新感覚　②雪国　4　①耽美《たんび》　②刺青《しせい》

問9　南西の方角を表す「未申」の読み方として最も適切なものを一つ選びなさい。

1　いぬい　2　ひつじさる　3　たつみ　4　うしとら

問10　次の空欄部に当てはまる時代として、最も適切なものを一つ選びなさい。

＊中国の□の時代には、政治・経済についての自身の思想を国の為政者に説いて重用される、諸子百家と呼ばれる思想家が数多く生まれた。

1　春秋・戦国　　2　秦《しん》　　3　隋《ずい》　　4　唐

二　次の文章を読んで、あとの問いに答えなさい。

現代においては言葉を贈物《おくりもの》にするという思想は、われわれのなかに自覚的にはあまりないと思われるが、平安時代あたりには、(1)言葉は時に最高の贈物だった。

それはどういう意味かというと、言葉の贈物が男女の間で決定的な役割をはたすことが多かったからである。もちろん、それは和歌というものを日常の生活必需品としていた貴族階級のことだが、彼らの間では相手に近づこうとするとき、相手に贈る最も重要な贈物は、歌だった。歌は、一度も顔を見てさえいない女を口説きおとすのに用いられる名刺代わりの挨拶であり、個性と教養の見せ場であり、もちろん誠意の披瀝《ひれき》の道具だった。それに対する女の返歌は、彼女の運命を決定する可能性のある意思表示の唯一の手段だった。

その贈答は直接本人同士が手渡しするわけではなく、使いの少年などを走らせたのだった。歌をしるした手紙は、季節季節に咲いている花の枝とともに相手のもとにとどけられた。花もまた、言葉の補助手段として用いられた。女はそれらを見て、すぐに返しの歌を書く場合もあったし、にぎりつぶすこともあった。男も同様である。何といっても女のほうが真剣に相手の歌を見ただろう。歌を読んで、この男は実がありそうだとか、才能が非常にありそうだとかの判断を頭の中で真剣に反芻《はんすう》したはずである。

そういう形だったから、これはまことに不安定な求愛であり、返答だった。それで最後に、結ばれたり結ばれなかったりする。女は、幸福になったり不幸になったりする。その運命を決めるべくかわされている歌というのは、したがって、なかなかもって重大な贈物といわねばならなかった。言葉を贈る。その贈物が相手に気に入るか入らないか、それが明日からの生活を左右することにもなった。

ところで、(2)なぜ言葉のようなものが贈物になり得たのだろうか。思うに、和歌一首一首はじつにささやかなものにすぎない。今日私たちが読むことのできるそれらの歌の数々を読んでみれば、それらのあまりの平凡さにかえって驚かされるというようなものである。それも当然のことだった。五七五七七、わずか三十一文字の和歌というものは、どんなに工夫してみてもごくわずかな事柄しかいえはしない。けれども、それは一度にはわずかなことしかいえないがゆえに、かえって徐々に相手の言葉に浸ⓐトウしてゆくものとなり、贈答の繰り返しを通じて、しだいに互いの心が見えてくるという効果が生じたのだった。

われわれが人に贈物をするときのことを考えてみると、この問題は一層よくわかるだろう。つまり、だれかに贈物をする場合、金額の非常に張ったものをいきなり相手に贈りつけたとする。相手のほうでは驚く。まともな人間だったら、なんでこんなものを贈ってきたのかといぶかしく思い、迷惑さえ感じるのが普通である。はては逆に疑心暗鬼にさえなるかもしれない。いったいなにを考えてこんなことをするのか、この人は？　不釣合《ふつりあい》に高価なものを贈るということは、相手を落ち着かなくさせる点で逆効果でさえあるだろう。ささやかな贈物こそ、かえって人の心をよく相手に伝える。

たとえば貧しい青年と娘が好き合ったとき、どんな贈物をするだろうか。物は贈れなくとも、言葉を贈ることはできるだろう。ある日二人はどこかへピクニックにいく。美しい山があり湖がある。仮に――こんな言葉はキザに聞こえるかもしれないが――青年が恋人に向かって、「今日のこの風景を君にあげよう」と言ったとする。(3)その言葉が、娘にとっては永く忘れられない贈物として心に残るということは、ありうることである。その風景は万人のために存在している風景だけれども、愛し合う二人にとっては、他のだれにも見えない光がその風景を照らしているのであって、つまり、それは二人だけのための風景なのだった。男のささやかな言葉を通して、一つの風景は娘の中に、ほかの人には見えないある輝きとともに、別の一風景となって棲《す》みつく。すなわち彼女は、他の何ものをもってしても替えがたい贈物を受け取るのである。目の前の風景は、そういう一人の人間の発する言葉が付け加わることによって「贈物」となる。

たしかに、贈物というのはささやかなものであっていい。ささやかだからこそ、それをもらったほうでは、自分の心の中でそれを暖め、もてあそび、楽しむことができる。大切なことは、まことに平凡な話だが、心がこもっているかいないかにあって、物や金額の大小にはない。「今日のこの風景を君にあげよう」という言葉が、それを発した青年とそれを聞く娘との関係において、豊かな音楽を奏でるかどうかが、大切な唯一のことである。

「言葉の力」というとき、まず私の念頭に浮かぶのはこういうことにほかならない。「言葉の力」という題目をかかげた話なら、言葉というものの偉大さをあれこれ強調するにちがいなかろう、と思われるかもしれないが、私はむしろ、言葉というもののささやかさを強調したい。一つ一つの言葉はまことに頼りない、ささやかなものだということを言いたい。しかしその、頼りなくささやかなものの集まりが、時あって驚くべき力を発揮するところに、じつは言葉の昔も今も変わらない偉大な力があるのだった。そのことについて考えるために、ごく単純な問題を取り上げてみたい。

◆世界には、傑作といわれる詩や劇や小説がたくさんある。しかし、これは傑作だからぜひ読んでおきたまえ、と人にいわれたものを読んでみたけれど、ぜんぜん面白くなかったという経験をすることは少なくない。退屈して投げ出してしまうということはしばしばある。古典的傑作というからには、よほどそこには尋常ならざる智恵《ちえ》の結晶があり、すばらしい表現があり、それを読めば今まで知らなかった世界がわがものとなり、自分が一段と成長したような実感を味わえるだろう、というようなことを考えながら意気ごんでとびついてみると、これがどうも勝手がちがって、面白くない。そこで、とびつくのも早ければ投げ捨てるのも早く、さっさと離れてしまうことになる。

そうなるのも無理はないと思われる事情があって、それはひとつには期待が強すぎるのだ。往々にして人は古典の中に性急に何らかの結晶化した智恵や教訓を求めにゆく傾向があって、現実にはそんなものは滅多にないから、失望する結果になる。古典を読むためには、むしろことさらに時間が必要だし、その作品の生まれ出た時代環境に関する知識も必要で、つまり何度も繰り返して徐々に深入りしてゆくほかないのが古典というものなのである。

それというのも、古典として多くの人々に長い歳月仰がれてきた書物は、決してどぎつく人目を惹《ひ》くような名文句に満ちているわけではなく、むしろそこで使われている言葉は、あたりまえの言葉が多いのである。ふだん使わないような珍しい言葉をふんだんに使って書かれた千古不滅の傑作などというものは、まず全くないといっていい。傑作というもののすばらしさは、一語一語とってみるとじつに普通の言葉で書かれている点にあるとさえ言えるだろう。これは傑作だから読んでみなさい、とⓑスイ賞されて読んでみたが一向につまらなかった、というようなことが生じるのも、一見退屈で平凡な古典というものの通性だからである。そのとき自分の心がそれに対して素直に入っていけないようなときは、そこに書かれていることは全くありふれたこととしか思われない。そういうものが古典というものであるらしい。

（大岡信『詩・ことば・人間』）

問11　波線部ⓐのカタカナと同じ漢字を使うものとして最も適切なものを一つ選びなさい。

1　圧トウ的な強さを誇る。
2　トウ明な川底で藻が揺れる。
3　未トウの原野を開拓する。
4　先生の薫トウを受ける。

問12　波線部ⓑのカタカナと同じ漢字を使うものとして最も適切なものを一つ選びなさい。

1　美しい音楽に陶スイする。
2　スイ直に線を引く。
3　自分の任務を完スイする。
4　計画のスイ進を図る。

問13　傍線部(1)「言葉は時に最高の贈物だった」とあるが、どのようなことを指していったものか。説明として最も適切なものを一つ選びなさい。

1　男女には和歌が自分の個性と教養を相手に知らせるのに最も効果的な手段であったこと。
2　男女が互いに自分の思いを相手に伝え、心を通わせるには和歌が唯一の手段であったこと。
3　男女が交際する上で、和歌に花を添えて相手に届けることが不可欠な挨拶であったこと。
4　男女にとっては和歌をやりとりすることが、大きな決心と入念な準備を要する行為であったこと。

問14　傍線部(2)「なぜ言葉のようなものが贈物になり得たのだろうか。」とあるが、和歌の場合についての理由として、最も適切なものを一つ選びなさい。

1　和歌はどれをとってもささやかで平凡なものばかりであるのに、人の心を動かす力をもっていたから。
2　和歌は表現形式が一定しているので、自分の心を相手に伝える唯一の方法として誰もが愛し活用していたから。
3　和歌はささやかな言葉の内に思いをこめることで、逆に自分の心を徐々に相手にわからせるものとなったから。
4　和歌は一度にわずかな事柄しか伝えることができないので、何度も贈答を繰り返さざるを得なかったから。

問15　傍線部(3)「その言葉が、娘にとっては永く忘れられない贈物として心に残るということは、ありうることである。」とあるが、どのような時のことをいうのか。説明として最も適切なものを一つ選びなさい。

1　青年の言葉が、ささやかではあるが美しいものよりも大きい愛の力をもって、眼前の風景を輝かしい光で包んで見せた時。
2　青年の言葉が、二人の見る風景を他の人々が見るのとは別世界の、自分たちだけの美しい風景として娘に印象づけた時。
3　青年の言葉を娘が忘れられず、二人で見た風景を思い出しては、光の満ちていた様子をはっきりと思い浮かべた時。
4　青年の言葉が、眼前の風景を実際よりも美しい風景に思わせることによって、娘の心を動かすことに成功した時。

問16　◆印を付けた段落の前後で論はどのように展開しているか。その説明として最も適切なものを一つ選びなさい。

1　ささやかな言葉こそが偉大であるという前段の主張を受けて、傑作といわれる作品に大きな期待を寄せることの誤りを批判した後、古典とはどのような作品なのか新しい見方を提示している。

2　言葉の力と題して偉大さを強調することを誤りとする前段の考察に基づき、具体的な事例として傑作といわれる作品にとらわれた人々のあり方を問題にして、古典の平凡な性格を強調している。

3　言葉の偉大さは本来ささやかな言葉に見いだすべきだという前段の定義を根拠に、傑作といわれた作品のみを古典として尊重することの誤りを指摘し、古典はいかに読むべきかを明示している。

4　ささやかな言葉が驚くべき力を発揮するのが言葉の偉大さだという前段の視点から、世界の傑作に過大な期待を寄せて失望する誤った対応の実態に注目し、古典に対する接し方に論を進めている。

問17　本文の筆者の考えと一致するものとして、最も適切なものを一つ選びなさい。

1　古典といっても智恵にあふれた名文句がつまっているわけではないから、古典に学ぼうとするならば、退屈で平凡と思われる身近な言葉を大切にしなければならない。

2　言葉の偉大さがささやかな言葉の使い方にあることは、かつて和歌の贈答が盛んだった歴史が証明しているが、現代では傑作といわれる作品だけに関心が集まっている。

3　傑作のすばらしさは普通の言葉で書かれているところにあり、時間をかけて繰り返し読むうちには、自分の心が素直に入っていける作品に出合うことができるはずである。

4　自分が普段使っている言葉で理解できない作品には心を動かされないから、わかりやすいささやかな日常語で書かれた作品を選んで読むことが古典に近づく第一歩である。

三　次の文章を読んで、あとの問いに答えなさい。

最近東京を騒がした有名な強盗が捕まって語ったところによると、彼は何も見えない闇の中でも、一本の棒さえあれば何里でも走ることが出来るという。その棒を身体《からだ》の前へ突き出し突き出しして、畑でもなんでもやみくもに走るのだそうである。

私はこの記事を新聞で読んだとき、そぞろに爽快な戦慄《せんりつ》を禁じることが出来なかった。

闇！　そのなかではわれわれは何を見ることも出来ない。より深い暗黒が、いつも絶えない波動で刻々と周囲に迫って来る。こんななかでは思考することさえ出来ない。何が在るかわからないところへ、どうして踏み込んでゆくことが出来よう。勿論《もちろん》われわれは摺足《すりあし》でもして進むほかはないだろう。しかしそれは苦渋や不安や恐怖の感情で一ぱいになった一歩だ。その一歩を敢然と（A）踏み出すためには、(1)われわれは悪魔を呼ばなければならないだろう。裸足《はだし》で薊《あざみ》を踏んづける！　その絶望への情熱がなくてはならないのである。

闇のなかでは、しかし、若《も》しわれわれがそうした意志を捨ててしまうなら、なんという深い安堵《あんど》がわれわれを包んでくれるだろう。この感情を思い浮《うか》べるためには、われわれが都会で経験する停電を思い出してみればいい。停電して部屋が真暗《まっくら》になってしまうと、われわれは最初なんともいえない不快な気持《きもち》になる。しかし一寸《ちょっと》気を変えて呑気《のんき》でいてやれと思うと同時に、その暗闇は電燈《でんとう》の下では味わうことの出来ない爽やかな安息に変化してしまう。

深い闇のなかで味わうこの安息は一体なにを意味しているのだろう。今は誰の眼《め》からも隠れてしまった――今は巨大な闇と一如《いちにょ》になってしまった――それがこの感情なのだろうか。

私はながい間ある山間の療養地に暮《くら》していた。私は其処《そこ》で闇を愛することを覚えた。昼間は金毛の兎《うさぎ》が遊んでいるように見える谿向《たにむこ》うの枯萱山《かれかやま》が、夜になると黒ぐろとした畏怖に変《かわ》った。昼間気のつかなかった樹木が異形《いぎょう》な姿を空に現《あら》わした。夜の外出には提灯《ちょうちん》を持ってゆかなければならない。――月夜というものは提灯の要らない夜ということを意味するのだ。――こうした発見は都会から不意に山間へ行ったものの闇を知る第一*階《かい》梯《てい》である。

(2)私は好んで闇のなかへ出かけた。渓《たに》ぎわの大きな椎《しい》の木の下に立って遠い街道の孤独な電燈を眺めた。深い闇のなかから遠い小さな光を眺めるほど感傷的なものはないだろう。私はその光がはるばるやって来て、闇のなかの私の着物をほのかに染めているのを知った。またあるところでは渓の闇へ向って一心に石を投げた。闇のなかには一本の柚《ゆず》の木があったのである。石が葉を分けて戛々《かつかつ》と崖へ当《あた》った。ひとしきりすると闇のなかからは芳烈な柚の匂いが立騰《たちのぼ》って来た。

こうしたことは療養地の身を嚙《か》むような孤独と切離《きりはな》せるものではない。あるときは岬の港町へゆく自動車に乗って、わざと薄暮の峠へ私自身を遺棄された。深い渓谷が闇のなかへ沈むのを見た。夜が更けて来るにしたがって黒い山山の尾根が古い地球の骨のように見えて来た。彼等《ら》は私のいるのも知らないで話し出した。

「おい。何時《いつ》まで俺達《たち》はこんなことをしていなきゃならないんだ」

私はその療養地の一本の闇の街道を今も新しい印象で思い出す。それは渓の下流にあった一軒の旅館から上流の私の旅館まで帰って来る道であった。渓に沿って道は少し上りになっている。三四町もあったであろうか。その間には極《ご》く稀《まれ》にしか電燈がついていなかった。今でもその数が数えられるように思う位だ。最初の電燈は旅館から街道へ出たところにあった。夏はそれに虫がたくさん集《あつま》って来ていた。一匹の青蛙《あおがえる》がいつもそこにいた。

電燈の真下の電柱にいつもぴたりと身をつけているのである。暫《しば》らく見ていると、その青蛙はきまったように後足を変な風に曲げて、背中を掻《か》く摸《ま》ねをした。電燈から落ちて来る小虫がひっつくのかもしれない。いかにも五月蠅《うるさ》そうにそれをやるのである。私はよくそれを眺めて立留《たちどま》っていた。いつも夜更けでいかにも静かな眺めであった。

しばらく行くと橋がある。その上に立って渓の上流の方を眺めると、黒ぐろとした山が空の正面に立塞がっていた。その中腹に一箇《こ》の電燈がついていて、その光がなんとなしに恐怖を呼び起《おこ》した。バアーンとシンバルを叩《たた》いたような感じである。私はその橋を渡るたびに私の眼がいつもなんとなくそれを見るのを避けたがるのを感じていた。

下流の方を眺めると、渓が瀬をなして轟々《ごうごう》と激していた。瀬の色は闇のなかでも白い。それはまた尻っ尾《しっぽ》のように細くなって下流の闇のなかへ消えてゆくのである。渓の岸には杉林のなかに炭焼《すみやき》小屋があって、白い煙が切り立った山の闇を匍《は》い登っていた。その煙は時として街道の上へ重苦しく流れて来た。だから街道は日によってはその樹脂臭い匂いや、また日によっては*馬力《ばりき》の通った昼間の匂いを残していたりするのだった。

橋を渡ると道は渓に沿ってのぼってゆく。左は渓の崖。右は山の崖。行《ゆく》手《て》に白い電燈がついている。それはある旅館の裏門で、それまでの真直《まっす》ぐな道である。この闇のなかでは何も考えない。それは行手の白い電燈と道のほんの僅かの勾配のためである。これは肉体に課せられた仕事を意味している。目ざす白い電燈のところまでゆきつくと、いつも私は息切れがして往来の上で立留った。呼吸困難。これはじっとしていなければいけないのである。用事もないのに夜更けの道に立ってぼんやり畑を眺めているような風をしている。しばらくするとまた歩き出す。

街道はそこから右へ曲《まが》っている。渓沿いに大きな椎の木がある。その木の闇は至って巨大だ。その下に立って見上げると、深い大きな洞窟のように見える。梟《ふくろう》の声がその奥にしていることがある。道の傍らには小さな字《あざ》があって、そこから射《さ》して来る光が、道の上に押被《おしかぶ》さった竹藪《たけやぶ》を白く光らせている。竹というものは樹木のなかで最も光に感じ易い。山のなかの所どころに簇《む》れ立っている竹藪。彼等は闇のなかでもそのありかをほの白く光らせる。

そこを過ぎると道は切り立った崖を曲って、突如ひろびろとした展望のなかへ出る。眼界というものがこうも人の心を変えてしまうものだろうか。そこへ来ると私はいつも今が今まで私の心を占めていた煮え切らない考えを振るい落《おと》してしまったように感じるのだ。私の心には新しい決意が生《うま》れて来る。秘《ひめ》やかな情熱が静かに私を満たして来る。

この闇の風景は単純な力強い構成を持っている。左手には渓の向うを夜空を劃《くぎ》って爬虫《はちゅう》の背のような尾根が蜿蜒《えんえん》と匍っている。黒ぐろとした杉林がパノラマのように廻《まわ》って私の行手を深い闇で包んでしまっている。その前景のなかへ、B右手からも杉山がかたむきかかる。この山に沿って街道がゆく。行手は如何《いかん》ともすることの出来ない闇である。この闇へ達するまでの距離は百米《メートル》余りもあろうか。その途中にたった一軒だけ人家があって、楓《かえで》のような木が幻燈のように光を浴びている。大きな闇の風景のなかでただそこだけがこんもり明るい。街道もその前では少し明るくなっている。しかし前方の闇はそのためになお一層暗くなり街道を呑《の》みこんでしまう。

ある夜のこと、私は私の前を私と同じように提灯なしで歩いてゆく一人の男があるのに気がついた。それは突然その家の前の明るみのなかへ姿を現わしたのだった。男は明るみを背にしてだんだん闇のなかへはいって行ってしまった。私はそれを一種異様な感動を持って眺めていた。それは、あらわに云《い》って見れば、「自分も暫らくすればあの男のように闇のなかへ消えてゆくのだ。誰かがここに立って見ていればやはりあんな風に消えてゆくのであろう」という感動なのであったが、消えてゆく男の姿はそんなにも感情的であった。

その家の前を過ぎると、道は渓に沿った杉林にさしかかる。右手は切り立った崖である。(3)それが闇のなかである。なんという暗い道だろう。そこは月夜でも暗い。歩くにしたがって暗さが増してゆく。不安が高まって来る。それがある極点にまで達しようとするとき、突如ごおっという音が足下から起る。それは杉林の切れ目だ。ちょうど真下に当る瀬の音がにわかにその切れ目から押寄《おしよ》せて来るのだ。その音は凄《すさ》まじい。気持にはある混乱が起って来る。大工とか左官とかそういった連中が渓のなかで不可思議な酒盛《さかもり》をしていて、その高笑いがワッハッハ、ワッハッハときこえて来るような気のすることがある。心が捩《ね》じ切れそうになる。するとその途端、道の行手にパッと一箇の電燈が見える。闇はそこで終《おわ》ったのだ。

もうそこからは私の部屋は近い。電燈の見えるところが崖の曲角《まがりかど》で、そこを曲れば直ぐ私の旅館だ。電燈を見ながらゆく道は心易い。私は(4)最後の安堵とともにその道を歩いてゆく。しかし霧の夜がある。霧にかすんでしまって電燈が遠くに見える。行っても行ってもそこまで行きつけないような不思議な気持になるのだ。いつもの安堵が消えてしまう。遠い遠い気持になる。

闇の風景はいつ見ても変らない。私はこの道を何度ということなく歩いた。いつも同じ空想を繰返《くりかえ》した。印象が心に刻みつけられてしまった。街道の闇、闇よりも濃い樹木の闇の姿はいまも私の眼に残っている。それを思い浮べるたびに、私は今いる(5)都会のどこへ行っても電燈の光の流れている夜を薄っ汚く思わないではいられないのである。

（梶井基次郎「闇の絵巻」）

（注）＊階梯＝階段。物事を学ぶ順序。
＊馬力＝荷馬車。

問18　波線部A「敢然と」の本文中の意味として、最も適切なものを一つ選びなさい。

1　平気で
2　唐突に
3　ゆうゆうと
4　思い切って

問19　波線部B「如何ともすることの出来ない」の本文中の意味として、最も適切なものを一つ選びなさい。

1　疑問を抱くこともできない
2　どうすることもできない
3　見つけることもできない
4　できないと決めることもできない

問20　傍線部(1)「われわれは悪魔を呼ばなければならないだろう」とあるが、これはどういう意味か。次から最も適切なものを一つ選びなさい。

1　刻々と迫ってくる闇の力に立ち向かうためには、悪魔になりきらなければならないだろう、ということ。
2　思考さえできない闇のなかで冷静を保つためには、悪魔のような邪悪な心を呼び覚まさねばならないだろう、ということ。
3　何があるかわからないような闇へ一歩を踏み出すためには、悪魔の力を借りてでも、絶望への情熱をもたねばならないだろう、ということ。
4　恐る恐るでも進んでゆくしかない闇の世界を理解するためには、悪魔の知恵に学ぶしかないだろう、ということ。

問21　傍線部(2)「私は好んで闇のなかへ出かけた。」とあるが、なぜ「出かけた」のか。その説明として、最も適切なものを一つ選びなさい。

1　深い闇の中で、自分がいかに孤独であるかをしみじみと感じながら、そうした自分の不幸を憐《あわ》れみ、感傷的な気分を味わうため。
2　闇の世界で山々の尾根が交わす会話をひそかに楽しむとともに、動物たちの奇妙な生態がもたらす不思議な感覚を味わうため。
3　視界が閉ざされた闇の世界に非常な不安を覚えつつも、それを乗り越えようとする新しい決意が生まれる感覚を味わうため。
4　昼間とは全く違う風景がもたらす思いがけない発見を楽しむとともに、完全な闇の世界がもたらす爽やかな安息を味わうため。

問22　傍線部(3)「それが闇のなかである。」という表現は、何を強調しようとしているか。最も適切なものを一つ選びなさい。

1　闇の中にいる不安感。
2　人家から全く離れてしまった恐怖感。
3　突如聞こえてくる音の凄まじさ。
4　杉林と崖にはさまれた道の暗さ。

問23　傍線部(4)「最後の安堵」とはどういう意味か。その説明として、最も適切なものを一つ選びなさい。

1　闇の道はもう終わったのだという安心感。
2　もう崖から落ちる心配はないという安心感。
3　やっと旅館にたどり着けたという安心感。
4　霧の夜になる前に電燈が見つかったという安心感。

問24　傍線部(5)「都会のどこへ行っても電燈の光の流れている夜を薄っ汚く思わないではいられない」とあるが、なぜそのように思うのか。その説明として、最も適切なものを一つ選びなさい。

1　闇の風景の清潔な美しさに比べて、電燈の光に照らされた都会はゴミだらけに見えてしまうから。

2　闇の風景に比べて、都会の風景は電燈の光のために、余計なものが見えてしまうから。

3　闇の世界の純粋さに比べて、電燈の光に彩られた都会の風景には、俗っぽい商業主義が見えてしまうから。

4　闇の世界がもたらす静寂に比べて、電燈の光が流れる都会は、かえって騒々しく見えてしまうから。

問25　本文の内容と表現の特徴を説明したものとして、最も適切なものを一つ選びなさい。

1　闇の中の一筋の道をたどる主人公の不安と恐怖を追いながら、闇の中にうごめくさまざまな怪異を比喩表現や擬音語、擬声語を駆使して、印象的に描いている。

2　闇の中の一筋の道をたどる主人公の孤独な思いを追いながら、主人公のたどってきた不幸な人生を目の前に広がる不気味な闇の風景に重ねて、克明に描いている。

3　闇の中の一筋の道をたどる主人公の意識の変化を追いながら、何も見えるはずのない闇の風景を、視覚、聴覚、嗅覚などの感覚を駆使して、表情豊かに描いている。

4　闇の中の一筋の道をたどる主人公の気持ちを追いながら、短文を積み重ね畳みかけるようなリズムを駆使して、主人公が新しい決意に至る姿を感動的に描いている。

四　次の文章は、朱雀《すざく》天皇の譲位についての話である。これを読んで、あとの問いに答えなさい。

さてまた、朱雀院も優におはしますとこそは言はれさせたまひしかども、*将門が乱など出できて、怖れⓐ過ごさせおはしまししほどに、やがて代はらせ給ひにしぞかし。そのほどのことこそ、いとⓑあやしうはべりけれ。*母后《ははきさい》の御もとに行幸せさせ給へりしを、「かかる御有様の思ふやうにめでたくうれしきこと」など奏せさせ給ひて、「(1)今は*東宮ぞかくて見聞こえまほしき」と申させ給ひけるを、ⓒ心もとなく急ぎ思し召しけることにこそありけれとて、ほどもなく譲り聞こえさせ給ひけるに、后の宮は、「さも思ひても申さざりしことを。ただ行く末のことをこそ思ひ［　　］」とて、いみじう嘆かせ給ひけり。

さて、おりさせ給ひて後、人々の嘆きけるを御覧じて、院より后の宮に聞こえさせ給へりし、*国譲りの日、

日のひかり出でそふ今日のしぐるるはいづれの方の山辺なるらむ

后の宮の御返し、

(2)白雲のおりゐる方やしぐるらむおなじみ山のゆかりながらに

などぞ聞こえ侍りし。

（『大鏡』）

（注）＊将門が乱＝平将門が自らを新皇と称し、朝廷に背いた事件。
＊母后＝朱雀帝の母、藤原穏子《おんし》。「后の宮」も同じ。
＊東宮＝朱雀帝の同母弟、成明親王。
＊国譲りの日＝譲位をした当日。

問26　波線部ⓐ「させ」を文法的に説明したものとして、最も適切なものを一つ選びなさい。

1　使役の意味を表す助動詞
2　動詞の一部と使役の意味を表す助動詞
3　尊敬の意味を表す助動詞
4　動詞の一部と尊敬の意味を表す助動詞

問27　波線部ⓑ「あやしう」の本文における意味として、最も適切なものを一つ選びなさい。

1　みすぼらしく　　2　変わって
3　恐ろしいことで　　4　身分が低く

問28　波線部ⓒ「心もとなく」の本文における意味として、最も適切なものを一つ選びなさい。

1　じれったく　　2　心配で
3　いらいらして　　4　理解できず

問29　空欄部には助動詞「き」の活用形が入る。空欄部に入る形として最も適切なものを一つ選びなさい。

1　き　　2　し
3　けれ　　4　しか

問30　傍線部(1)「今は東宮ぞかくて見聞こえまほしき」とあるが、この解釈として最も適切なものを一つ選びなさい。

1　あとは、東宮が今日の朱雀院のように、立派な天皇となったお姿を拝見してみたい。
2　あとは、東宮にも今日の朱雀院の行幸のように、母のところに会いにいらしてほしい。
3　あとは、朱雀院と同じく天皇になりたいという東宮の願いをかなえてさしあげたい。
4　あとは、東宮が朱雀院の行幸を拝見してどう思っているのか、聞いてあげてほしい。

問31　傍線部(2)「白雲のおりゐる方やしぐるらむ」とあるが、この時の母后の心情の説明として、最も適切なものを一つ選びなさい。

1　朱雀院が不安定な世情を怖がり譲位してしまったことを情けなく思い、悲しみに暮れている。
2　朱雀院が早くに譲位したことを残念に思い、院やお仕えする人々の悲しみを思いやっている。
3　朱雀院が突然東宮に譲位してしまったことに驚き、そのようにした理由を知りたがっている。
4　朱雀院が譲位したことで東宮は天皇になれたので、家族として共に喜ぶべきだと思っている。

問32　本文の内容と合致するものとして、最も適切なものを一つ選びなさい。

1　朱雀院は、優しい性格で知られていたが、政変におびえるような怖がりな面ももっていた。

2　母后は、風采の上がらなかった朱雀院が、天皇となった後立派な姿になったことを喜んだ。

3　母后は先のことのつもりで言ったが、朱雀院は勘違いした結果、急いで譲位してしまった。

4　朱雀院は、自分の譲位で多くの人々が悲しむとは思っておらず、その驚きを和歌に詠んだ。

五　**次の文章を読んで、あとの問いに答えなさい（設問の都合で返り点・送り仮名を省略した部分がある）。**

次に掲げるのは、唐宋八大家の一人である蘇軾《そしょく》の「日喩《にちゆ》（太陽のたとえ）」という文章の後半部分である。前半部分で筆者は、生まれつき目の見えない人に太陽の形状や性質を教えるのに、形を丸い金だらいに、光をともしびにたとえた例を挙げ、太陽を見るという経験なしに太陽を認識することは不可能だと述べる。

南方ニ多シ二*没《ぼつ》人《じん》一。日ゴトニ与レ水居ルや也、七歳ニシテ而能ク*渉《わた》リ、十歳ニシテ而能ク浮カビ、十五ニシテ而能ク没ス矣。夫《そ》レ没スル者、豈《あ》ニ二*苟《こう》然《ぜん》ナランや一也。(1)必将有得於水之道者。日ゴトニ与レ水居レバ、則チ十五ニシテ而得ニ二其ノ(2)道ヲ一。生マレナガラニシテ不レバレ識ラレ水ヲ、則チ雖モレ壮ⓐトモ、見テレ舟ヲ而畏ルレ之ヲ。故ニ北方之勇者、問ヒテ二於没人ニ一、而求メ三其ノ所二以ヲ没スル一、以テ二其ノ言ヲ一試ミルニ二之ヲ河ニ一、(3)未有不溺者也。

故ニ凡ⓑ不シテレ学バ而務ムルハレ求ムルヲレ道ヲ、皆□方之学ブレ没ヲ者也。

（『唐宋八家文読本』）

（注）　＊没人＝水に潜って獲物をとる人。
　　　＊渉＝歩いて川をわたる。
　　　＊苟然＝いいかげんであること。

問33　**波線部ⓐ「壮」の本文中の意味を表す熟語として、最も適切なものを一つ選びなさい。**

1　豪壮　2　少壮　3　悲壮　4　勇壮

問34　**波線部ⓑ「凡」の読み方として、最も適切なものを一つ選びなさい。**

1　およそ　2　つねの　3　ひろく　4　みな

問35　**傍線部⑴「必将有得於水之道者。」の返り点の付け方と書き下し文の組み合わせとして、最も適切なものを一つ選びなさい。**

1　必将有㆘得㆓於水之道㆒者㆖。
必ず将に水の道に得んとする者有り。

2　必将㆔有㆓得於水之道者㆒。
必ず将に水の道なる者を有り得んとす。

3　必将㆑有㆑得㆓於水之道者㆒。
必ず将に水の道なる者を得ること有らんとす。

4　必将㆑有㆘得㆓於水之道㆒者㆖。
必ず将に水の道に得る者有らんとす。

問36　**傍線部⑵「其道」とは何か。その説明として最も適切なものを一つ選びなさい。**

1　水の上を通る道　2　水を運ぶ道すじ
3　水に潜る方法　4　泳ぐ方法

問37　**傍線部⑶「未有不溺者也。」の現代語訳として最も適切なものを一つ選びなさい。**

1　溺れる者は誰もいない。
2　一人残らず溺れてしまう。
3　中には溺れない者もいる。
4　みな溺れてしまうわけではない。

問38　**空欄部に入る文字として最も適切なものを一つ選びなさい。**

1　東　2　西　3　南　4　北

問39　**この文章の内容と合致するものとして最も適切なものを一つ選びなさい。**

1　泳ぎ方の理論を身につければ、誰でも泳げるようになり、ひいては水に潜ることもできる。
2　観念的に潜り方を模索するのではなく、師について潜り方を学ぶことが不可欠である。
3　幼い頃から水になじみ、経験を積んでいくと、自然と水に潜ることも可能になる。
4　幼少期から日々水に親しんでいても、成人して水を恐れる人は少なくない。

令和元年度　九月実施

一　次の各問いについて、最も適切なものを一つ選びなさい。

問1　次の中から、傍線部の漢字の読みが他と異なる熟語を一つ選びなさい。

1　便乗　　2　方便　　3　簡便　　4　便利

問2　次の文中の空欄部に当てはまる語を一つ選びなさい。

＊試合で大敗し、悔しい思いをしたが、（　　　）を期して練習に励んだ。

1　呉越同舟　　2　鶏口牛後
3　捲土重来　　4　鼓腹撃壌

問3　次の慣用句の空欄部に、他と異なる漢字が入るものを一つ選びなさい。

1　（　　）であしらう　　2　（　　）持ちならない
3　（　　）車に乗る　　4　木で（　　）をくくる

問4　次の文中の空欄部に当てはまる語を一つ選びなさい。

＊あの人に対する感情は、愛と憎しみを同時に感じる（　　　）の状態だ。

1　アンチテーゼ　　2　アイデンティティ
3　アンビバレンス　　4　アナロジー

問5　次の文中の傍線部の対義語を一つ選びなさい。

＊企画について、具体的に説明してほしい。

1　現実　　2　主観　　3　創造　　4　抽象

問6　『古今和歌集』の成立に深く関わったとされる人名を一つ選びなさい。

1　藤原定家　　2　大伴家持
3　西行法師　　4　紀貫之

問7　次の中で、夏目漱石の作品でないものを一つ選びなさい。

1　『行人』　　2　『道草』　　3　『蒲団』　　4　『明暗』

二　次の文章を読んで、あとの問いに答えなさい。（設問の都合上、一部を省略した箇所がある。）

*小林秀雄はデビュー作「様々なる意匠」の中で、人間が言葉を発明して生き生きした社会関係を生み出したのは素晴らしいことだったが、その代わりに人間は「様々な意匠」をもった言葉の魔術にたぶらかされるようになった、という意味のことを書いている。

　言葉の世界というのは不思議なもので、人間はこれを自在に使って、社会関係の世界へ入ってゆくと考えるのだが、これは逆から見ると、人がいわば言葉によってつかまれ、言葉の世界に投げこまれてしまうということだ。わたしたちはたいてい青年期に文学、芸術、思想の世界につかまれ、その中を生きはじめるのだが、その意味は何だろうか。

　言葉を使ってその〝意匠〟の世界を生きる、あるいは言葉の意匠につかまれる。それはある問題を他のひとびとと共有して、その世界に自分の新しい存在場所と存在理由を見出《みいだ》すことだ。また自分を社会的、文化的な主題の中に生かし、したがって自我を社会大にⓐカクチョウすることである（そんなことは意識されないとしても）。

　だが⑴このような道すじは、奇妙な落とし穴を隠している。

　そういう問題あるいは主題の世界を生きている間は、わたしたちの精神も魂も充実し意味を与えられているのだが、この「問題の世界」は理想やロマンの世界であって、本来生活の世界とは相容《あいい》れない性格を持っている。仕事を持ち、家庭を作り、子を育てることにつきまとう現実性《リアリティ》の中では、この理想やロマンの世界は背反的に現れざるをえない。これは明治の文学者たちが描きつづけてきた問題で、ことさら例を挙げるまでもないが、ここにロマンとリアルの対立が生じるのである。

　たいていの場合、ひとは、生活のリアリズムに直面したとき、自分の言葉の世界としてのロマンのほうをこのリアリズムに合わせて鋳直すのであって、その逆はふつう不可能である。しかしわたしの場合は、ロマン（文学や思想）の世界にあくまで固執していたとも言える。つまり、わたしは生活のリアリズムをロマンに合わせて鋳直そうとしたので、そこにつきまとう矛盾が、奇妙な独我論として現れたのである。

　ロマンとしての文学や思想の世界は、それを抱いている人間に、彼の存在理由を与える。人間は自分自身に対して、自分がどのような存在であるかについての幻想的な意味を与えずにはおれない存在だ。文学や思想の世界に生きることは、自己にロマン的幻想を与えるのである。

　しかし、これとは反対に、生活上のリアリズムの本質は、人間が自分自身に付け加えようとするロマン的幻想をⓑハぎ取り、無化することにある。生活とは、*自分のロバを絶えず気遣い、これに飼い葉や水を与えつづける必要のことだからだ。ここではひとは、自分で自分に意味を与えることはできず、ただ他人の視線によって自分の何であるかを決定される。

　ひとは誰でも「内面」のうちに他人の知らない「ほんとうの自分」をひそかに抱いているが、生活のリアリティは、いつもこの⑵自分の中のもうひとりの自分を無化するのだ。そこでは自分とは、単に⑶他人が見たところの何ものかでしかなくなる。人間はさまざまな「物語」やロマン的幻想によって絶えずこれに抗《あらが》うが、日常生活の現実はまた、絶えずこの幻想を相対化するのである。

　これが人間におけるロマンとリアルの関係の原型である。こういう場所で、ある人間が自分のうちにロマン的世界を保持しつづけようとし、それに合わせてリアルの世界を鋳直そうとするとき、彼はある背理的な生を強行しているのだ。

　文学や思想の世界は、生活を注釈するがそれを豊かにはしない。ではこの世界は、いったい何なのか。そういう疑いに満ちた問いがわたしのうちに降り積もって重くなっていた。わたしはそこで、(4)およそ人間が言葉の世界につかまれることの不可解さにゆき当たった。

　たとえばある人間が文学や思想の世界で深い〝真理〟をつかんだとして、それが彼の生活に何ものも与えず、どんな道も開かないとしたら、その〝真理〟とは一体何だろうか。彼がこの〝真理〟を一生心の奥深く抱えて死ぬ、そのことの意味をどう考えればいいのか。

　かつてわたしは小林秀雄を論じた文章でこう書いたことがある。

> ◆世界はやがて最後の審判を持つ、とたとえばひとは考えることができる。またひとは、世界はやがて革命によって理想の社会を実現する、と考えることもできる。しかし重要なのは、それらの考えのいずれが正しいかということではなく、そのそれぞれの考えをつかむことによって、彼がなにをもたらされ、その中でどのような生の実質を得るかということである。（『世界という背理』）

　ところが、ひとが自分のつかんだロマン的世界によって自分の生の関係や生活を豊かなものに変えるということは、たいていの場合きわめて困難なことだ。

　誰かが自分の文学や思想の世界を、書くという世界に持ち込み、この表現の世界で生きていけるなら、ここには面倒な問題はなにもない。そういう場合に限って、ロマンの世界は現実生活と調和を見出すことができる。しかし面倒なのは、(5)そういう場面ではこの問題は消えてしまうということだ。書くことによって生活の糧も得られ、新しい人間関係もできる。このことが成功裡《り》に進むなら、文学や思想の世界はいいことずくめである。しかしそうだとすると、この世界は、成功裡にモノ書きの世界に入る人間にとってだけ意味のあるものだ、ということなのだろうか。

　もしそうであるなら、文学や思想の世界は、この世のさまざまな技術や教養と同じで、ただ人間が社会的に身を立てるために必要なアイテム*のひとつにすぎない、ということになる。

　こういう像は、すくなくとも(6)わたしがはじめに文学や思想の世界から受け取ったイメージとはひどく喰《く》い違っている。この世界はわたしにとって、世界や生き方の「ほんとう」ということと結びついていた。それは人間が社会的に生きるために身につける特定の技術や教養とは違った意味を持つはずのものだったからである。

　ところで一見そうみえないかも知れないが、このような問題は、わたしには現象学のつぎのような基本問題と奇妙に重なり合っているように見えた。

> 認識は、それがどのように形成されていようと、一個の心的体験であり、したがって認識する主観の認識である。しかも認識には認識される客観が対立しているのである。ではいったいどのようにして認識は認識された客観と認識自身との一致を確かめうるのであろうか？　認識はどのようにして自己を超えて、その客観に確実に的中しうるのであろうか？
> （『現象学の理念』）

どんな認識も煎じつめると主観の内側で生じたものだ。だとすればこの認識が主観の外の客観現実と「一致」（的中）しているという証拠を、主観はどのように見出すのか。フッサール*によれば、ここに近代哲学の認識論の根本問題がある。

　これは俗に主-客の「一致」問題といわれ、デカルト*以来、ヨーロッパの近代哲学の中心問題だった。

（竹田青嗣『自分を知るための哲学入門』）

（注）

＊小林秀雄＝一九〇二～一九八三。文芸評論家。

＊自分のロバを……＝本文の前の部分に、人間の生活をロバに乗って行くことにたとえた箇所があり、ロバが疲れれば世話をしなければならないが、自分の持つロマンや理想の積み荷は、ロバの世話には何の役にも立たない、という意味のことが述べられている。

＊アイテム＝項目。品目。道具。

＊フッサール＝一八五九～一九三八。ドイツの哲学者。

＊デカルト＝一五九六～一六五〇。フランスの哲学者・数学者。

問8　波線部ⓐのカタカナと同じ漢字を使うものを一つ選びなさい。

1　核兵器のカクサンを防止する。　2　エンカク操作を行う。
3　二人の間にカクシツが生じる。　4　制度のカイカクを進める。

問9　波線部ⓑのカタカナと同じ漢字を使うものを一つ選びなさい。

1　ハクライ品を進呈する。　2　ハクシンの演技に感動する。
3　論の根拠がハクジャクである。　4　権利をハクダツする。

問10　傍線部⑴「このような道すじは、奇妙な落とし穴を隠している」とあるが、どのようなことをいったものか。その説明として、最も適切なものを一つ選びなさい。

1　言葉の世界では生き生きとした社会関係を生み出しながら、様々な意匠を持つ言葉の魔術にだまされて、結局自分を見失うということ。
2　言葉の世界では社会的、文化的に自分をリアルに描けるが、文学や思想の世界ではロマンとしての自分しか描けないということ。
3　言葉を使う文学や思想の世界では自分の存在理由がつかめても、現実生活ではその自分に意味を見出すことができないということ。
4　文学や思想の世界ではロマン・リアルの区別なく自分が存在するが、現実生活ではリアルな自分しか存在しなくなるということ。

問11　傍線部⑵「自分の中のもうひとりの自分」と傍線部⑶「他人が見たところの何ものか」との違いの説明として、最も適切なものを一つ選びなさい。（傍線部⑵はA、傍線部⑶はBで表してある。）

1　Aは小説の読者が作中の人物を自分と錯覚した像であるが、Bは小説読後に冷静に自己分析を行った時の自分自身である。
2　Aはひとがそれぞれ内面に思い描いた自分自身の像であるが、Bはひとが実生活で他人によって外から捉えられた自分の像である。
3　Aはひとがロマン的幻想で本物に見せかけた自分の像であるが、Bは生活のリアリティによって明らかにされた自分の正体である。
4　Aは錯覚が生み出したロマン的世界における自我であるが、Bは生活上のリアリズムに鋳直された背理的な像である。

問12　傍線部⑷「およそ人間が言葉の世界につかまれることの不可解さにゆき当たった」とあるが、筆者がこのように考えた理由として、最も適切なものを一つ選びなさい。

1　言葉にはひとを文学や思想の世界に誘いこむ力がある一方で、ひとびとの間に現実的な社会関係を結ばせるという逆方向の力が備わっているから。
2　言葉はひとに文学や思想の世界の真理を発見させる力を持っているが、現実生活を営む上で必要とされる真理にまで導くことはできないから。
3　言葉を使えば誰でも文学や思想の世界を豊かにすることができるが、自分自身の現実の生活は逆にその分だけ貧しくなっていってしまうから。
4　言葉によってひとは文学や思想の世界で理想を描くことができるが、だからといってそれが自分の現実生活を大きく変化させるわけではないから。

問13　傍線部(5)「そういう場面」とはどんな場合のことをいっているか。最も適切なものを一つ選びなさい。

1　文学や思想の世界と現実生活の対立が言葉で隠されている場合。

2　文学や思想の世界が現実生活の実態であるように書かれた場合。

3　文学や思想の世界を表現すること自体が生活となっている場合。

4　文学や思想の世界が技術や教養と変わらぬように思われる場合。

問14　傍線部(6)「わたしがはじめに文学や思想の世界から受け取ったイメージ」とはどのようなイメージか。その説明として、最も適切なものを一つ選びなさい。

1　社会生活のために必要な実用的なものを全て捨てさせ、ひたすら自分を理想の世界に没入させてくれるものというイメージ。

2　さまざまな幻想やひらめきが言語化された世界であり、自分の現実生活をより豊かなものに変えていってくれるものというイメージ。

3　高い理想を掲げるばかりで現実生活とは相容れず、そもそも現実生活を豊かにすることがけっしてないものというイメージ。

4　社会的、文化的な視点から自己を捉え直し、リアルの世界で見失われがちな自分自身の真実に導いてくれるものというイメージ。

問15　◆印をつけた引用文は、前段（前の部分）との関係を含め、論の展開上どのような働きをしているか。その説明として、最も適切なものを一つ選びなさい。

1　言葉の世界での真理に関する前段の問題提起について、自分の得た真理が生活に与える影響よりもそれによって何が得られるかを明らかにすべきだとしつつ、現実生活と書くことの関係へと論を進めている。

2　言葉の世界への前段の疑問を受け、真理の獲得が実質的に何をもたらすかが肝心だと問題点を強調し、成果がない中で文学や思想の世界をどのように言葉で表すかに論を進めている。

3　言葉が表す文学や思想の世界における真理への前段の疑問に答え、真理の正否より真理によって得られる実利を考えるべきだと述べて、現実生活と調和することの必要性に論を進めている。

4　言葉によって得た真理が現実では認められていないという前段の不満を強調し、真理が生活にもたらす恩恵をあくまで追求すべきことを述べ、現実を変えるような表現の必要性に論を進めている。

問16　本文の内容と合致するものとして、最も適切なものを一つ選びなさい。

1　文学や思想の世界の中で見つけた自分の存在場所と存在理由も、現実生活にもどれば単なる幻想となり意味を失ってしまうので、人間はいつまでも対立する二つの世界を往復することになる。

2　文学や思想の世界でつかんだ真理は主観的なもので、客観性が強い社会では通用しないから、人間が生きてゆくためには現実に逆らうことをやめて、まず真理のほうから修正していかなければならない。

3　主観の産物である認識と、認識された客観との一致を確かめることは可能なのかという認識論の問題には、文学や思想のロマンの世界と現実生活の対立をめぐる問題と重なるところがある。

4　生活のリアリズムを文学や思想の世界のロマンに鋳直すことは、現実との調和を重視してロマンを現実生活の中に解消しようとする者が多い現状では、はなはだ無理なことと言わざるをえない。

三　次の文章を読んで、あとの問いに答えなさい。（設問の都合上、表記を変えた箇所がある。）

　また、虫のことだが、蚤《のみ》の曲芸という見世物、あの大夫《たゆう》の仕込み方を、昔何かで読んだことがある。蚤をつかまえて、小さな丸い硝子玉《ガラスだま》に入れる。彼は得意の脚で跳ね廻《まわ》る。だが、周囲は鉄壁だ。散々跳ねた末、若《も》しかしたら跳ねるということは間違っていたのじゃないかと思いつく。試しにまた一つ跳ねて見る。やっぱり無駄だ、彼は諦めておとなしくなる。すると、仕込手《しこみて》である人間が、外から彼を脅かす。本能的に彼は跳ねる。駄目だ、逃げられない。人間がまた脅かす、跳ねる、無駄だという蚤の自覚。この繰り返しで、蚤は、どんなことがあっても跳躍をせぬようになるという。そこで初めて芸を習い、舞台に立たされる。

　このことを、私は随分無慚《むざん》な話と思ったので覚えている。持って生まれたものを、手軽に変えてしまう。蚤にしてみれば、意識以前の、したがって疑問以前の行動を、一朝にして、われ誤てり、と痛感しなくてはならぬ、これほど無慚なⓐ理不尽さは少なかろう、と思った。

「実際ひどい話だ。どうしても駄目か、判《わか》った、という時の蚤の絶望感というものは、――想像がつくというかつかぬというか、一寸《ちょっと》同情に値する。しかし、頭かくして尻かくさずという、元来どうも彼は馬鹿者らしいから……それにしても、もう一度跳ねてみたらどうかね、たった一度でいい」

　東京から見舞いがてら遊びに来た若い友人にそんなことを私は言った。彼は笑いながら、

「蚤にとっちゃあ、もうこれでギリギリ絶対というところなんでしょう。最後のもう一度を、彼としたらやってしまったんでしょう」

「そうかなア。残念だね」私は残念という顔をした。友人は笑って、こんなことを言い出した。

(1)「丁度それと反対の話が、せんだっての何かに出ていましたよ。何とか蜂、何とか言う蜂なんですが、そいつの翅《はね》は、体重に比較して、飛ぶ力を持っていないんだそうです。まア、翅の面積とか、空気を搏《う》つ振動数とか、いろんなデータを調べた挙げ句、力学的に彼の飛行は不可能なんだそうです。それが、実際には平気で飛んでいる。つまり、彼は、自分が飛べないことを知らないから飛べる、と、こういうんです」

「なるほど、そういうことはありそうだ。――いや、そいつはいい」私は、この場合(2)力学なるものの自己過信ということをちらと頭に浮かべもしたが、何よりも不可能を識《し》らぬから可能というそのことだけで十分面白く、蚤の話による物憂さから幾分立ち直ることができたのだった。

　神経痛やロイマチス*の痛みは、あんまり揉《も》んではいけないのだそうだが、痛みがさほどでない時には、揉ませると、そのままおさまってしまうことが多いので、私はよく妻や長女に揉ませる。しかし、痛みをⓑこうじさせてしまうと、もういけない。触ればなお痛むからはたの者は、文字通り手のつけようが無い。

　神経痛の方は無事で、肩の凝りだけだというとき、用の多い家人をつかまえて揉ませるのは、今の私に出来るゼイタクの一つだ。この頃では十六の長女が、背丈は母親と似たようになり、足袋《たび》も同じ文数《もんすう》をはき、力も出て来たので、多くこの方に揉ませる。疎開以来田舎の荒仕事で粗雑になった妻の指先よりも、長女のそれの方がしなやかだから、よく効くようだ。それに長女は、左下に寝た私の右肩を揉みながら、私の身体を机代わりに本を開いて復習なんかするから、まるで時間の損というのでもない。

　ときにはまたおしゃべりをする。学校のこと、先生のこと、友人のこと――たいてい平凡な話で、うんうんときいてやっていればすむ。が、時々何か質問をする。先日も、何の連絡もないのに、宇宙は有限か、無限か、といきなりきかれて、私はうとうとしていたのを一寸こづかれた感じだった。

「さあ、そいつは判らないんだろう」

「学者でも?」

「うん、定説は無いんじゃないのかな。——それは、あんたより、お父さんの方が知りたいぐらいだよ」言い言い、私は*近頃読んだある論文を思い出していた。*可視宇宙に於《お》ける渦状星雲の数は、推定約一億で、それが平均二百万光年の距離を置いて散らばっている。その星雲の、今見られる最遠のもの、宇宙の辺境とも言うべき所にあるものは、地球からの距離約二億五千万光年、そして各星雲の直径は二万光年——そんなことが書いてあったようだ。そしてわれわれの太陽系は、約一億と言われる渦状星雲のうちのある一つの、ささやかな一構成分子たるに過ぎない。(3)「宇宙の大」というようなことで、ある感傷に陥った経験が自分にもある、と思った。中学上級生の頃だったと思う。今、十六の長女が同じ段階に入っていると感ずると、何かいたわってやりたい思いに駆られるのだった。

「一光年というのを知っているかい?」ときく。

「ハイ、光が一年間に走る距離であります」

と、(4)わざと教室の答弁風に言う。

「よろしい。では、それは何キロですか」こちらも先生口調になる。

「さア」

「ちょっと揉むのをやめて、紙と鉛筆、計算をたのむ」

ええと、光の速度は、一秒間に……などと言いながら、長女は掛け算を重ねて十三桁《けた》か十四桁の数字を出し、うわ、零が紙からハミ出しちゃったと言った。そいつを二億五千万倍してくれ、というと、そんな天文学的数字、困る、と言う。

「だって、これ、天文学だぜ」

「あ、そうか。——何だか、ぼおッとして、悲しくなっちゃう」と長女は鉛筆を放した。

二人は暫《しば》らく黙っていたが、やがて私が言い出す。

「でもね、数字の大きさに驚くことはないと思うよ、数字なんて、人間の発明品だもの、単位の決め方でどうにでもなる。仮《か》りに一億光年ぐらいを単位にする、超光年とか言ってね、そうすれば、可視宇宙の半径は二超光年半か三超光年、二・五か三、何だそれだけかということになる。——反対に原子的な単位を使うとすると、零の数は、紙からハミ出すどころか、あんたが一生かかったって書き切れない」

「うん」と静かに答える。

「単位の置きどころということになるだろう。有限なら、いくら零の数が多くたって、人間の頭の中に入るよ。ところが、無限となると……」

神、という言葉がそこへ浮かんだので、ふと私は口をつぐんだ。長女は、機械的に私の右肩を揉んでいる。問題が自分に移された感じで、何かぶつぶつと私は頭の中でつぶやきつづけるのだった。

——われわれの宇宙席次ともいうべきものは、いったいどこにあるのか。時間と空間の、われわれはいったいどこにひっかかっているのだ。そいつをわれわれは自分自身で知ることが出来るのか出来ないのか。知ったら、われわれはわれわれでなくなるのか。

蜘蛛《くも》や蚕や何とか蜂の場合を考える。*私が閉じ込めた蜘蛛は、二度共偶然によって脱出し得た。来るか来ぬか判りもせぬ偶然を、静まり返って待ちつづけた蜘蛛、(5)機会をのがさぬその素速さには、反感めいたものを感じながらも、見事だと思わされる。

蚕は馬鹿だ、腑《ふ》抜けだ。何とか蜂は、向こう見ずだ。鉄壁はすでに除かれているのに、自ら可能を放棄して疑わぬ蚕、信ずることによって不可能を可能にする蜂、われわれはそのどっちなのだろう。われわれと言わなくていい、私、私自身はどうだろう。

私としては、蜘蛛のような冷静な、不屈なやり方は出来ない。出来ればいいとも思うが、性に合わぬという気持ちがある。

何がし蜂の向こう見ずの自信には、とうてい及ばない。だがしかし、これは自信というものだろうか。彼として無意識なら、そこに自信も何もないわけだ。蜂にとっては自然なだけで、かれこれ言われることはないのだ。(6)馬鹿で腑抜けの蚤に、どこか私は似たところがあるかも知れない。

自由は、あるのだろうか。あらゆることは予定されているのか。私の自由は、何ものかの筋書きによるものなのか。すべてはまた、偶然なのか。鉄壁はあるのかないのか。私には判らない。判るのは、いずれそのうち、死との二人三脚も終わる、ということだ。

私が蜘蛛や蚤や蜂を観《み》るように、どこかから私の一挙一動を見ている奴《やつ》があったらどうだろう。更にまた、私が蜘蛛を閉じ込め、逃がしたように、私のあらゆる考えと行動とを規制している奴があったらどうだろう。あの蚤のように、私が誰かから無慚な思い知らされ方を受けているのだとしたらどうなのか。お前は実は飛べないのだ、と、私という蜂が誰かに言われることはないのか。そういう奴が元来あるのか、それとも、われわれがつくるのか、更にまた、われわれが成るのか、――それを教えてくれるものはない。

（尾崎一雄『虫のいろいろ』）

（注）　＊ロイマチス＝リウマチ。関節・筋肉のこわばり、腫れ、痛みなどの症状を呈する病気。

＊近頃＝この作品（『虫のいろいろ』）が発表されたのは一九四八年。

＊可視宇宙＝ここでは、当時の技術においての、観測可能な宇宙のこと。

＊私が閉じ込めた蜘蛛は、二度共偶然によって脱出し得た。＝本文の前の部分に、蜘蛛を閉じ込めたことが二度あったが、二度とも逃げられた、という内容が書かれている。

問17　波線部ⓐ「理不尽さ」とあるが、「理不尽」の本文中の意味として、最も適切なものを一つ選びなさい。

1　物事の理屈ばかり重んじて容易に納得しないこと
2　物事の筋道が通らず無茶苦茶なこと
3　物事の本質を見極める冷静さがないこと
4　物事の真理を追究する熱心さに欠けること

問18　波線部ⓑ「こうじさせてしまう」の本文中の意味として、最も適切なものを一つ選びなさい。

1　散らせてしまう
2　おさまらせてしまう
3　悪化させてしまう
4　困り果ててしまう

問19　傍線部(1)「丁度それと反対の話が、せんだっての何かに出ていましたよ」とあるが、どういうことを「反対の話」と言っているのか。その説明として、最も適切なものを一つ選びなさい。

1　自分の能力の限界に気がついて、それ以上努力することを諦めてしまうこと。
2　自分の能力の限界に挑戦し、絶対に無理だというところまで諦めずに努力すること。
3　自分の能力の限界を意識しているので、無理をしない範囲で目的を達成しようとすること。
4　自分の能力の限界を意識しないので、不可能だとされることを成し遂げてしまうこと。

問20　傍線部(2)「力学なるものの自己過信」とあるが、ここではどういうことを意味しているか。その説明として、最も適切なものを一つ選びなさい。

1　この世の事象について、たいていの場合は、力学的に説明が可能だとすること。
2　一見奇妙だと思われる出来事でも、力学的な説明を試みるべきであるとすること。
3　物事を力学的に説明するだけでは、どうしても説明できないことがあるとすること。
4　不可能を可能に変えるためには、力学的説明に頼るしか方法がないとすること。

問21　傍線部(3)「『宇宙の大』というようなことで、ある感傷に陥った経験が自分にもある」とあるが、「ある感傷」とは、どのような気持ちのことか。その説明として、最も適切なものを一つ選びなさい。

1　宇宙の広大さがどれほどのものなのか、その広さを計算する方法が見つからず、投げやりになる気持ち。
2　宇宙の広大さを何にたとえたらよいのか思いつかず、自分の表現力のなさに絶望的になる気持ち。
3　宇宙のあまりにも広大なことに気が遠くなるようで、底知れぬ不気味さに恐れおののく気持ち。
4　宇宙があまりにも広大なこと、それに対して自分があまりにも小さな存在であることに茫然《ぼうぜん》とする気持ち。

問22　傍線部⑷「わざと教室の答弁風に言う」とあるが、なぜ「長女」は「教室の答弁風」に言ったのか。その説明として、最も適切なものを一つ選びなさい。

1　父の説明が教室での先生のように難しくなってきたので、からかってみせるため。

2　自分と父との関係を、先生と生徒の関係のように見立てて、おどけてみせるため。

3　難しい質問にすらすらと答えることで、教室での優等生を気取ってみせるため。

4　父の口調が急に厳しいものに変わったので、自分も負けじと真剣に考えてみせるため。

問23　傍線部⑸「機会をのがさぬその素速さには、反感めいたものを感じながらも」とあるが、なぜ「私」は「蜘蛛」に反感めいたものを感じたのか。その説明として、最も適切なものを一つ選びなさい。

1　来るか来ないかわからない脱出の機会を冷静に待ちつづけ、その機会が訪れた瞬間、素速く脱出してみせた蜘蛛の不屈なやり方は、自分にはできないうえ、性にも合わないから。

2　偶然訪れた機会を利用して、一瞬のうちに脱出を成功させた蜘蛛の計り知れない行動力は、天才的ともいうべきもので、凡才でしかない自分にとっては、うらやむしかなかったから。

3　せっかく自分が苦労して閉じ込めたのに、脱出の機会をじっと待ちつづけ、その機会がやってきた途端、見事脱出してみせた蜘蛛に、まるであざけり笑われているような気がしたから。

4　偶然訪れた機会を的確にとらえ、鮮やかに脱出してみせた蜘蛛の自信に満ちた不屈の精神は、蚤のように馬鹿な行動を繰り返すしかない自分にとって、劣等感をかきたてるものだったから。

問24　傍線部⑹「馬鹿で腑抜けの蚤に、どこか私は似たところがあるかも知れない」とあるが、このときの「私」の気持ちの説明として、最も適切なものを一つ選びなさい。

1　自分が何かを信じているという意識もなく、疑いもせずに自分は自由な存在だと思い込んでいるのではないかと不思議に思う気持ち。

2　自分をとりまく大きな存在に対抗し、自らの意志を頼りにわずかな機会をじっと待ちつづけていることを誇らしく思う気持ち。

3　自分は宇宙の中の小さな存在にすぎず、神や運命のようなものにもてあそばれるだけの存在ではないかと心もとなく感じる気持ち。

4　自分と宇宙の果てしない差に驚き、とまどいの中で徐々に自分の無力さに気づいて努力を放棄することに怒りを感じる気持ち。

四 **次の文章は『増鏡』の一節で、鎌倉時代末期、後醍醐天皇が、流されていた隠岐島《おきのしま》を脱出し、京都に戻ってきた記述に続く部分である。よく読んで、あとの問いに答えなさい。**

*礼成門院もまた中宮と聞こえさす。六日の夜、やがてⓐ内裏へ入らせ給ふ。去《い》にし年御髪《みぐし》下ろしにき。御悩みなほⓑおこたらねば、いつしか五壇の御修法始めらる。八日より議定行はせ給ふ。昔の人々残りなく参り集ふ。

十三日、*大塔の法親王、都に入り給ふ。この月頃に、御髪おほして、えも言はず清らなる男になり給へり。唐《から》の赤地の錦の御鎧直垂《よろひひたたれ》と言ふものⓒ奉りて、御馬にて渡り給へば、御供に由々しげなる武士どもうち囲みて、御門《みかど》の御供なりしにも、ほとほと劣るまじかめり。すみやかに将軍の宣旨《せんじ》を蒙《かうぶ》り給ひぬ。

流されし人々、ほどなく競ひ上る様、枯れにし木草の(1)春に逢《あ》へる心地す。その中に、*季房《すゑふさ》の宰相入道のみぞ、預かりなりける者の、情けなき心ばへやありけん、*東のひしめきの紛れに失ひてければ、兄の中納言藤房《ふぢふさ》は帰り上れるにつけても、父の大納言、母の尼上など(2)嘆き尽きせず、胸あかぬ心地しけり。

四条の中納言隆資《たかすけ》と言ふも、頭下ろしたりし、また髪おほしぬ。もとより塵《ちり》を出づるにはあらず、敵のために身を隠さんとて、かりそめに剃《そ》りしばかりなれば、今はたさらに眉を開く時になりて、男になれらん、何のはばかりかあらんとぞ、同じ心なるどち言ひ合はせける。*天台座主《ざす》にていませし法親王だにかくおはしませば、［ X ］とぞ。誰にかありけん、その頃聞きし。

(3)すみぞめの色をもかへつ月草の移れば変はる花のころもに

（注）
*礼成門院＝後醍醐天皇の中宮・西園寺禧子《きし》。
*大塔の法親王＝後醍醐天皇の皇子・護良親王。法親王は親王であり、出家して僧籍にある方。
*季房の宰相入道＝万里小路宣房の次男。関東に流されていた。
*東のひしめき＝東国の騒動。
*天台座主＝大塔の法親王と同じ人物。天台座主は天台宗延暦寺の最高位の僧で、天台宗の諸末寺を総監する役職。

問25　波線部ⓐ「内裏」の古文での読みとして、最も適切なものを一つ選びなさい。

1　さと
2　うら
3　みやび
4　うち

問26　波線部ⓑ「おこたら」の終止形は「おこたる」である。ここでの意味として、最も適切なものを一つ選びなさい。

1　怠ける　　2　治る　　3　起きる　　4　忘れる

問27　波線部ⓒ「奉り」の文法的説明として、最も適切なものを一つ選びなさい。

1　尊敬の本動詞
2　謙譲の本動詞
3　尊敬の補助動詞
4　謙譲の補助動詞

問28　傍線部(1)「春に逢へる」とあるが、これはどういうことのたとえか。その説明として、最も適切なものを一つ選びなさい。

1　戦死した人たちにとって、誇らしい結果になったこと。
2　若い人が遠慮なく青春を謳歌《おうか》できるようになったこと。
3　人々が都に戻り、かつてのような活気を取り戻したこと。
4　いとしい家族をなんとか守ることができたこと。

問29　傍線部(2)「嘆き尽きせず、胸あかぬ心地しけり」とあるが、この気持ちの説明として、最も適切なものを一つ選びなさい。

1　長男は戻っていても、次男が関東の騒動の中で死んでしまったので、悲しんでいる。
2　長男は戻ってきたが、次男は関東に配属されたまま戻ってこないので、心配している。
3　皆は戻ってきているのに、長男も次男も戻ってこないので、胸の中で天皇を恨んでいる。
4　次男はまだとはいえ、万里小路家にとってとても大事な長男が戻ってきたので、喜んでいる。

問30　空欄部［X］に補う言葉として、最も適切なものを一つ選びなさい。

1　いつしか
2　まして
3　いまさら
4　はやく

問31　傍線部(3)の和歌「すみぞめの色をもかへつ月草の移れば変はる花のころもに」の解釈として、最も適切なものを一つ選びなさい。

1　墨で染めた衣にかえたことだ、時が移ったので華やかな衣装によって心も華やかだったのに。
2　冬は墨で染めた衣でいたが、季節が変化したので少しは薄着にしたことだ。
3　時間がたったので、喪に服している衣装を改めて平常の服装に戻り、心も穏やかになった。
4　僧衣から華やかな衣装にかわったように、時の移り変わりにつれて人の姿形は変わっていくものだ。

問32 本文の内容に合致するものとして、最も適切なものを一つ選びなさい。

1 護良親王は都にお入りになる数か月前から髪を伸ばして、端正なお姿になっていらっしゃった。

2 護良親王は都に入って将軍の宣旨をお受けになったが、天台座主は兼任なさっていた。

3 護良親王が都にお入りになるときの様子は豪華だったが、天皇のお供の行列にはかなり劣っていた。

4 護良親王は都にお入りになっても、亡くなった方を弔うため、ずっと剃髪《ていはつ》なさったままだった。

問33 『増鏡』と同じジャンルの作品として、最も適切なものを一つ選びなさい。

1 『栄花物語』　2 『竹取物語』

3 『平家物語』　4 『宇治拾遺物語』

五

次の二首の漢詩を読んで、あとの問いに答えなさい。

A　京*師ニテ得タリ二家書ヲ一　*袁《ゑん》凱《がい》

(1)江水三*千里

ⓐ家書十五行

行*行無ク二別語一

只《た》ダ道《い》フ早ク帰レトレ□ニ

（注）＊京師＝都。ここでは南京《ナンキン》（現在の江蘇省南京市）。
＊袁凱＝（生没年未詳）明代《みんだい》の詩人。字は景文、号は海叟《かいそう》。松江の華亭（現在の上海市松江区）の人。
＊三千里＝非常に遠い距離。
＊行行＝手紙のどの行にも。

B　秋思　張籍*

洛*陽城裏(2)見ル二秋風ヲ一
(3)欲スレバレ作ラント二ⓑ家書ヲ一意*万《ばん》重《ちょう》
復タ恐ル怱《そう》*怱《そう》トシテ説キ不ルヲレ尽クサ
(4)行人臨ミテレ発スルニ又開クレ封ヲ

（注）＊張籍＝中唐の詩人。字は文昌。
＊洛陽城＝洛陽の町。唐代の都。
＊意万重＝さまざまな思いで胸がいっぱいになる。
＊怱怱＝あわただしい様子。

問34　A・B両詩の形式の説明として、最も適切なものを一つ選びなさい。

1　Aは五言絶句、Bは七言律詩である。
2　Aは五言律詩、Bは七言絶句である。
3　Aは五言絶句、Bは七言絶句である。
4　Aは五言律詩、Bは七言律詩である。

問35　Aの漢詩の空欄部□に当てはまる漢字として、最も適切なものを一つ選びなさい。

1　京　　2　郷　　3　川　　4　家

問36　傍線部(1)「江水三千里」の説明として、最も適切なものを一つ選びなさい。

1　大河の上流に住む作者と下流に住む故郷の家族とは、距離にして三千里も離れていることを表している。
2　作者が今いる土地と家族が暮らす南京との距離が、長江の長さと同じ三千里であることを表している。
3　作者が住む南京と故郷との間には多くの大河があり、容易には行き来できないことを表している。
4　故郷は長江の流れのはるかなところにあり、作者が今いる南京からは遠く感じられることを表している。

問37　傍線部(2)の「裏」と同じ意味で「裏」を用いている熟語として、最も適切なものを一つ選びなさい。

1　脳裏　　2　表裏　　3　裏面　　4　裏声

問38　傍線部(3)の「欲」と別の意味で「欲」を用いているものとして、最も適切なものを一つ選びなさい。

1　遅《ち》遅《ち》タル鐘《しょう》鼓《こ》初メテ長キ夜、耿《かう》耿《かう》タル星河欲スルレ曙《あ》ケント天　（白居易「長恨歌」）

（注）鐘鼓＝時を知らせる鐘や太鼓。　耿耿＝星が明るく光る様子。

2　江碧《みどり》ニシテ鳥逾《いよいよ》白ク、山青クシテ花ハ欲スレ然《も》エント　（杜甫「絶句」）

（注）然＝「燃」と同じ。

3　君子ハ欲ス下訥《とつ》ニシテ二於言ニ一而敏ナラント中於行ヒニ上。　（『論語』）

（注）訥＝言葉が達者でない。

4　葡《ぶ》萄《だう》ノ美酒夜光ノ杯、欲スレバレ飲マント琵《び》琶《は》馬上ニ催ス　（王翰「涼州詞」）

（注）催＝せきたてる。

問39　傍線部(4)「行人臨レ発又開レ封」とあるが、この行動の理由の説明として、最も適切なものを一つ選びなさい。

1　あわただしく書いたので、文字が乱れて失礼になりはしないかとふと心配になったから。
2　あわただしい中で書いたので、何か書き漏らしたことがありはしないかと気になったから。
3　あわただしい状況で旅人に頼んだので、手紙が中に入っているかどうか確認したかったから。
4　あわただしく出発する旅人に託したので、手紙が届かないのではないかと不安にかられたから。

問40　二重傍線部ⓐ・ⓑ「家書」の説明として、最も適切なものを一つ選びなさい。

1　ⓐ・ⓑは、ともに故郷の家族に宛てて書いた、自身の無事を知らせる手紙である。
2　ⓐ・ⓑは、どちらも故郷の家族から届いた、「早く帰郷せよ」という手紙である。
3　ⓐは故郷の家族から届いた帰郷を促す手紙であり、ⓑは故郷の家族に宛てて尽きぬ思いを述べた手紙である。
4　ⓐは故郷の家族宛ての近況を知らせる手紙であり、ⓑは故郷の家族から届いた「早く帰郷せよ」という手紙である。

四月実施　解答と解説

一　知識問題

〔解説〕

問1　送り仮名

正解は2。「誤っているもの」を問う問題。毎回この質問形式の問題が出題されている。今回もここで三問出題されている。設問は最後まで読んでから解答すること。2は「傾《かたむ》く」となり、送り仮名は「く」のみである。誤答1は、「膨《ふく》らむ」。3は、「煩《わずら》わす」。4は、「慌《あわ》てる」と読み、送り仮名は選択肢通り。

問2　漢字の読み

正解は4。「要塞」は「ようさい」と読む。意味は、「①国境などで、攻守に好都合の地に設けられたとりで。②国防上重要な場所に設けられた軍事的な防備施設」。誤答1「掌握（しょうあく）」は、「①手につかむこと。手に入れること。また、包み込むこと。②自分の意のままに支配できるようにしておくこと」。2「悪寒（おかん）」は、「発熱のために起こる、全身がぞくぞくするような寒け」。3「供物（くもつ）」は、「神仏・寺社に供養する物。お供えもの」。

問3　類義語

正解は2。「能弁・雄弁」の意味は、「弁舌の巧みなこと。しゃべることの上手なこと。また、そのさま」。誤答1「架空」の意味は、「①空中にかけわたすこと。②理由や根拠のないこと。事実ではなく想像によること。また、そのさま」で、「空虚」は、「①内部に何もないこと。また、そのさま。②実質的な内容や価値がないこと。むなしいこと。また、そのさま」のこと。3「楽観」の意味は、「①物事の先行きを良い方に考えて心配しないこと。心配するほどの事態でもないとして気楽に考えること」。また「客観」は、「①観察・認識などの精神活動の対象となるもの。②主観から独立して存在する外界の事物。③当事者ではなく、第三者の立場から観察し、考えること。また、その考え」。4の「素朴」は、「①自然のままに近く、あまり手の加えられていないこと。単純で発達していないこと。また、そのさま」。「質素」は、「①飾り気がないこと。質朴なこと。また、そのさま。②生活などがぜいたくでなく、つつましくて倹約なこと。また、そのさま」。

問4　慣用表現

正解は3。「一人の善行」が「人々の間に広がっていった。」となるので、選択肢の漢字を一つずつ検証する。どの選択肢も「連」に続く熟語にはなるが、3の「鎖」を用いた「連鎖反応」（一つの反応が他の反応を誘起し、さらにそれが次の反応の原因となって、同じ反応が繰り返して進行する現象）が文意に合う。

問5　慣用句

正解は1。空欄部直後に「選手を、コーチが慰める。」とあるので、がっかりするという意味の選択肢を選ぶ。1の「肩を落とす」が該当する。誤答2の「眉に唾をつける」は、「だまされないように用心する」の意。3の「背を向ける」は、「①後ろを向く。②無関心な態度をとる。また、そむく」。4の「目を凝らす」は、「じっと見つめる」。

問6　慣用表現

正解は3。「頭を働かせて考える」という意味の表現は、3の「めぐらす」が適している。誤答1「考えをきわめる」、4「考えをたてる」は慣用表現ではないが、1は、「非常に深いところまで達する」、4は「はっきりと定める」という意味で使われることもある。2の「考えをつかわす」という表現はない。

問7　対義語（外来語）

正解は4。「パブリシティ」は、「公開、広告の意で、企業・団体・官庁などが、その製品・事業などに関する情報を積極的にマスコミに提供し、マスメディアを通して報道として伝達されるよう働きかける広報活動」のこと。また、「プライベート」は、「①個人にかかわるさま。私的。②非公開の」という意で、対義語にはならない。誤答1の「ゲスト」は、「客。臨時の出演者」。「レギュラー」は、「正規のものであること。規則正しいこと。常に出場する選手。放送番組に常に出演する者」。2の「ポジティブ」は、「写真の陽画。電気の陽極。積極的なさま。肯定的であること」。「ネガティブ」は、「撮影したフィルムまたは乾板を現像したときにできる画像。否定的であるさま。消極的なさま」。3の「リアリスト」は、「現実を重んじる人。実際家。写実主義者。実在論者」。「ロマンティスト」は、「現実を離れた、甘美な空想などを好む人。夢想家」。

問8　文学史（近代）

正解は1。新戯作派（無頼派）の作家は他に、織田作之助、石川淳、檀一雄、田中英光らがいる。反道徳性、反リアリズム、曲折した文体や批評精神などが特徴。誤答2の自然派という文芸思潮はない。自然主義ならば、島崎藤村、田山花袋など。3の新感覚派は、横光利一、川端康成など。4の耽美派は、北原白秋、永井荷風《ながいかふう》、谷崎潤一郎などが挙げられる。また、太宰治の作品として選択肢で適切なものは1のみ。誤答2の『破戒』は島崎藤村。3の『雪国』は川端康成。4の『刺青』は谷崎潤一郎の作品。

問9　古典常識（古方位）

正解は2。十二支を用いて北から右回りに子《ね》・丑《うし》・寅《とら》・卯《う》…と十二等分して示した。北が「子」、東が「卯」、南が「午《うま》」、西が「酉《とり》」となる。正解の2「ひつじさる」は、「未申」と書き、南西を示す。誤答1の「いぬい」は、「戌亥」と書き、北西。3の「たつみ」は、「辰巳」で南東。4の「うしとら」は、「丑寅」で、北東になる。この古方位とともに、古時刻も十二支で示されるので、あわせて覚えておくこと。

問10　中国思想史

正解は1。「諸子百家」が数多く生まれた時代は、「春秋・戦国時代」になる。陰陽家の鄒衍《すうえん》、儒家の孔子《こうし》・孟子《もうし》・荀子《じゅんし》、墨家の墨子《ぼくし》、法家の韓非子《かんぴし》、名家の公孫竜《こうそんりゅう》、道家の老子《ろうし》・荘子《そうし》、兵家の孫子《そんし》、縦横家の蘇秦・張儀など。また、儒家を除いていう場合もある。「百家」はその多さを表した語。

二　評論

〔出典〕大岡信『詩・ことば・人間』（講談社学術文庫、一九八五年刊）。本文は、第一章の冒頭に収められた「言葉の力」の一部である。問題文は、「フランス語の贈物という言葉の中には、もと、人を喜ばせ面白がらせる言葉という意味があった。人を喜ばせるために言葉を贈物にするという思想があった。」「日本でも、古い時代にそういう思想があった。」に続く部分。

〔作者〕大岡信（一九三一～二〇一七）は、詩人・評論家。東京大学文学部国文学科卒。読売新聞記者、明治大学教授、東京芸術大学教授を務めた。一九五六年の処女詩集『記憶と現在』以降、詩集には『春　少女に』（一九七八年　無限賞）、『水府』、『地上楽園の午後』などがある。評論活動も多彩で、『蕩児の家系』（一九六九年　歴程賞）、『紀貫之』（一九七一年　読売文学賞）、『詩人・菅原道真―うつしの美学』（一九八九年　芸術選奨文部大臣賞）など。また、朝日新聞連載の『折々のうた』は広く読者の関心を得た。一九九四年度の恩賜賞・日本芸術学院賞を受賞した。二〇〇三年文化勲章、二〇〇四年フランス政府よりレジオンドヌール勲章オフィシエを叙勲。

〔解説〕

問11　漢字

正解は2。波線部ⓐは浸透。「浸透」の意味は、「液体がしみ通ること。思想などが、人々の間にしみ通り広がること」。正解の2「透明」は、「物体が光をよく通し、その物を通して向こうが見えること。濁りがなく、透き通っていること」。誤答1は、「圧倒的」。意味は、「比べものにならないほど、他より優勢であるさま」。3は、「未踏」。意味は、「まだだれも足を踏み入れていないこと。まだ人が立ち入ったことがないこと」。4は、「薫陶」。意味は、「人徳・品位などで人を感化し、よい方に導くこと」。香をたいて香りをしみこませ、土をこねて形を整え陶器を作る意から。

問12　漢字

正解は4。波線部ⓑは「推賞」。意味は、「ある物を、すぐれていると人にほめて言うこと。ほめて人に勧めること」。同じ漢字を用いる選択肢は4の「推進」。意味は、「①ものを前に進めること。②物事が目的の状態に向かってはかどるように努めること」。誤答1は、「陶酔」。意味は、「①気持ちよく酔うこと。②心を奪われてうっとりすること」。2は、「垂直」。意味は、「水平線・地平線に対して直角の方向にあること。②数学で、直線や平面が互いに直角に交わること」。3は、「完遂」。意味は「完全に成し遂げること。最後までやりとげること」。

問13　内容把握

正解は2。傍線部(1)に続く次の段落冒頭に、「それはどういう意味かというと…」とあり、これ以降が依拠部分になる。本文には「相手に贈る最も重要な贈物は、歌だった。歌は、一度も顔を見てさえいない女を口説きおとすのに用いられる名刺代わりの挨拶であり、個性と教養の見せ場であり、もちろん誠意の披瀝の道具だった。それに対する女の返歌は、彼女の運命を決定する可能性のある意思表示の唯一の手段だった。」と説明されている。この内容を満たす選択肢は2になる。誤答1は、女についての「運命を決定する可能性のある意思表示の唯一の手段」を踏まえていないという点で不適。3は、「和歌に花を添えて相手に届けることが不可欠」が不適。贈答の形式の問題ではない。4は、「入念な準備を要する」が不適。後の段落に「女がすぐに返しの歌を書く」とある。

問14　理由説明

正解は3。傍線部(2)は問題提起になっており、直後に「思うに、…」と筆者の考えが述べられていく。これをたどっていくと、「和歌は三十一文字しかなく、ごくわずかな事柄しかいえない。しかしそれだけにかえって徐々に相手の言葉に浸透して、贈答の繰り返しにより、しだいに互いの心が見えてくるという効果が生じたのだ」とある。次の段落で「つまり」とあり、「ささやかな贈物こそ、かえって人の心をよく相手に伝える」とまとめている。この内容を満たす選択肢は3になる。誤答1は、「人の心を動かす力をもっていた」が不適。本文にない表現。贈物になり得た理由説明がない。2は、「和歌は表現形式が一定しているので」が不適。理由としては不足。4は、「何度も贈答を繰り返さざるを得なかったから」が不適。マイナス面の説明であり、「一度にわずかなことしかいえないがゆえに、かえって徐々に相手の言葉に浸透し、これを繰り返すことで、しだいに互いの心が見えてくる」という説明が欠けている。

問15　内容把握

正解は2。傍線部(3)の直後に「つまり、それは二人だけのための風景なのだった。」とあり、さらに「すなわち彼女は、他の何ものをもってしても替えがたい贈物を受け取るのである。目の前の風景は、そういう一人の人間の発する言葉が付け加わることによって『贈物』となる」と説明されている。この内容を満たす選択肢は2になる。誤答1は、「美しいものよりも大きい愛の力」が不適。この力がどのように発揮されたかを示すことが必要。3は、「青年の言葉を娘が忘れられず」が不適。ピクニックに行った時を振り返っての思い出ではない。また、青年の言葉がどんな効果を発揮したのかに触れなければならない。4は、「眼前の風景を実際よりも美しい風景に思わせる」が不適。「自分たちだけの風景として見える」という効果に触れていない。

問16　論の構成

正解は4。◆の前段は「言葉というものは、まことに頼りない、ささやかなものであるが、それが集まると驚くべき力を発揮するという偉大な力がある」と述べており、これについて考えるためにごく単純な問題を取り上げるとして◆部分につなげている。◆部分ではその「ささやかな言葉の集まり」の例として「傑作といわれる詩や劇や小説」を挙げて、これらは期待して読んでも、面白くなくて投げ出してしまうことが多いと述べている。◆の後段にはその理由として期待が強すぎるとあり、古典を読むためにはどんなことが必要なのかということが述べられている。この内容を満たす選択肢は4になる。誤答1は、「大きな期待を寄せることの誤りを批判」が不適。「誤り」とは述べていない。2は、「偉大さを強調することを誤りとする前段の考察」が不適。「前段」は「考察」ではない。また、「具体的な事例として傑作といわれる作品にとらわれた人々のあり方を問題にして」も不適。とくに問題にはしていない。3は、「ささやかな言葉」が不適。ここは「言葉のささやかさ」というべき。また、「傑作といわれた作品のみを古典として尊重する」も不適。本文にない表現。

問17　内容合致

正解は3。選択肢は一つずつ検証していく。1は、「古典に学ぼうとするならば、退屈で平凡と思われる身近な言葉を大切にしなければならない」が不適。この考えは誤りというわけではないが、大切にしたうえで、どのように読むべきかを述べないと筆者の考えと一致するとはいえない。2は、「現代では傑作といわれる作品だけに関心が集まっている」が不適。本文の後半部分で問題にされているのは、言葉のささやかな働きのうちにある大きな力に気づかず、傑作といわれる作品の中に知恵の結晶のようなすばらしい表現を求めるような読み方である。3は、「傑作のすばらしさ」については、本文に「一語一語とってみるとじつに普通の言葉で書かれている点にあるとさえ言える」とあり、また、読み方については「何度も繰り返して徐々に深入りしてゆくほかない」とあるので、これが正解となる。4は、「わかりやすいささやかな日常語で書かれた作品を選んで読む」が不適。古典を特別な言葉で書かれたものとしている点が筆者の考えと違う。筆者は古典について「そこで使われている言葉は、あたりまえの言葉が多いのである」と述べている。

三　小説

〔出典〕 梶井基次郎「闇の絵巻」（新潮文庫『檸檬《れもん》』）。

〔作者〕 梶井基次郎（一九〇一～一九三二）は、小説家。大阪市生まれ。東京大学英文科中退。一九二五年、外村繁らと同人雑誌『青空』を刊行。『檸檬』『城のある町にて』を書いた。結核療養のため、一九二六年から伊豆湯ヶ島温泉に居を移し、一九二八年までに『冬の日』『冬の蠅』『桜の樹の下には』などを書いている。鋭い感受性と豊かな詩情のまじりあった短編が多い。一九三一年『交尾』などを発表、創作集『檸檬』を刊行した。ようやく文壇に認められはじめてまもなく肺患で没した。しかし、死後、評価は時とともに高まり、今日では近代日本文学の古典のような位置を占めている。「闇の絵巻」は、一九三〇年「詩と現実」に発表。問題文はその全文を掲載。

〔解説〕

問18　語句の意味

正解は4。「敢然《かんぜん》と」の意味は、「思い切って行動するさま」。選択肢では4の「思い切って」が適切。本文でも直後に「裸足で薊を踏んづける！　その絶望への情熱がなくてはならない」という部分も参考になる。「薊」とは、キク科の多年草。紅紫色の花頭で、茎や葉に鋭いとげがあるのが特徴。

問19　語句の意味

正解は2。「如何《いかん》とも」は、「（下に否定的表現を伴って、）どのようにしても…できない。どうにも」という意味がある。選択肢では2の「どうすることもできない」が適する。

問20　内容把握

正解は3。傍線部(1)にある「悪魔を呼ばなくてはならない」の理由は、その直前部「闇が迫って来る。苦渋や不安や恐怖の感情で一ぱいになるが、敢然と一歩を踏み出す」ためとある。さらに傍線部(1)直後の「裸足で薊を踏んづける！　その絶望への情熱がなくてはならない」も依拠部分となる。「悪魔を呼」んででも「絶望への情熱」を抱こうということになる。この内容を満たすのは3になる。誤答1は、「悪魔になりきらなければならない」が不適。悪魔になりきってしまったら、「絶望への情熱」を抱くことはないであろう。言い過ぎの表現。2は、「悪魔のような邪悪な心」が不適。「邪悪な心」まで持つ必要はない。4は、「闇の世界を理解するためには、悪魔の知恵に学ぶしかない」が不適。本文にない表現。

問21　理由把握

正解は4。傍線部(2)より三つ前の段落最後から次の段落にかけて書かれている「その暗闇は電燈の下では味わうことの出来ない爽やかな安息に変化してしまう。深い闇のなかで味わうこの安息」という部分。これが「私」が好んで闇のなかへ出かける理由である。この内容を満たす選択肢は4になる。誤答1は、「自分の不幸を憐れみ」が不適。本文にない表現。2は、「動物たちの奇妙な生態」が不適。奇妙と言えるようなものは本文には出てこない。3は、「闇の世界に非常な不安を覚えつつも」が不適。「非常な不安」が言い過ぎの表現。「私」は傍線部(2)にあるように、むしろ闇を好んでいるのである。

問22　内容把握

正解は4。まず、指示語「それ」を明らかにする。直前にある通り「道」を指している。つまり「道が闇のなかにある」ということになる。傍線部(3)のあとにも「なんという暗い道だろう。そこは月夜でも暗い。歩くにしたがって暗さが増してゆく。」と繰り返し「道の暗さ」を強調している。この内容を満たす選択肢は4になる。

問23　内容把握

正解は1。「安堵《あんど》」とは、「心配事がなくなって安心すること」。直前の段落最後に「道の行手にパッと一箇の電燈が見える。闇はそこで終ったのだ。」とあり、この段落に続く。傍線部(4)の最後の安堵とは、闇が終わって明るい道を帰る安心感を指しているのである。この内容を満たす選択肢は1の「闇の道はもう終わったのだという安心感」である。

問24　理由把握

正解は2。「私」の「闇」に対する考え方として本文前半に「最初は不快な気持ちになるが、気を変えてみると、その暗闇は電燈の下では味わうことの出来ない爽やかな安息に変化してしまう。」と闇に対して肯定的な考えを持っていることがわかる。それに対して「電燈の光の流れている夜」は「薄っ汚く」思ってしまうと否定的に考えている。何も見えない闇に対して、何でも見える電燈の光と考えると、2の「余計なものが見えてしまう」が正解となる。誤答1は、「ゴミだらけ」が不適。言い過ぎの表現。3は、「俗っぽい商業主義」が不適。本文にない表現。4は、「静寂」と「騒々しさ」の対比が不適。特に問題にしていない内容。

問25　内容と表現の特徴の合致

　正解は3。一つずつ検証する。1は、「主人公の不安と恐怖を追いながら」が不適。本文冒頭で、「苦渋や不安や恐怖の感情で一ぱいになった一歩だ」とあるが、これは踏み出す前の感情であり、歩き始めてからは、「深い安堵がわれわれを包んでくれる」とあり、「安堵」と「不安や恐怖」は違う感情である。2は、「主人公のたどってきた不幸な人生」が不適。本文にはない表現。3は正解。「意識の変化を追いながら」は本文前半の流れと合致。「何も見えるはずのない闇の風景を、視覚、聴覚、嗅覚などの感覚を駆使して」も合致している。4は、「新しい決意に至る姿を感動的に描いている」が不適。「新しい決意」が生まれる場面は本文にはない。

四　古文

〔出典〕『大鏡』。平安後期の歴史物語。著者未詳。白河院院政期の前後に成立か。大宅世継・夏山繁樹という二老人の昔語りに若侍が批判を加えるという形式で、藤原道長の栄華を中心に、文徳天皇の嘉祥三（八五〇）年から後一条天皇の万寿二（一〇二五）年までの歴史を紀伝体で記す。鏡ものの最初で、四鏡の一つ。世継物語。本文は、「雑々《くさぐさ》物語」の中の、朱雀天皇の譲位に関する記事の一節である。

〔現代語訳〕

　それからまた、朱雀院もまた風雅なお方でいらっしゃると、評判されなさいましたが、平将門の乱などが起こってきて、おそれつつお過ごしになっているうちに、そのままご譲位なさってしまわれたのですよ。そのご譲位前後の事情は、本当におかしなことでした。それは、朱雀天皇が御母后（穏子）の御所に行幸あそばされましたが、御母后は、「こうして御位についていらっしゃるご様子は、私の願い通りで、ご立派でうれしいことです」などと奏上されて、「後は、東宮を、このように帝としてお見あげ申したいものです。」と申しあげなさいましたのを、帝は、さては弟宮のご即位を待ち遠しく急いでいらっしゃるのであったとお思いになられて、その後まもなくご譲位申しあげなさったところ、御母后の宮は、「そんなふうに思って申したのでもなかったのに。ただもう、ずっと先のことを思って申しあげただけなのですよ」とおっしゃって、ひどくお嘆きになりました。

　さて、ご譲位なさって後、人々が驚いているのをご覧になって、朱雀院から御母后の宮に申しあげられた御歌、それはご譲位の日のことで、

　　日がさし出て明らかに光を差し添える、東宮ご即位のめでたい日ですのに、時雨の降っている所がありますが、それはどこら辺りの山辺でありましょうか。

御母后のご返歌

　　どちらも同じみ山の峰続き、ご兄弟なのですが、白雲のおりている方がしぐれているのでしょう。譲位なされた院には感慨ひとしおのことでしょう。

など、漏れうけたまわりました。

〔解説〕

問26　文法（助動詞）

　正解は4。「過ご」と活用する動詞はないので、ここは、動詞「過ごす」の未然形「過ごさ」＋助動詞「せ」となる。助動詞「せ」は使役または尊敬の意味になる。また、下に尊敬を表す補助動詞「たまふ」「おはします」がある場合、「だれだれに」（使役の対象）が文中に示されているか、文脈によって補える場合は「使役」になるが、そうでない場合は「尊敬」になる。ここでは「使役の対象」

がないので助動詞「せ」は、尊敬の助動詞になる。

問27　語句の意味（形容詞）

正解は2。「あやしう」は形容詞シク活用「あやし」の連用形「あやしく」のウ音便。意味は複数あるが、大きく分けると、①「不思議だ・奇妙だ」、②「見苦しい・身分が低い」となる。文脈から判断していく。何が「あやし」か、みていくと、「朱雀院が平将門の乱などが起こったあとに譲位なさってしまわれた」部分を指す。譲位のことを評しているので、選択肢では2の「変わって」が適する。

問28　語句の意味

正解は1。形容詞「心もとなし」の意味は、「①気がかりだ、②気のせかされるさま、③はっきりしない、④不十分である」など。文脈で見ると、御母后が波線部ⓒの直前で「後は、東宮を、このように帝としてお見あげ申したいものです。」と述べており、それを聞いた帝の解釈に当たる部分。続く部分にこれで「帝は譲位した」とあるので、帝は御母后が弟宮の即位を待ち遠しく思っていたということがわかる。選択肢では1の「じれったく」が適する。

問29　助動詞の活用形

正解は4。助動詞「き」の意味は「過去」。文末にあるので終止形と思われがちであるが、終止形を答える問題はまずない。この問題のように文末の活用形を問われる場合、係り結びが関係することが多い。「ただ行く末のことをこそ…」と係助詞「こそ」があるので、文末は「已然形」になる。過去の助動詞「き」は「せ・○・き・し・しか・○」と活用する。已然形は「しか」。係助詞は他に、「ぞ・なむ・や・か」が連体形で結ぶ。頻出問題なのでマスターすること。また、誤答3「けれ」は過去の助動詞であるが、基本形は「けり」で意味は「伝聞過去（間接的に知った過去の事柄を回想して述べる）」である。「き」は「経験過去（直接経験した過去の事柄を回想して述べる）であり、これらの違いを理解しておくとよい。

問30　本文解釈

正解は1。「ぞ」は係助詞で意味は「強意」。東宮を強調している。「かくて」は「このようにして」という意味で、朱雀院のご様子が立派であったことを指す。「聞こえ」は謙譲語「聞こゆ」の未然形。「まほしき」は希望の助動詞「まほし」の連体形（「ぞ」の係り結び）。現代語訳は「見申し上げたい」で、「東宮が、朱雀院のように立派な天皇となったお姿を見申し上げたい」となる。誤答2は、「会いにいらしてほしい」が不適。「見聞こえまほしき」の訳が違っている。3は、「東宮の願いをかなえてさしあげたい」が不適。これも2と同様、訳が違う。4は、まったくの間違い。

問31　心情把握

正解は2。傍線部⑵の歌の前に、朱雀院から御母后の宮に対して歌が贈られている。この歌は「朱雀院が譲位したことを人々が嘆いているのを見て贈った」ということで、「時雨が降っている」というのは「嘆いている人がいる」という解釈になる。これに対して御母后の宮が歌を返したわけで、「白雲のおりている方がしぐれているのでしょう」となり、「白雲のおりゐる方」が退位の意味を表し、「しぐるらむ」が朱雀院の歌と同様に「嘆いている」という意味になる。つまり御母后の宮は、朱雀院が譲位したことを残念に思い、また、その関係者の悲しみを思いやっているのである。誤答1は、「朱雀院が不安定な世情を怖がり譲位してしまった」が不適。譲位のいきさつが違う。3は、「そのようにした理由を知りたがっている」が不適。本文にない表現。4は、「家族として共に喜ぶべきだと思っている」が不適。これも本文にない表現。

問32　内容合致

正解は3。一つずつ丁寧に検討していく。1は、「優しい性格で知られていたが」が不適。本文に「優におはします」とあるが、これは「風雅なお方でいらっしゃる」という意味。2は、「風采の上がらなかった朱雀院」が不適。本文にない表現。3は、本文に「心もとなく急ぎ思し召しけることにこそありけれ（帝は、さては弟宮のご即位を待ち遠しく急いでいらっしゃるのであった）。」と思って譲位したのであり、御母后の宮は「さも思ひても申さざりしことを（そんなふうに思って申したのでもなかったのに）。」という部分が適している。これが正解。4は、「驚きを和歌に詠んだ」が不適。和歌のテーマは「しぐる」であり、周囲の人々の悲しみを表現したものである。

五　漢文

〔出典〕『唐宋八家文読本《とうそうはっかぶんとくほん》』　中国の散文選集。清の沈徳潜《しんとくせん》の編。一七三九年成立。唐、宋二代の散文作家、韓愈《かんゆ》、柳宗元《りゅうそうげん》、欧陽脩《おうようしゅう》、蘇洵《そじゅん》、蘇軾《そしょく》、蘇轍《そてつ》、曾鞏《そうきょう》、王安石《おうあんせき》ら八人の散文を選び集めたもの。この八人を総称して「唐宋八大家」と呼び、彼らの文章を古文の模範として選集を編む試みは明の茅坤《ぼうこん》をはじめ早くから行われた。本書はそれからさらに精選し、各編に主意、大意、諸家の評釈を付して初学者にも便利なように編集したもので、古文の教科書として広く流布した。日本にも江戸時代に伝わり、頼山陽がさらに評釈を加えるなど、多くの復刻本、注釈書が出されて流行した。本文は、蘇《そ》軾《しょく》「日喩《にちゆ》」の後半部分。

〔書き下し文〕（漢字の読みは現代仮名遣いで表記）

南方《なんぽう》に没人《ぼつじん》多《おお》し。日《ひ》ごとに水《みず》と居《お》るや、七歳《しちさい》にして能《よ》く渉《わた》り、十《じっ》歳《さい》にして能《よ》く浮《う》かび、十五《じゅうご》にして能《よ》く没《ぼっ》す。夫《そ》れ没《ぼっ》する者《もの》、豈《あ》に苟《こう》然《ぜん》ならんや。必《かなら》ず将《まさ》に水《みず》の道《みち》に得《う》る者有《ものあ》らんとす。日《ひ》ごとに水《みず》と居《お》れば、則《すなわ》ち十五《じゅうご》にして其《そ》の道《みち》を得《う》。生《う》まれながらにして水《みず》を識《し》らざれば、則《すなわ》ち壮《そう》と雖《いえど》も、舟《ふね》を見《み》て之《これ》を畏《おそ》る。故《ゆえ》に北《ほっ》方《ぽう》の勇者《ゆうしゃ》、没人《ぼつじん》に問《と》ひて、其《そ》の没《ぼっ》する所以《ゆえん》を求《もと》め、其《そ》の言《げん》を以《もっ》て之《これ》を河《か》に試《こころ》みるに、未《いま》だ溺《おぼ》れざる者有《ものあ》らざるなり。

故《ゆえ》に凡《およ》そ学《まな》ばずして道《みち》を求《もと》むるを務《つと》むるは、皆北方《みなほっぽう》の没《ぼっ》を学《まな》ぶ者《もの》なり。

〔現代語訳〕

南方には、水に潜って獲物をとる人が多い。毎日水と接しているので、七歳で川を渡れ、十歳で水に浮かぶことができ、十五歳で潜ることができるようになる。そもそも、水に潜るということは、いいかげんでできることではない。きっと水の「道」に会得するところがあるのだろう。

毎日水と接していれば、十五歳で水の「道」を会得する。（それに対して）生まれてからずっと水になじんでいない者は、一人前の大人になっても、舟を見ただけで怖がってしまう。そういうわけで、北方の勇者は、潜ることのできる人をたずね、その潜り方を求め、その言葉通りにこれを黄河で試してみたら、溺れない者はないのである。

だから、すべて（経験を通して）学ぶことをしないで、「道」を（知識として）求めることに一心になるのは、みな潜りをまねする北方の人と同じである。

〔解説〕

問33　語句の意味

正解は2。「壮」には「①年若くさかんな時、またその年頃の人、②盛ん」などの意味がある。本文では「生まれからずっと水になじんでいない者は、『壮』になっても、」となるので、「大人」という意味に近い選択肢を探す。2の「少壮」が「年の若いこと。一般的には二十歳から三十歳くらいまでの年齢をいう」ということでこれが正解となる。誤答1「豪壮」は、「勢いが強くさかんなさま」。3「悲壮」は、「悲しい中にりりしさのあること。悲痛な気持ちを内にひめた勇ましさ」。4「勇壮」は、「勇ましく盛んなこと。勇ましく元気のよいこと」。

問34　漢字の読み

正解は1。「凡」は「およそ」と読む。意味は「総じて。すべて」。

問35　返り点と書き下し文

正解は4。まず「得於水之道者」は「水の道に得る者」と読む。「者」は、直前の「夫没者」と同様に「こと。ところ」の意になる。解釈は「水の『道』に会得するところ」となる。次に前半部分には「将」という再読文字がある。これは「まさに～(せ)んとす」と読み、「(今にも)～しようとする。」と訳す。本文では後半が決まっているので、「将に～有らんとす。」と読む。これらの条件を満たすのは4になる。

問36　指示語

正解は3。「其道」とは「そのみち」と読む。本文で「そのみち」とは「水の『道』」を指す。これは、前段落にあるように、水に潜る方法のこと。

問37　現代語訳

正解は2。「有不溺者」を「未」で打ち消す構造。読み方は「未だ溺れざる者有らざるなり。」となり、直訳すると「溺れない人はいない」＝「みんな溺れてしまう」ということになる。選択肢では2の「一人残らず溺れてしまう。」が同じ内容になる。

問38　空欄補入

正解は4。空欄を含む文「故に凡そ学ばずして道を求むるを務むるは、皆□方の没を学ぶ者なり。」を現代語訳すると、「だから、すべて（経験を通して）学ぶことをしないで、「道」を（知識として）求めることに一心になるのは、みな潜りをまねする□方の人と同じである。」となる。学ぶことの違いを考えると、「潜り方を聞いてまねする人は溺れてしまう」わけで、これは「北方の人」を指す。

問39　内容合致

正解は3。選択肢は一つずつ吟味すること。1は、「泳ぎ方の理論を身につければ、誰でも泳げるようになり、水に潜ることもできる。」が不適。筆者は泳ぎ方や潜り方は小さい頃から水に親しみ、経験の中から会得するものだと述べている。2も1と同様の理由で不適。3は本文の趣旨と同じなので、これが正解。4は、本文にない内容なので不適。

本文では、南方の人は、小さい頃から水に親しみ、自然に潜る方法を覚えると述べ、それに対し、北方の人は潜り方を聞いてまねをするが、皆溺れてしまうと述べている。

国語　４月実施　正解と配点

（60分，100点満点）

問題番号		正解	配点	合計
一	1	2	2	20
	2	4	2	
	3	2	2	
	4	3	2	
	5	1	2	
	6	3	2	
	7	4	2	
	8	1	2	
	9	2	2	
	10	1	2	
二	11	2	2	20
	12	4	2	
	13	2	3	
	14	3	3	
	15	2	3	
	16	4	3	
	17	3	4	
三	18	4	2	20
	19	2	2	
	20	3	2	
	21	4	2	
	22	4	3	
	23	1	3	
	24	2	3	
	25	3	3	

問題番号		正解	配点	合計
四	26	4	2	20
	27	2	3	
	28	1	3	
	29	4	2	
	30	1	3	
	31	2	3	
	32	3	4	
五	33	2	2	20
	34	1	2	
	35	4	3	
	36	3	3	
	37	2	3	
	38	4	3	
	39	3	4	

九月実施　解答と解説

一　知識問題

〔解説〕

問1　漢字の読み

正解は1。「便乗」は「びんじょう」と読む。意味は、「①自分に都合のよい乗り物に相乗りすること。②自分に都合のよい機会をとらえてうまく利用すること」。他の誤答は「べん」と読む。誤答2は、「ほうべん」。意味は、「①仏教で、衆生を真の教えに導くために用いる仮の手段。②ある目的を達するために用いる便宜的な手段」。3は、「かんべん」。意味は、「簡単で便利なこと」。4は、「べんり」。意味は、「あることをするのに都合のよいこと。うまく役立つこと」。

問2　四字熟語

正解は3。「捲土重来《けんどちょうらい》」の意味は、「一度敗れたものが、再び勢いをもりかえしてくること。けんどじゅうらい」。問題文の内容と合致する。誤答1「呉越同舟《ごえつどうしゅう》」は、「仲の悪い者どうしが同じ場所に居合わせること。また、敵味方が共通の困難や利害に対して協力すること」。2「鶏口牛後《けいこうぎゅうご》」は、「たとえ小さな集団であっても、その中の長になる方が、大きな集団の末端となるよりはよいことのたとえ」。4「鼓腹撃壌《こふくげきじょう》」は、「政治がゆきとどき、人々が太平を楽しむさま」。

問3　慣用句

正解は3。「(口)車に乗る」となる。意味は、「巧みに言いくるめられて、だまされる。人の口先に欺かれる。おだてに乗る」。他の選択肢には「鼻」が入る。誤答1は、「(鼻)であしらう」。意味は、「相手のことばにろくに返事もしないで冷淡にあしらう。すげない態度をする」。2は、「(鼻)持ちならない」。意味は、「①臭くてがまんできない。②言動や様子が嫌みで、我慢ならない」。4は、「木で(鼻)をくくる」。意味は、「無愛想にもてなすことのたとえ」。

問4　外来語

正解は3。「アンビバレンス(ambivalence)」の意味は、「同じ対象について全く相反した感情が共存していること」。問題文の内容と合致する。誤答1「アンチテーゼ(antithese)」は、「特定の肯定的主張に対立して定立された特定の否定的主張」。2「アイデンティティ(identity)」は、「①人格における存在証明または同一性。ある人が一個の時間的・空間的に一貫して存在している認識をもち、それが他者や共同体からも認められていること。自己同一性。同一性。②ある人や組織がもっている、他者から区別される独自の性質や特徴」。4「アナロジー(analogy)」は、「類推。類比」。

問5　対義語

正解は4。「抽象」。問題文の「具体」の意味は、「物事がはっきりした形態・内容を備えていて、直接知覚できるものであること」。対義語の「抽象」は、「事物や表彰からある性質・要素・共通性をひき出して把握すること。また、把握して一般的な概念をつくること」。誤答1「現実」は、「現在、事実として存在している事柄や状態」。対義語は「理想」。2「主観」は、「①事物・現象を認識し、思惟・判断・行為などを担う意識の働き。またその働きをする主体。②その人の立場や観点だけに基づく考え」。対義語は「客観」。3「創造」は、「①新しいものを初めてつくり出すこと。②神が宇宙・万物をつくること」。対義語は「模倣」。

問6　古文知識

正解は4。古今和歌集は、平安時代銭の最初の勅撰和歌集。醍醐天皇の命により、紀友則《きのとものり》、紀貫之《きのつらゆき》、凡河内躬恒《おおしこうしのみつね》、壬生忠岑《みぶのただみね》が撰集にあたった。和歌を宮廷文学として確立し、その体系、表現、美意識は、以後の文学史の展開に大きな影響を与えた。選択肢4の「紀貫之」は、撰者の一人である。誤答1の「藤原定家《ふじわらのていか》」は、鎌倉初期の歌人、歌学者、古典学者で、「新古今和歌集」の撰者。2の「大伴家持《おおとものやかもち》」は、奈良時代の歌人。三十六歌仙の一人。「万葉集」の編纂に深く関与していたと考えられる。3の「西行法師」は、平安末期・鎌倉初期の歌人、僧。

問7　現代文知識

正解は3。夏目漱石の作品ではないものは『蒲団《ふとん》』。作者は「田《た》山花袋《やまかたい》」。一九〇七年「新小説」に発表。日本の自然主義文学の代表作。中年作家の女弟子に対する恋情を描き、大胆な現実暴露によって文壇を衝動させた。誤答1『行人《こうじん》』は、一九一二～一三年に発表。互いを理解しえない夫婦生活を通して、主人公の孤独な魂の苦悩を描く。2『道草』は、一九一五年発表。索漠とした健三、お住夫婦の生活を中心にその一家の間で起こる心理的トラブル、複雑な家庭生活の事情を反映した苦悩を描く。作者唯一の自伝的小説。4『明暗』は、一九一六年発表。自惚と嫉妬の遽色に満ちた人間模様を、津田とお延夫婦と中心に精密な心理解剖を通して描く。作者の死により未完に終わる。

二　評論

〔出典〕竹田青嗣『自分を知るための哲学入門』（ちくま学芸文庫・一九九三年刊）

〔作者〕竹田青嗣（一九四七～）は、大阪生まれ。在日韓国人二世。早稲田大学政治経済学部卒業。現在、早稲田大学国際教養学部教授。哲学者・文芸評論家。在日作家論から出発。文芸評論、思想評論とともに、実存論的な人間論を中心として哲学活動を続ける。フッサール現象学を基礎として、哲学的思考の原理論としての欲望論哲学を構想。大学では、哲学、現象学、現代思想などを担当。本文は、Ⅰ部第二章の「わたしの哲学入門」のうち、5「ロマンとリアル」のほぼ全文、および、6「現象学の発見」の冒頭を中心に述べた部分である。

〔解説〕

問8　漢字

正解は1。波線部ⓐは「拡張」。意味は、「範囲、規模、勢力などを広げて大きくすること。また、大きく広がること」。同じ「拡」を使う選択肢は1「拡散」。意味は、「①散らばって広がること。また、広げること。②二つ以上の気体・液体が混ざりあったとき、高い濃度の流体が低い濃度の流体に移動して、次第に一様の濃度となること。また、その現象」。誤答2は、「遠隔」。意味は、「遠く隔たっていること。かけはなれていること」。3は、「確執」。意味は、「自分の意見を固く主張して譲らないこと。また、そのために双方の間が不和になること」。4は、「改革」。意味は、「社会の制度・機構などを変えて、よりよいものにすること」。

問9　漢字

正解は4。波線部ⓑは、「剥ぎ取り」。意味は、「①表面に付着しているものをはがして取る。②身に着けているものをむりに奪い取る」。同じ「剥」を使う選択肢は4「剥奪」。意味は、「はぎとり、うばうこと。むりにうばうこと。とりあげること」。誤答1は、「舶来」。意味は、「外国から船で運ばれて渡来すること。また、そのもの」。2は、「迫真」。意味は、「真に迫ること。いかにもそのものらしいこと」。3は、「薄弱」。意味は、「①意志・体力などが弱いこと。②よりどころが弱いこと。確かでないこと」。

問10　内容把握

正解は3。まず語句理解。「意匠」とは、「美術・工芸・工業製品などの形・模様・色またはその構成について、工夫を凝らすこと。また、その装飾的考察。デザイン」ということ。次は指示語「このような道すじ」。これは、言葉を使うことによって他のひとびとと問題を共有して、そこに自分の存在場所や存在理由を見出しつつ、自分を社会的、文化的な主題の中に生かし、自我を社会人に広げていこうとする道すじのこと。「落とし穴」とは、それと気づかないでおちいりがちな好ましくない状態のこと。ではどんな問題点なのか。依拠部分は、傍線部(1)以降にある。言葉の世界における自分と、現実世界での自分とは同じではない、という矛盾に気づかされるという部分。この矛盾を「ロマンとリアルの対立」と述べている。また、「現実性の中では、この理想やロマンの世界は背反的に現れざるをえない」とある。「対立」「背反」の内容を含んでいる選択肢3が正解。誤答1は、「結局自分を見失う」が不適。説明不足。また、「現実世界」の内容がない。2は、言葉の世界と文学や思想の世界との対比が不適。文学や思想の世界の自分と、現実生活の中での自分との違いを述べたもの。4は、「ロマン・リアルの区別なく」が不適。

問11　内容把握

正解は2。A「自分の中のもうひとりの自分」とは、この傍線部(2)の直前に「この」という指示語があるので、「『内面』のうちにひそかに抱いている、他人の知らない『ほんとうの自分』」であるということがわかる。また、傍線部(3)B「他人が見たところの何ものか」の説明としては、直前の段落後半部分「自分で自分に意味を与えることはできず、ただ他人の視線によって自分の何であるかを決定される」が依拠部分になる。この内容を満たす選択肢は2になる。誤答1は、「錯覚した」「冷静に自己分析」が不適。A・Bの説明にはなっていない。3は、「ロマン的幻想で本物に見せかけた自分の像」が不適。「ロマン的幻想の中でとらえた内面の自分」ということ。4は、「ロマン的世界における自我」が不適。これは錯覚が生み出すものではない。

問12　理由把握

正解は4。依拠部分は、傍線部(4)の直前、この段落の冒頭「文学や思想の世界は、生活を注釈するがそれを豊かにはしない。ではこの世界は、いったい何なのか。そういう疑いに満ちた問いがわたしのうちに降り積もって重くなっていた。」というところ。だから、「およそ人間が言葉の世界につかまれることの不可解さにゆき当たった」のである。この内容を満たす選択肢は4になる。誤答1は、「逆方向の力」が不適。言葉の限界の指摘にはなっていない。2は、「文学や思想の世界の真理」と「現実生活を営む上で必要とされる真理」との対比が不適。一方の真理が他方では通用しないというような関係を考えるべき。3は、「逆にその分だけ貧しくなっていってしまう」が不適。「生活を豊かにはしない」とあるが、これは言い過ぎの表現。

問13　内容把握

正解は3。指示語の内容を聞く問題なので、まずは傍線部(5)以前を見ていく。依拠部分は、直前の「文学や思想の世界を、書くという世界に持ち込み、この表現の世界で生きていけるなら」になる。「文学や思想の世界（ロマン）」と「現実生活（リアル）」は相容れないというのが筆者の考えで、ロマンの世界でいくら真理を探究し、また、そこに自己の社会的な居場所を見出したとしても、それが自己のリアリティの世界をいきなりよくしたりはしない。けれども、ロマンの世界で素晴らしい結果を実現することが、そのままリアルの世界成功につながるということがある。これが「ロマンとリアル」の対立という問題が消えてしまうというケースになる。よって選択肢は3が適する。誤答1は、「対立が言葉で隠されている」が不適。ここでは問題が問題でなくなるということを述べている。2は、第7段落の後半「生活のリアリズムをロマンに合わせて鋳直そうとした」の言い換えになっている。この場合でも、「ロマンとリアルの対立」という問題は消えない。4は、「技術や教養と変わらぬように思われる」が不適。これが、作者の場合を意味するとは限らない。

問14　内容把握

正解は4。依拠部分を探してみる。まず、傍線部(6)の近くでは、直後に「世界や生き方の『ほんとう』ということと結びついていた」が見つかるが、これだけでは決め手に欠けるので、もう少し探してみる。傍線部の「わたしがはじめに文学や思想の世界から受け取ったイメージ」は、本文冒頭部分、特に第2段落後半「わたしたちはたいてい青年期に文学、芸術、思想の世界につかまれ、その中を生きはじめる」などを指していることがわかる。そしてこれは、「わたし」が「社会関係の世界へ入っていく」、そして「他のひとびとと共有」する問題の中に「自分の新しい存在場所と存在理由を見出し、「自我を社会大に拡張する」ことになると続く。この内容を満たす選択肢は4になる。誤答1は、「社会生活のために必要な実用的なものを全て捨てさせ…」と冒頭から不適。本文にない内容。2は、「さまざまな幻想やひらめきが言語化された世界」が不適。文脈に合わない。3は、「わたし」が「奇妙な落とし穴」に気づいたあとの内容になっているので不適。

問15　論の展開

正解は1。◆の引用文は、直前の「たとえば…」から始まる前段、「真理」を一生心の奥深く抱えて死ぬ、その意味をどう考えればいいかという問いに対して、真理とは何か、さまざまな考えを持つことはできるが、どれが正しいかではなく、それぞれの考えをつかむことによって、なにをもたらされ、その中でどのような生の実質をえるかが大切だと述べている。それに対して◆より後段は、「ところが…」から始まり、ロマンによって生活を変えるのは難しいと、現実生活と書くこととの関係に論を進める構成になっている。この内容を満たす選択肢は1になる。誤答2は、後半の「文学や思想の世界をどのように言葉で表すか」が不適。方法の内容が述べられるわけではなく、表すという行為の内容が述べられている。3は、「前段の疑問に答え」が不適。真理への疑問に答えたのではなく、「しかし重要なのは、それらの考えのいずれかが正しいかということではなく」とあり、別の観点から述べている。4は、「前段の不満を強調し」が不適。「不満」に当たるような記述はない。また、「真理が生活にもたらす恩恵をあくまで追求すべき」も不適。これも該当する記述はない。

問16　本文合致

正解は3。選択肢は一つずつ丁寧に見ていく。まず1は、「人間はいつまでも対立する二つの世界を往復することになる。」が不適。本文では現実世界との調和が見られる場合も説明されている。2は、「人間が生きてゆくためには現実に逆らうことをやめて、まず真理のほうから修正していかなければならない。」が不適。本文にない表現。3は、本文後半の「ロマンと現実生活との対立をめぐる諸問題と、現象学の基本問題との奇妙な重なり合い」と合致しているのでこれが正解となる。4は、「はなはだ無理なことと言わざるをえない。」が不適。本文には「現実との調和を重視してロマンを現実生活の中に解消しようとする者が多い現状では、生活のリアリズムを文学や思想のロマンに鋳直すことは無理」という因果関係は述べられていない。

三　小説

〔出典〕尾崎一雄『虫のいろいろ』（小学館『昭和文学全集11　尾崎一雄・丹羽文雄・石川達三・伊藤整』）

〔作者〕尾崎一雄（一八九九〜一九八三）は、小説家。三重県生まれ。

早稲田大学卒業。志賀直哉に師事する。短編集『暢気《のんき》眼鏡』で一九三七年芥川賞を受賞し、作家としての地位を確立した。作品に『虫のいろいろ』『すみっこ』『まぼろしの記』『虫も樹も』『あの日この日』などがある。『虫のいろいろ』は、一九四八年、作者四九歳の時の作品。

〔解説〕

問17　語句の意味

正解は2。「理不尽」の意味は、「物事の筋道が通らないこと。道理にあわないこと。また、そのさま。無理無体」。この内容を満たす選択肢は2になる。

問18　語句の意味

正解は3。波線部ⓑの「こうじる」は、「高じる、昂じる、嵩じる」と書き、「はなはだしくなる。つのる。増長する。」という意味。ここでは「痛み」について述べているところなので、選択肢3の「悪化させてしまう」が適する。選択肢4は、「困《こう》じる」という別の語の意味になる。

問19　内容把握

正解は4。蚤は自分の能力の限界に気がついて、努力することを諦めてしまった。その反対に、ということで蜂のエピソードに続く。蜂は力学的には飛ぶことが出来ないのにそれを知らないから飛べるとある。この内容を満たす選択肢は4になる。誤答1は、蚤のケース。2は、「諦めずに努力する」とあり、これは反対といえなくもないが、本文中の蜂は、努力しているわけではないので不適。3は、「自分の能力の限界を意識している」が不適。蜂は自分の能力の限界を意識していない。

問20　内容把握

正解は1。「自己過信」とは、「自分の能力を、信用、信頼し過ぎること」ということ。本文では、友人が蜂の「飛べないことを知らないから飛べる」という話を聞いて、なるほどと思い述べた言葉になる。自分が力学というものに過信しすぎていたということ。この内容を満たす選択肢は、1になる。誤答2は、「力学的な説明を試みるべきである」が不適。本文にない表現。3は、「力学的に説明するだけでは、どうしても説明できないことがある」が不適。これでは力学を過信していることにはならない。4は、「力学的説明に頼るしか方法がない」が不適。蜂が飛んだのは力学的説明によるものではない。

問21　心情把握

正解は4。「感傷」とは、「感じて心をいためること。感じて悲しむこと。感じやすく、すぐ悲しんだり、さびしくなったりする心の傾向」ということ。依拠部分は、傍線部(3)の直前、宇宙の中の太陽系の小ささを述べた部分。その小ささを自分に当てはめ、感傷にひたったということ。さらに直後より、十六の長女が同じ年頃になり、話題の中で天文学的な数字の計算を求められ「何だか、ぼおッとして、悲しくなっちゃう」と長女の述べたところが、選択肢4の「茫然とする気持ち」に対応する。誤答1は、「投げやりになる」が不適。「投げやり」と「感傷」は違う。2は、「自分の表現力のなさに絶望的になる」が不適。「表現力」は「感傷」とは関係がない。3は、後半の「底知れぬ不気味さに恐れおののく」が不適。「恐れ」を感じてはいない。

問22　理由把握

正解は2。傍線部に「わざと」とあることに注目する。普段の親子の会話とは違う設定で話をしたかったのである。この内容を満たす選択肢は2。誤答1は、「からかってみせる」が不適。長女が父親をからかうような表現はない。3は、「優等生を気取って」が不適。これもこのような表現はない。4は、「父の口調が急に厳しいものに変わった」が不適。これも本文にない。

問23　理由把握

正解は1。傍線部⑸以降を読んでいくと二つあとの段落に依拠部分がある。「私としては、蜘蛛のような冷静な、不屈なやり方は出来ない。出来ればいいとも思うが、性に合わぬという気持ちがある」とあり、この気持ちが傍線部⑸の「反感めいたもの」のことになる。誤答2は、後半「天才的ともいうべきもので、凡才でしかない自分にとっては、うらやむしかなかった」が不適。「天才的」「凡才」は本文にない表現。また、「うらやむ」は傍線部⑸の「反感めいた」とは意味が違う。3は、「あざけり笑われているような気がしたから」が不適。本文にない表現。4は、「劣等感をかきたてる」が不適。そういう表現は出てこない。

問24　心情把握

正解は3。この作品には「蜂」「蜘蛛」「蚤」が出てくる。その中で「私」は「蚤」に対して「似たところがあるかも知れない」と述べている。「蚤」については、大きな運命にもて遊ばれ、自らの運命を放棄してしまう無残な存在であるとし、死すべき運命を前に諦める人間は、「蚤」のようだと考えている。この内容を満たす選択肢は3になる。誤答1は、「蜂」を指す内容。2は、「蜘蛛」を指す。4は、「自分と宇宙の果てしない差に驚き」と「怒りに感じる」が不適。本文にない表現。

四　古文

〔出典〕『増鏡』は歴史物語。南北朝時代中ごろに成立。作者は二条良基説が有力だが、確かではない。後鳥羽天皇から後醍醐天皇までの事跡を『源氏物語』など平安朝の物語にならった擬古文で編年に記す。宮廷生活にはその秘話まで筆が及んでいるが、武士、鎌倉幕府についての記述はきわめて少ない。比較的正確に史実をふまえる。『大鏡』『今鏡』『水鏡』とともに『四鏡《しきょう》』と言われる。

〔現代語訳〕

礼成門院もまた中宮と申し上げる（ことになった）。六日の夜、すぐ内裏へお入りになる。昨年御出家なさった。御病気はまだおなおりにならないので、さっそく五壇の御修法を始められる。八日から（政務の）議定を行われる。昔、天皇に仕えていた人々は残りなく参集する。

十三日大塔の宮尊雲法親王が御入京になる。この数か月来、御髪をのばしてなんともいえず美しい男におなりになった。唐の赤地の錦の御鎧直垂というものをお召しになって、御乗馬でいらっしゃると、御供には堂々とした武士たちが囲んで、（その豪勢さは）天皇の行幸の御供であった行列（の武士たち）にも、ほとんど劣らないようであった。すぐ将軍の宣旨《せんじ》をお受けになった。

流された人々も、程もなく競争するように上京して来る様子は、枯れた木や草が春にあったような気持ちがする。その中に、参議季房入道だけが、預かって警固していた者が、無情の心根であったのであろうか、東国の戦乱のどさくさまぎれに殺してしまったので、兄の中納言藤房が帰京したのにつけても、父の大納言宣房、母の尼上の嘆きが尽きない。（悲しみで）胸の晴れない気持ちがしたことであった。

四条中納言隆資という人も、剃髪《ていはつ》していたが、また髪をのばして還俗《げんぞく》した。もともと俗塵《ぞくじん》を逃れて出家したのではなく、敵のために身を隠そうとして、かりそめに髪を剃っただけなので、今また憂えが去って喜びに会う時になって（還俗して）俗男になるというのになんの遠慮があろうか、と同じ心持ちの者同士が言い合うのであった。天台座主でいらっしゃった法親王でさえ再び俗世にもどられたのだからまして、というのである。だれであったか、そのころ（次のような歌を詠んだと）聞きました。

墨染めの法衣をも花やかな色の衣にかえました。月草が移ると衣の色が変わるように、月日が推移すると人の心も変化して。

〔解説〕

問25　語句の読み

正解は4。この場合の「内裏」は「宮中・天皇の住む御殿」という意味で、読みは「うち・だいり」。

問26　語句の意味

正解は2。「おこたる」の意味は、「①ついそのままになる。なまける。とぎれる。②病気がよくなる。快方に向かう」。波線部ⓑの直前「御悩み」に注目する。これが「おこたら」ないのである。「悩み」の意味は、「悩むこと。苦しみ。病気」。ここでは「病気」と解釈する。選択肢で対応するのは2の「治る」になる。「病気が治らなかった」ということ。

問27　文法的意味（敬語）

正解は1。「奉《たてまつ》り」は、単独で使われているので、「本動詞」になる。「補助動詞」の選択肢3・4は不適。文脈で「差し上げる・参上させる」と解釈できれば「謙譲語」。「めしあがる・お召しになる」と解釈できれば「尊敬語」になる。本文を見ると、「奉り」の主語は、「大塔の法親王」。彼が「唐の赤地の錦の御鎧直垂」と言うものを「奉」って馬でいらっしゃったのである。「お召しになる」が適当。選択肢では1の「尊敬の本動詞」になる。

問28　比喩解釈

正解は3。傍線部⑴を含む一文を現代語訳すると、「流された人々も、程なく競争するように上京して来る様子は、枯れた木や草が春にあったような気持ちがする。」となる。「流された人々」が「枯れた木や草」にたとえられているので、選択肢3の「人々が都に戻り、かつてのような活気を取り戻した」が適する。

問29　心情把握

正解は1。傍線部⑵を現代語訳すると、「（母の尼上の）嘆きが尽きない。（悲しみで）胸の晴れない気持ちがしたことであった。」となる。その理由に当たる部分を探す。依拠部分は、同じ段落の「季房の宰相入道のみぞ、預かりなりける者の、情けなき心ばへやありけん、東のひしめきの紛れに失ひてければ」になる。「季房の宰相入道」が東国の戦乱のどさくさに紛れて殺されてしまったことを悲しんでいるのである。選択肢は1が適当。注から「季房の宰相入道」が次男であることがわかる。

問30　空欄補入

正解は2。空欄部 X の前後を確認する。現代語訳は、「天台座主でいらっしゃった法親王でさえ再び俗世にもどられたのだから X というのである。」となる。本文では、空欄部の直前に「だに」があり、「Aだに～、ましてB～」の構文になる。意味は、「Aでさえ～、ましてBはなおさら～」となる。したがって2の「まして」が正解。

問31　和歌の解釈

正解は4。「月草」は、露草の古称。染料に使われた。この月草の色は衣に移りやすく、墨染めの法衣の色も変えてしまうと、月が移ると人の心も変わることを例えた。剃髪した人が、また髪を伸ばして俗世に戻ることがある。最高位の僧であっても俗世に戻られるのである。選択肢では4が適する。

問32　内容合致

正解は1。選択肢は丁寧に見ていく。まず1。本文第二段落冒頭に書かれている内容。これが正解となる。誤答2は、「天台座主は兼任なさっていた」が不適。本文の「天台座主にていませし法親王」とあり、「いませし」と過去形で書かれているが、将軍の宣旨をお受けになった段階では座主ではない。3は、「かなり劣っていた」が不適。本文第二段落後半「ほとほと劣るまじかめり」とあり、これは「ほとんど劣っていないようだ」ということなので、「かなり劣っていた」は、言い過ぎの表現になる。4は、「ずっと剃髪なさったままだった」が不適。本文「御髪おほして」の解釈に注意すること。「おほす」は、「伸ばす」という意味。髪は伸ばしたままだったのである。

問33　文学史

正解は1。『増鏡』は、歴史物語。同じジャンルの作品は『栄花物語』。平安時代後期の作品。藤原道長の栄華を中心に宮廷貴族の生活を描いた。誤答2『竹取物語』は、作り物語。平安時代初期の作。3『平家物語』は、軍記物語。鎌倉時代の作。平家一門の栄華とその没落・滅亡を描き、仏教の因果観・無常観を基調とし、調子のよい和漢混淆文に対話を交えた散文体の一種の叙事詩。平曲として琵琶法師によって語られ、軍記物語・謡曲・浄瑠璃以下後代文学に多大の影響を及ぼした。4『宇治拾遺物語』は、鎌倉時代初期の説話集。ユーモアに富み、中世初期の人々の生活感情をよく伝える。

五　漢文

〔出典〕　A　袁凱《えんがい》「京師得家書」（京師《けいし》にて家書《かしょ》を得《え》たり）…『海《かい》叟集《そうしゅう》』。袁凱は中国、元末明初の詩人。松江（浙江省）の人。字、景文。号、海叟。元末に府吏となり、明に入って洪武年間に御史になった。博学で詩にすぐれ、特に七言絶句を得意とした。『京師得家書』は、遠い故郷からの便りを受け取って、帰心をつのらせる詩である。

B　張籍《ちょうせき》「秋思」…『三体詩』。南宋の周弼《しゅうひつ》の編。唐代の近体詩。七言絶句・五言律詩・七言律詩の三体の詩、四九四首を収録。日本では室町時代に翻刻されて以来、流布した。張籍は、中唐の詩人。和州烏江の人。字、文昌。貞元一五（七九九）年進士に及第。太常寺太祝から秘書郎を経て水部員外郎となり、晩年国子司業となった。詩風は白居易に近く、平坦ななかに鋭い写実性をこめる。杜甫を深く慕い、その得意とする楽府《がふ》で政治を批判し、人民の苦しみを訴える作品を多く生み、友人の王建と並んで「張王楽府」と称された。張籍の「秋思」は、故郷への手紙を旅人に託そうとする時の、いくら言っても言い尽くせない、あふれる思いをうたった詩である。

〔書き下し文〕（漢字の読み仮名は現代仮名遣いで表記）

A　京師《けいし》にて家書《かしょ》を得《え》たり　　袁凱《えんがい》

江水《こうすい》　三千里《さんぜんり》
家書《かしょ》　十五行《じゅうごぎょう》
行行《ぎょうぎょう》　別語《べつご》無《な》く
只《た》だ道《い》ふ　早《はや》く郷《きょう》に帰《かえ》れと

B　秋思《しゅうし》　　張籍《ちょうせき》

洛陽城裏《らくようじょうり》　秋風《しゅうふう》を見《み》る
家書《かしょ》を作《つく》らんと欲《ほっ》すれば　意万重《いばんちょう》
復《ま》た恐《おそ》る　匆匆《そうそう》として説《と》き尽《つ》くさざるを
行人発《こうじんはっ》するに臨《のぞ》みて　又封《またふう》を開《ひら》く

〔現代語訳〕

A　都で故郷からの便りを受け取って　袁凱

長江の流れははるかなところにある故郷から、届いた家族からの手紙はわずか十五行しかない。どの行にも他の言葉はなく、ただただ、「早く故郷に帰れ」というだけだ。

B　秋の思い　張籍

洛陽の町の中で、秋風が吹くのを見た。家族への手紙を書こうと思い立って、「あれも書きたい、これも書きたい」と、思いが幾重にも重なる。再び心配する。慌ただしい中で書いたので、書き残しがあるのではないかと。手紙を託す旅人が出発する前に、一度閉じた封を切って読み直してみた。

問34　詩の形式

正解は3。近体詩では、四句の詩が「絶句」。八句の詩が「律詩」。これに一句の字数、五字が「五言」、七字が「七言」を組み合わせる。詩の形式を問う問題はこの範囲が基本。問題文ではAが「五言絶句」、Bが「七言絶句」になっている。この組み合わせの選択肢は3になる。

問35　空欄補入

正解は2。家族から届いた手紙の内容を問う問題。どの行にも同じ言葉が書かれていて、「早く□に帰れ」と結んでいるので、□には故郷を示す「郷」か、自宅を示す「家」が入る。決め手は押韻にある。基本的には五言の詩は偶数句末で、七言の詩は第一句と偶数句末に韻を踏む。Aは五言絶句なので、二句目の「行（ギョウ）」と同じ韻を踏んでいる漢字を選ぶ。選択肢は、1の「京（キョウ）」と2の「郷（キョウ）」に絞られる。あとは文脈で決める。故郷にいる家族が、京（都）にいる袁凱に手紙を出し、「早く□に帰れ」というのであるから、正解は2の「郷」になる。

問36　内容把握

正解は4。「江水」は「川の流れ」。「三千里」は、「都の南京から作者の故郷、松江県華亭までの距離。ただしこれは距離の遠さを誇張した表現」。この内容を満たす選択肢は4になる。誤答1は、「三千里も離れている」と実数として表現しているところが不適。2も同様に、「長江の長さと同じ三千里である」が不適。3は、「多くの大河があり、容易には行き来できない」が不適。困難さという意味は含まれていない。

問37　語句の意味

正解は1。傍線部(2)を含む「城裏」で「城中。城壁に囲まれた市街の中」という意味になる。「～の中」という意味で使われている選択肢を探す。正解の「脳裏」は、「頭の中。心の中」という意味。誤答2「表裏」は、「おもてとうら。事柄の外面と内面。位置や立場などが互いに相反すること」。3「裏面」は、「うらがわ。物のうらがわの面。表面には表れない部分の事柄」など。4「裏声」は、「ふつうの音域をこえた高音部を技巧的に歌う声」。

問38　語句の意味

正解は3。この問題は「別の意味で用いているもの」を選ぶ問題。「欲す」には①「～したいと思う。～が望ましい。（欲求・願望を表す）」と、②今にも～しそうだ。～しようとする。～になろうとする（状態を表す）の、二通りに分類される。傍線部(3)は、「家書を作らんと欲すれば」と読み、「手紙を書こうと思い立つと」という意味になるので、これは②の（状態）となる。傍線部とは別の意味（①欲求・願望を表す）で用いられている選択肢は、3「君子は言に訥にして行ひに敏ならんと欲す。」になる。「立派な人物は言葉が達者でなくても、行動の面では敏速でありたいと思うものである。」という意味になる。誤答1は、「間延びして鳴る鐘や太鼓の音に夜の長さを思い知らされ、今にも開けようとする空には天の川が明るく輝く」。2は、「錦江の水は深緑色に澄み、そこに遊ぶ水鳥はますます白く見える。山は青葉に包まれ、花は今にも燃え出しそうに赤い」。4は、「葡萄の美酒を夜光の白玉で作った盃に満たし、飲もうとすると、馬上で琵琶がせきたてるようにかき鳴らされる」。すべて「②今にも～しそうだ。～しようとする。～になろうとする（状態を表す）」の意味で使われている。

問39　理由把握

正解は2。傍線部⑷は、「手紙を託す旅人が出発する前に、一度閉じた封を切って読み直してみた。」ということで、なぜ一度閉じた手紙の封を切って読み返したのかを問う問題。依拠部分は三句目の「再び心配する。慌ただしい中で書いたので、書き残しがあるのではないかと」というところ。この内容を満たす選択肢は2になる。誤答1は、「文字が乱れて失礼になりはしないかとふと心配になった」が不適。心配の内容が違う。3は、「手紙が中に入っているかどうか」が不適。問題文にない内容。4は、「あわただしく出発する旅人」が不適。「あわただし」かったのは袁凱の方。

問40　語句の意味

正解は3。二重傍線部ⓐの「家書」は、「家族から届いた手紙」という意味。それに対してⓑの「家書」は、「家族への手紙」という意味になる。この内容を満たす選択肢は3である。「家書」には、①家からの手紙、②家へ送る手紙、の意味がある。

国語　9月実施　正解と配点

（60分，100点満点）

問題番号		正解	配点	合計
一	1	1	2	14
	2	3	2	
	3	3	2	
	4	3	2	
	5	4	2	
	6	4	2	
	7	3	2	
二	8	1	2	26
	9	4	2	
	10	3	2	
	11	2	3	
	12	4	3	
	13	3	3	
	14	4	3	
	15	1	4	
	16	3	4	
三	17	2	2	20
	18	3	2	
	19	4	2	
	20	1	2	
	21	4	3	
	22	2	3	
	23	1	3	
	24	3	3	

問題番号		正解	配点	合計
四	25	4	2	25
	26	2	2	
	27	1	2	
	28	3	3	
	29	1	3	
	30	2	3	
	31	4	3	
	32	1	4	
	33	1	3	
五	34	3	2	15
	35	2	2	
	36	4	2	
	37	1	2	
	38	3	2	
	39	2	2	
	40	3	3	

令和2年度

基礎学力到達度テスト
問題と詳解

令和2年度　九月実施

一　次の各問いについて、最も適切なものを一つ選びなさい。

問1　次の中で、熟語の読みが間違っているものとして、最も適切なものを一つ選びなさい。

1　辛酸（しんさん）　2　辣腕（かつわん）
3　羨望（せんぼう）　4　拘束（こうそく）

問2　次の文中の傍線部が文意に合う四字熟語になるように、空欄部に当てはまる漢字として、最も適切なものを一つ選びなさい。

＊正義の味方が悪者を倒す（　　）善懲悪の物語。

1　完　2　官　3　感　4　勧

問3　次の文中の空欄部に当てはまる語として、最も適切なものを一つ選びなさい。

＊ネット上の無責任な情報に振り回されるなんて、愚の（　　）だ。

1　一徹　2　修羅　3　無双　4　骨頂

問4　次の文中の傍線部の語の意味として、最も適切なものを一つ選びなさい。

＊論理展開の基本は、演繹《えんえき》と帰納である。

1　一般的な法則を立てて、それを個別の事例に当てはめて考える推論の方法。
2　いくつかの事柄から共通点を探り、当てはまる法則を見つけ出す推論の方法。
3　はじめに、ある事柄を説明する仮説を立て、そこから論理を展開する推論の方法。
4　それぞれの事柄の異なる点に着目し、新しい発想を求める推論の方法。

問5　次の文中の空欄部に当てはまる語として、最も適切なものを一つ選びなさい。

＊自分の望むとおりに話し合いを進めるためには（　　）を取る必要がある。

1　クリエイティブ　2　アクティブ
3　イニシアティブ　4　ネイティブ

問6　次の文中の傍線部の類義語として、最も適切なものを一つ選びなさい。

＊納得してもらえそうな条件を提示して、反対派を懐柔する。

1　革新　2　籠絡　3　追放　4　摘発

問7　自然主義文学の代表的作家として、最も適切なものを一つ選びなさい。

1　島崎藤村《しまざきとうそん》　2　夏目漱石《なつめそうせき》
3　志賀直哉《しがなおや》　4　芥川龍之介《あくたがわりゅうのすけ》

二 次の文章を読んで、あとの問いに答えなさい。（設問の都合上、一部省略した箇所がある。なお、行頭の1～17は段落番号である。）

1 *柳田国男が民俗学に向かった時期、「怪談」が流行し、また、「妖怪」のブームがあった。しかし、彼が民俗学に向かい、「山人《やまびと》」に関心を抱いたのは、そのためではない。また、それは先住民が山に残っているという観点からだけでもなかった。彼は一九〇〇年に大学を卒業したあと、農商務省・法務省の役人として、実際に「山」にかかわったのである。

2 この時期に妖怪のブームを起こしたのは、柳田ではない。『妖怪学』を書いた*井上圓了《えんりょう》である。近年、井上圓了といえば、妖怪の研究者で、漫画家水木しげるの大先輩のような人だと考えられている。しかし、彼は明治初期には、井上哲次郎と並ぶ哲学者であった。そして、彼が「妖怪学」という講座を開いたのは、哲学を民衆に説く方便として、である。妖怪といっても、お化けの類《たぐい》ではなく、今なら人が幻想と呼ぶものに相当する。例えば、国家は共同幻想だというかわりに、国家は妖怪だというようなものだ。

3 とはいえ、圓了はいわゆる妖怪を徹底的に調査し、文学的装飾なしにそれを記録した。現在、日本の漫画・小説などで引用される妖怪はほとんど、圓了の著作にもとづいている。彼は、妖怪が幻想であることを人々に説いてまわった。その意味で、彼は啓蒙《けいもう》主義者であった。しかし、妖怪を全面的に斥《しりぞ》けたのではない。

4 彼の考えでは、妖怪にはいくつかの種類がある。いわゆる妖怪は*仮象であり、自然科学によって真相を解明できる。しかし、そのような仮象が除かれたあとに、人は真の妖怪（真怪）に出会う。それは、この自然世界そのもの、カントでいえば物自体である。実は、圓了は、明治の浄土真宗から出てきた宗教改革者だった。そして、彼は仏教的認識を、哲学として、さらに、それを妖怪学として語ろうとしたのである。彼は大学を出た後、どこにも属さず、自分で学校（後に東洋大学）を創設した。型破りの人物であり、むしろ彼自身が妖怪であった、といえる。

5 圓了が妖怪を捜し回ったのはなぜか。妖怪が真の仏教的認識（真怪）をⓐサマタげるからだ。しかし、真の仏教的認識をサマタげているのは、現に存在する寺院仏教である。それこそが否定すべき妖怪なのだ。つまり、圓了の妖怪論は、仏教における宗教改革にほかならなかった。ところが、(1)彼の意図を超えて、妖怪論がブームとなったわけである。

6 一方、柳田国男は圓了の妖怪論を嫌った。それは妖怪についての見方が違ったからである。ただ、ある意味で、類似したことを考えていたともいえる。圓了は、妖怪を真の仏教的認識（真怪）から堕落した形態だと見なした。一方、柳田の見方では、妖怪とは、かつて神的な存在であったのに、仏教のような宗教が到来したために追われてⓑレイラクした存在である。

7 柳田はそのような考えを、*ハイネの『流刑の神々』から学んだといっている。《我々が青年時代の愛読書ハインリッヒ・ハイネの『諸神流竄《りゅうざん》記《き》』などは、今からもう百年以上も前の著述であったが、夙《つと》にその中には今日大いに発達すべかりし学問の芽生《めばえ》を見せている》（「青年と学問」『柳田國《くに》男《お》全集27』ちくま文庫）。ハイネの考えでは、ヨーロッパのゲルマン世界にキリスト教が入ってきたために、森に遁《のが》れた従来の神々が妖怪になった。柳田はそれを日本に応用して、『一つ目小僧』を書いた。つまり、「一つ目小僧」などの妖怪は、仏教に追われて隠れた古来の神々だというのである。

8 柳田は各地で山人を探索しようとしたが、見出《みいだ》したのは、天狗《てんぐ》や妖怪のような伝承だけであった。ゆえに、それらは村人の「共同幻想」として片づけられた。しかし、柳田はそこにこそ、山人、あるいは固有信仰を見ようとしたのである。

9 山人を追求する過程で、彼は「山の人生」、すなわち、山地に生きる民の生態について、より詳細な知識を得た。例えば、『山の人生』では、マタギ*やサンカ、焼畑《やきはた》農民、その他の漂泊民について書かれている。むろん、彼らは山人ではない。したがって、(2)柳田は彼らを、山人と区別して山民と呼んだ。なお、音声上紛らわしいので、以後、山民を山地民と呼ぶことにする。

10　私の考えでは、山人は原遊動民であり、山地民はいちど平地に定住した後に遊動民となった人たちである。山人と山地民の違いは、彼らの平地民に対する関係において明瞭になる。山地民はかつて平地に定住したことがあるだけでなく、また、その後も何らかのかたちで平地と関係する。そして、彼らの平地民に対する態度はアンビヴァレント（両価的）である。すなわち、敵対性と同時に依存性、軽蔑と羨望が混在する。

11　一方、山人は平地民によって、しばしば天狗や仙人として表象される。それは畏怖すべきものではあるが、敵視されるようなものではない。彼らは平地民に対して、特に善意がないとしても、悪意もない。要するに、山人は自足的であり、平地民に対して根本的に無関心なのだ。ゆえに、山人に出会うことは至難である。

12　柳田はまた、山人を探る手がかりを、日本の植民地統治下にあった台湾の原住民に求めた。彼らはもともと中国・東南アジアの山岳地帯から移動してきて、一度平地に定住した人たちである。彼らが大陸から侵入してきた漢族に追われて山に遁れたのは、一六世紀である。したがって、柳田はついに山人の存在を確認できなかったが、山地民の中に、その痕跡を見出した。

13　例えば、彼が農商務省の役人として調査のために訪れた宮崎県椎葉村《しいばそん》で見た焼畑・狩猟民がそうだ。彼らはすでに農業技術をもっている。それは、彼らがかつて平地にいたことを証《あか》すものである。彼らはたえず平地民と交易している。このように、山地民は、平地民と深い関係をもつ点で、原遊動民である山人とは違っている。だが、山地民も遊動性をもっており、そのことが、(3)平地の定住民にないような社会的特質を与えている。

14　椎葉村で柳田が驚いたのは、《彼等《かれら》の土地に対する思想が、平地に於《お》ける我々の思想と異《ことな》って居る》ことである。柳田にとって貴重だったのは、彼らの中に残っている「思想」である。柳田は農政学者として協同組合について理論的に考えてきたが、ここに、「協同自助」の実践を見出した。それは「ユートピヤ」の実現であり、「一の奇蹟《きせき》」であった。「富の均分というが如《ごと》き社会主義の理想」が実現されていたからだ。

15　彼らの場合、共同所有と生産における「協同自助」は、焼畑と狩猟に従事するということ、つまり遊動的な生活形態から来るものである。そこに、遊動的な山人の名残《なご》りが濃厚にあるといえる。柳田に感銘を与えたのは、そのことである。彼が「山人」について書き始めたのは、椎葉村を訪れたあとである。したがって、彼が「山人」に関心を抱くようになったのは、妖怪や天狗のような怪異譚《たん》のためではない。柳田が驚いたのは、農民の協同組合を要とする彼の農政理論において目指していたものが、現にそこにあったからだ。

16　それから間もなく執筆した『遠野物語』の序文に、柳田はこう記した。《国内の山村にして遠野よりさらに物深き所にはまた無数の山神山人《やまのかみやまひと》の伝説あるべし。願わくは之《これ》を語りて平地人を戦慄せしめよ》。この激越な序文は、椎葉村での認識から来ている。したがって、これは、当時ブームとなった妖怪、すなわち、お化けの類によって平地民を戦慄させることではありえない。妖怪といっても、それは、マルクス*が『共産党宣言』の冒頭で書いたような妖怪である。「一つの妖怪がヨーロッパをさまよっている——共産主義の妖怪が。旧ヨーロッパのあらゆる権力が、この妖怪を退治するために神聖な同盟を結んでいる」。

17　ちなみに、つぎのような事実がある。マルクスはハイネと一八四三年から二年ほど、亡命先のパリで親しくつきあった。ハイネが『流刑の神々』（一八五三年）を構想したのは、この時期である。また、一八四八年にマルクスはエンゲルス*とともに『共産党宣言』を刊行した。その意味では、

(4)二つの異なる「妖怪」は同じ源泉をもつといってもよい。

（柄谷行人『世界史の実験』）

（注）
＊柳田国男＝日本の民俗学者。一八七五～一九六二。
＊井上圓了＝日本の仏教哲学者。一八五八～一九一九。
＊仮象＝主観的にだけ存在して客観的実在性のないもの。
＊ハイネ＝ドイツの詩人・作家。一七九七～一八五六。
＊サンカ＝本州山地に生活するとされる非定住民。独自な漂泊の民族とする説がある。
＊マルクス＝ドイツの思想家・経済学者。社会主義・労働運動の学問的基盤を築いた。一八一八～一八八三。
＊エンゲルス＝ドイツの社会思想家。マルクスと協力し、国際的な労働運動を指導した。一八二〇～一八九五。

問8　波線部ⓐのカタカナと同じ漢字を使うものとして、最も適切なものを一つ選びなさい。

1　ボウフ処置を施す。
2　電波の受信をボウガイする。
3　タボウな日々を送る。
4　ボウセキ工場で働く。

問9　波線部ⓑのカタカナと同じ漢字を使うものとして、最も適切なものを一つ選びなさい。

1　レイサイ企業の支援策。
2　選手をゲキレイする。
3　遊園地のユウレイ屋敷。
4　ホウレイ違反を指摘する。

問10　柳田国男と井上圓了に関する本文中の叙述を説明したものとして、適切でないものを一つ選びなさい。

1　圓了は妖怪を人々への説明の手段とした、一種の啓蒙主義者である。
2　柳田は妖怪を、日本古来の信仰を知るための手がかりだと考えた。
3　柳田と圓了の思想は、妖怪を否定しようとした点で共通する。
4　圓了による妖怪ブームの頃に、柳田は民俗学の研究を始めた。

問11　傍線部(1)「彼の意図」の内容として、最も適切なものを一つ選びなさい。

1　近代化しつつあった社会の風潮を捉え、科学的な手法を用いて妖怪は迷信だと説くことで、人目を引き付けて小さな流行を巻き起こそうとすること。
2　寺院仏教の宗教哲学を民衆に受け入れさせるため、妖怪という興味を誘いやすい題材を用いて説明することで、人々の宗教観を変革しようとすること。
3　妖怪をいくつかの種類に分類するなど、科学的に調査・記録して迷信を打ち消し、近代化した社会が宗教に頼らなくてもいいようにしようとすること。
4　いわゆる妖怪という仮象を科学によって解明することで、寺院仏教が人々の真の仏教的認識をさまたげている宗教界の状況を変えようとすること。

問12　傍線部⑵「柳田は彼らを、山人と区別して山民と呼んだ」とあるが、そのようにした理由は何か。最も適切なものを一つ選びなさい。

1　山人が原遊動民であるのに対し、山民は、平地に定住した後で再び山に入った山人のことであり、様々な形で平地と関わりをもつことにより、遊動民としての性質を完全に失っていると考えたため。

2　山地に生きる山民は、かつて平地に定住したことがあったり、山にもどった後も平地との関わりが続いたりしていて、柳田が想定した原遊動民としての山人とは異なる面があるため。

3　山人が平地民に対して特に悪意も善意ももたず自足的である一方で、山地に生きる山民は、平地民に対して両価的で複雑な感情を抱いており、同じように扱われることを両者が望まないため。

4　山人が、しばしば天狗や仙人として表象されるような幻想的な存在でその痕跡を見つけることも難しいのに対し、山民は実際に目の前にいる現実的な存在なので価値がないと考えたため。

問13　傍線部⑶「平地の定住民にないような社会的特質」とは、具体的にどのようなことか。最も適切なものを一つ選びなさい。

1　平地での生活と山地での生活を繰り返していること。

2　農業の高い技術をもち、交易からも富を得ていること。

3　遊動的・自足的であり、平地民に対して根本的に無関心であること。

4　共同所有と協同自助により社会主義の理想が実現されていること。

問14　傍線部⑷「二つの異なる『妖怪』は同じ源泉をもつといってもよい」とはどういうことか。その説明として、最も適切なものを一つ選びなさい。

1　マルクスが主張した共産主義という妖怪と、柳田国男が自己の理想を実践する人々にみた一種の妖怪という捉え方とは、ともにそのもとをたどれば、柳田に影響を与えたハイネがマルクスと交流した頃に育んだ構想を共有する可能性があるということ。

2　マルクスが考察した共産主義という妖怪と、柳田国男が井上圓了に影響を受けて研究した妖怪とは、原始状態にある人々への共通の関心に基づいて理想社会を構想する点において、相互によく似た動機による研究の成果である可能性があるということ。

3　マルクスが研究した共産主義という妖怪と、柳田国男が見出した、平地民に対して攻撃的な態度をとる山人という妖怪とは、今日の社会からみて極めて異質な思想であるという点で、同じ出発点を共有している可能性があるということ。

4　マルクスが述べた共産主義という妖怪と、柳田国男が遊動民の生態に見出した妖怪のような不思議な生活様式とは、ハイネが構想した富の共同所有と協同自助に基づく社会という、共通のアイデアから生まれたものである可能性があるということ。

問15　本文の表現についての説明として、適切でないものを一つ選びなさい。

1　第4段落の「むしろ彼自身が妖怪であった」という比喩表現は、井上圓了の自在な発想や行動力が非凡なものであったということを表している。

2　第6段落は、最初の「一方」を含む文と次の文では井上圓了と柳田国男の考え方の相違点を示しているが、後の「一方」の前後では両者を対比しつつ類似点を指摘している。

3　第15段落と第16段落の「したがって」に続く部分は、いずれも第1段落の内容を受けて、柳田国男が妖怪に関心をもった理由を直接的に示している。

4　第17段落は「ちなみに」という形で事実を付け加え、第7段落と第16段落で挙げた、ハイネやマルクスと、柳田国男の思想との関連を示唆している。

問16　本文における筆者の主張として、最も適切なものを一つ選びなさい。

1　井上圓了は、単に柳田国男と対比的な人物であるだけでなく、妖怪ブームを作りだし、妖怪という存在を哲学的に探究しようとした点で、柳田以上に重要な人物である。

2　ハイネは、堕落した神が妖怪であるという思想によって、柳田国男に大きな影響を与えるとともに、マルクスにも影響を与え、それが、やがて共産主義の生み出される直接の源泉になった。

3　柳田国男が民俗学に向かったのは、単なる妖怪への興味からではなく、実際に体験した山地民社会の特質が、協同自助を基盤とする彼の農政理論に合うと考えたからである。

4　マルクスの考えた共産主義という妖怪は、天狗や妖怪の伝承を追い続けた柳田国男が見出した、村人の共同幻想としてわずかに残っていた山人の社会と奇妙に類似していた。

三　次の文章を読んで、あとの問いに答えなさい。（設問の都合上、一部省略した箇所がある。）

海軍兵学校出身の軍人だった守屋《もりや》恭吾《きょうご》は、ある事情から国外に失踪し、二十年ぶりに戦後の日本に帰ってきた。この文章は、死んだと思っていた父の恭吾が生きていたことを知った娘の伴子《ともこ》が、写真で見た父の顔を頼りに、恭吾に会いにきた場面である。

裏手へ回って、苔《こけ》の蒸した岩から水が滴り湧いているのを小さい井戸に溜《た》めてあるところへ出た。

「将軍の茶の湯の水だというんだな。ほんとうか嘘《うそ》か知らない」

恭吾は、こう告げた。優しい目もとである。

「学校を出て、何をしておられるのです」

「洋裁……と、雑誌の編集を手伝っております」

「そんなに若くて！」

と、恭吾は驚いたように見まもった。

「それァ、まあ、偉いですな。私の知っていた時代の日本のお嬢さんたちとは違ってしまった。私は長い間、外国でばかり暮らして来たので、浦島太郎が帰って来たようなもので、何を見ても烈《はげ》しい変わりように一々驚いて歩いている。特に、あなた方のような若い人達《たち》が、男にしろ女にしろ、どんなことを考えているのか、見当がつかない」

と、笑ってから、尋ねた。

「こんなことを伺っては失礼になるのだろうが、あなたなどは、どういうお宅のお嬢さんなのだろうな」

「内……ですか」

「お父さまは、何をしておいでです」

「職業でございますか」

「そう」

伴子は、ふと、(1)何かに押し出されたような心持ちになって、はっきりと言った。

「父は、海軍でございました。もと」

「海軍？」

と、恭吾は目を上げて伴子の顔を見て、

「それは」

と、呟《つぶや》いた。

籠《こも》っていた意味はわからなかったが、響きは深く、調子は複雑な色合いを帯びていて、伴子の胸に軽い動揺を呼び醒《さま》した。父親は、何かを感じたのであろうか。言葉は切れていた。夏の午後の静けさがあたりを支配していた。

竜門の滝、鯉魚石《りぎょせき》と立札《たてふだ》に示して、岩組《いわぐみ》に滝とはいえない水の落ちているところがある。その前に、ふたりは出ていたのである。楓《かえで》が枝を差し伸べて明るい影を地面に落としていた。

「それで」

と、ゆっくり恭吾は言った。

「お父さまはご健在なのですな」

自分の父親と信じている男の顔を、伴子は大きな目で見まもり、強く頷《うなず》いて見せた。故意にそうしたように自分も感じたことである。その一歩手前に、崩れるように何もかも打ち明けてしまいそうになっている烈しい感情がすれすれのところまで昂《たか》まって来ていた。

伴子が見て、恭吾は姿勢を正して、平静の容貌でいた。立派な紳士というのか、あるいは若少の者をいたわる心遣いか、目もおだやかだし、礼儀も失わず見事に平均の取れた静かな心が、最初から感じられていたのである。

「それは、よかった」

と、恭吾はそのまま言った。

「どうも、人が死に過ぎた」

ふいと、伴子は、自分も知らずに抑え切れない微笑を浮かべた。意地の悪いような心持ちがどこかに潜んでいた。自分の前にいる行儀が平静で体格も堂々とした父親が、その静かな故に、おかしくて、かわいそうな弱いもののような気がして来るのだった。まだ伴子と知らないんだわ。そう思ったばかりに、伴子は、軀《からだ》までほてって来そうに妙に気持ちが明るくなり、顔色も輝き出した。

何か言いたそうに彼女は唇を動かした。そして、父親に向けている瞳はいたずらを企てている小さい子供の目のように*不逞《ふてい》で、無邪気で、きらきらしたものに変わって来ていた。

父親は何も知らずに言い出した。

「私も海軍にいたことがある。あなたぐらいのお嬢さんのある方だと、*兵学校もあまり違っておらんはずのように思うが」

伴子は不意にそれを遮った。

「お父さま」

と、素直に、すらすらと口に出て、

「あたし、伴子なんです」

恭吾は伴子を見返していた。無言のままである。

伴子の深い感動は自分の軀から揺さぶり出したものであった。明るい心は拡《ひろ》がり出したらもう制止出来なかった。父親がⓐ怪訝《けげん》らしく自分を見まもっているのでさえ、手を取って、いたわりたいような心持ちが働いて来た。少しずつ父親は気がついて来たようである。

「伴子なんです」

と、繰り返して言い、

「おわかりになりません?」

恭吾は、目がうるんで来ていたが、姿勢も表情もみだれず、伴子が見ても(2)静かなのが美しいくらいであった。

「ひとを驚かさぬことだ」

と、おだやかな声で、低く言った。恭吾は、伴子を見詰めたままであった。その目の色が、止めどなく深くなって行くように見えただけである。唇が微《かす》かに慄《ふる》えた。

「(3)知らないとはね」

と、呟き、その*刹那に、恭吾の頬に、影が走った。なつかしむ前に悲しく、ⓑやるせない思いや、この世に生きている淋《さび》しさが、一時に心にのしかかって来たのを、強い自制で歯止めをかけて動かさなかったのである。父親が我が子の前で、喜劇の役をした。恭吾はこう考えた。

「かわいそうなことをしたな」

と、彼は、太く言った。

「本当に何も知らなかったのだよ。仕方がなかったと思って堪忍してもらわねばならぬ」

夢中で伴子は強く頭を振って見せた。パーマネントを掛けた豊かな髪から、光が散るように見え、顔は相変わらず輝いていた。

「伴子には、すぐに、お父さまとわかりましたわ。ほんとうの、ひと目で」

「歩こう」

と、父親は言い出した。また、いつも、心に始末の出来ない感情が湧き立って来ると、外国にいる間もそうしたもので、その習慣が機械のように不意に出たのだ。軀を動かすことであった。運動で、感情を振り落とすことであった。

「俺が親に見えるかね?」

と、この父親は強く尋ねた。

娘は素直に笑った。

「ええ」

と、頷いて見せて、

「今は、はっきりと、伴子のお父さまですわ」

「そうかね」

「お父さまは、伴子を、どうごらんになって？　よその子とお思いになっ
(4)たのでしょう」
恭吾は躊躇《ちゅうちょ》した後に、

「そうだ」

と、言い切った。

「そうだとも、俺の知っている伴子は、四つだった。小さい子供だった」

細い坂道の敷石を踏みながら、(5)彼は目をつぶった。

「育ったものだな」

と、言った。


（大佛次郎『帰郷』）

（注）　＊不逞＝勝手気ままにふるまうこと。
＊兵学校＝軍人を養成するための教育機関。特に、海軍兵学校のこと。
＊刹那＝瞬間。

問17　波線部ⓐ「怪訝らしく」の本文中の意味として、最も適切なものを一つ選びなさい。

1　興味をもった様子で
2　事情がわからない様子で
3　おびえている様子で
4　あきれ果てている様子で

問18　波線部ⓑ「やるせない」の本文中の意味として、最も適切なものを一つ選びなさい。

1　どうしようもなく切ない
2　どうしてもやる気が出ない
3　どうしようもなくつまらない
4　どうしても止めることができない

問19　傍線部(1)「何かに押し出されたような心持ち」とは、どのような心情か。その説明として、最も適切なものを一つ選びなさい。

1　娘として、父親の職業に誇りをもっていることを伝えたい心情。
2　早く父親に、自分が娘であることを打ち明けてしまいたい心情。
3　自分が娘であることを知らない父親を、からかってみたい心情。
4　父親に会うまでの苦労を、娘としてわかってほしい心情。

問20　傍線部(2)「静かなのが美しい」とは恭吾のどういう様子に対する思いか。その説明として、最も適切なものを一つ選びなさい。

1　寡黙で姿勢の正しい姿がなぜかなつかしく感じられる様子。
2　動揺に必死に耐えている姿が悲痛なものに感じられる様子。
3　冷静さを保ち続けている姿が見事だと感じられる様子。
4　淋しさを見せまいとする姿がいとおしく感じられる様子。

問21　傍線部(3)「知らない」とは、誰が、どんなことを知らないのか。その説明として、最も適切なものを一つ選びなさい。

1　伴子が、父親にどのように思われているかを知らない。
2　伴子が、目の前の人物が自分の父親であることを知らない。
3　恭吾が、娘にどのように思われているかを知らない。
4　恭吾が、目の前の人物が自分の娘であることを知らない。

問22　傍線部(4)「恭吾は躊躇した」とあるが、なぜ躊躇したと考えられるか。その理由として、最も適切なものを一つ選びなさい。

1　伴子が自分の娘であることは、実はうすうす勘づいていたが、自分を驚かせることができたと喜んでいる伴子に本当のことを言ったら、伴子をがっかりさせるのではないかと気づかったから。
2　伴子に娘だと言われたとき、自分に少しも似ていないと思ったことに後ろめたさを感じつつも、だからといって伴子が自分の娘かどうか疑っていると思われるのは本意ではなかったから。
3　伴子の言うとおり、最初はまさか伴子が自分の娘であるとは思いもしなかったが、そのことを正直に言ってしまっては、伴子の気持ちを傷つけるのではないかと感じたから。
4　伴子が娘だと知って、これからは本当の親子としての関係を築いていきたいと願ったが、幼い頃と比べてあまりにも顔立ちが変わってしまった伴子の姿を前にして、不安を抱いたから。

問23　傍線部(5)「彼は目をつぶった」とあるが、この時「彼」は何を感じていたと考えられるか。その説明として、最も適切なものを一つ選びなさい。

1　娘と別れてから二十年の間、娘の成長する姿を一度も見ることができなかった自分自身に対する激しい憤り。
2　娘と別れてから二十年もたってしまったが、別れる他に方法はなかったのだと自分を許す気持ち。
3　娘と別れてから二十年にわたり、異国で何も考えずに楽しく過ごしてきた自分の愚かさへの自嘲の念。
4　娘と別れてから二十年という、取り返しのつかない長い時間が過ぎてしまったことへの深い悔恨と悲しみ。

問24　本文に描かれた伴子の性格を表す語として、適切でないものを一つ選びなさい。

1　臆病
2　健気《けなげ》
3　純真
4　聡明《そうめい》

問25　本文では、恭吾はどのような人物として描かれているか。その説明として、最も適切なものを一つ選びなさい。

1　久しぶりに再会した娘へのあふれる思いを、静かな口調の中に込めながら、父親としての威厳を保とうと気にする人物。
2　どのような状況でも、姿勢や表情を乱すことがほとんどなく、自制心を働かせて感情を抑えることのできる人物。
3　あふれるような愛情をもちながら、それを表に出すことは恥ずかしいと考える、少し内気なところのある人物。
4　あわただしい世の中の動きに流されることなく、自分の生き方を決して変えようとしない、強い信念をもった人物。

問26　本文の内容と表現の特徴を説明したものとして、最も適切なものを一つ選びなさい。

1　二十年ぶりの父と娘の再会の場面である。ようやく出会えた喜びに胸を躍らせる二人の心情が、豊かな自然描写との対比によって、読む者の心に、すがすがしい感動を伴って広がってくる。
2　二十年ぶりの父と娘の再会がもたらすこの上ない幸福感が、全体を覆っている。それは娘の輝く顔と、父親のおだやかな顔に象徴的に表されて、読む者の心に静かに染みてくる。
3　二十年ぶりの父と娘の再会なのに、二人の感情はすれ違っている。そうした状況をかみ合わない会話で表すことによって、人の世の切なさを、読む者の心に訴えかけてくる。
4　二十年ぶりの父と娘の再会の場面での会話は、感情の高ぶりが抑えられ淡々としている。しかし、二人の様子の丁寧な描写によって、お互いに対する思いが読む者の心に強く伝わってくる。

四　**次の文章を読んで、あとの問いに答えなさい。**

小野小町がわかくて色を好みし時、もてなしありさまたぐひなかりけり。「*壮衰記」といふものには、*三皇五帝の妃《きさき》も、漢王・周公の妻もいまだ(1)このおごりをなさずと書きたり。かかれば、衣には*錦繡《きんしゅう》のたぐひを重ね、食には海陸の珍をととのへ、身には*蘭麝《らんじゃ》を薫じ、口には和歌を詠じて、よろづの男をばいやしくのみⓐ思ひくたし、(2)女御・后《きさき》に心をかけたりしほどに、十七にて母をうしなひ、十九にて父におくれ、二十一にて兄にわかれ、二十三にて弟を先立てしかば、単孤無頼《たんこぶらい》のひとり人になりて、たのむかたなかりき。いみじかりつるさかえ日ごとにおとろへ、(3)花やかなりし貌《かたち》としどしにすたれつつ、心をかけたるたぐひも疎くのみなりしかば、家は破れて月ばかりむなしくすみ、庭はあれて蓬《よもぎ》のみⓑいたづらにしげし。かくまでにⓒなりにければ、*文屋康秀《ふんやのやすひで》が三河《みかは》の*掾《じょう》にて下りけるに誘はⓓれて、

侘《わ》びぬれば身をうきくさのねをたえてさそふ水あらばいなんとぞ思ふ

とよみて、次第におちぶれ行くほどに、はてには野山にぞさそらひける。人間の有様、これにて知るべし。

（『古今著聞集』）

（注）
*「壮衰記」＝『玉造小町壮衰書』を指す。
*三皇五帝＝古代中国の伝説上の八人の帝王。
*錦繡＝錦と、刺繡《ししゅう》をした織物。
*蘭麝＝蘭の花の香りと麝香《じゃこう》の香り。転じて、よい香りのこと。
*文屋康秀＝平安時代前期の官人・歌人。六歌仙の一人。
*掾＝国司の三等官。

問27　波線部ⓐ「思ひくたし」の本文中の意味として、最も適切なものを一つ選びなさい。
1　心の中で反論し　2　心の中で見下し
3　心の中で盛り上げ　4　心の中で嘆き

問28　波線部ⓑ「いたづらに」の本文中の意味として、最も適切なものを一つ選びなさい。
1　悪ふざけのように　2　ひたすら
3　いたる所に　4　甲斐《かい》もなく

問29　波線部ⓒ「なりにければ」の品詞分解として、最も適切なものを一つ選びなさい。
1　助動詞＋助詞＋助動詞＋助詞
2　助動詞＋助動詞＋助動詞＋助詞
3　動詞＋助動詞＋助動詞＋助詞
4　動詞＋助詞＋助動詞＋助詞

問30　波線部ⓓの助動詞「れ」の文法的意味として、最も適切なものを一つ選びなさい。
1　自発
2　尊敬
3　受身
4　可能

問31　傍線部(1)「このおごり」とあるが、これはどのようなことを指すか。最も適切なものを一つ選びなさい。
1　小野小町の抜きん出た美しさ。
2　小野小町ほどのぜいたくや思い上がり。
3　小野小町の社交的で明るい性格。
4　小野小町ほどの物への執着の強さ。

問32　傍線部(2)「女御・后に心をかけたりし」とあるが、これはどういうことか。最も適切なものを一つ選びなさい。
1　帝の女官として活躍したいと思っていたということ。
2　帝の妃になるには資格を欠いていたということ。
3　帝の母親に取り入ろうとしていたということ。
4　帝の妃になるのを目標にしていたということ。

問33　傍線部(3)「花やかなりし貌としどしにすたれつつ」の解釈として、最も適切なものを一つ選びなさい。
1　派手だった生活も年をとって維持できず
2　新しかった衣装も時を経て古びて
3　美しかった容色も年々輝きを失って
4　にぎやかだった評判もこのごろは忘れられ

問34　本文の内容に合致するものとして、最も適切なものを一つ選びなさい。
1　小野小町は、晩年には野山をさすらうほどまでに落ちぶれた。
2　小野小町は、美しく和歌の才能があったので女御になった。
3　小野小町の両親と兄弟は、落ちぶれてさびしく暮らしていた。
4　小野小町は文屋康秀と共に三河へ下り、そこで亡くなった。

問35　本文中の和歌「侘びぬれば身をうきくさのねをたえてさそふ水あらばいなんとぞ思ふ」に用いられている表現技法として、最も適切なものを一つ選びなさい。

1　枕詞　　2　序詞　　3　掛詞　　4　本歌取り

問36　『古今著聞集』と異なるジャンルの作品として、最も適切なものを一つ選びなさい。

1　『十訓抄《じっきんしょう》』　　2　『無名抄《むみょうしょう》』
3　『今昔物語集』　　4　『宇治拾遺物語』

五 戦国時代末期、最強国となった秦《しん》は、北方の軍事大国趙《ちょう》を攻略するために、趙に様々な難題を突きつけた。この時、趙の官吏であった繆賢《びゅうけん》は、秦への使者として彼の家来である藺相如《りんしょうじょ》を、王に推薦した。次の漢文は、繆賢が藺相如を推薦する理由を述べた部分である。これを読んで、あとの問いに答えなさい。（設問の都合上、返り点・送り仮名を省略した箇所がある。）

宦*者《ノ》令繆《びう》賢《けん》曰《いハク》、「臣《ノ》舎*人藺*《りん》相《しやう》如《じよ》可《シト》レ使《ヒス》。」*王問《フ》、「何《ヲ》以《もつテカ》知《ルト》レ之《ヲ》。」
対《こたへテ》曰《ハク》、「臣嘗《かつテ》有《リ》レ罪。(1)窃計欲亡‐走燕。(2)臣《ノ》舎人相如止《メテ》レ臣《ヲ》曰《ヘラク》、『君
何《ヲ》以《テカ》知《ルト》二燕《えん》王《ヲ》一。』臣語《リテ》曰《ヘラク》、『臣嘗《テ》従《ヒ》二大王《ニ》一与二燕王一会《セリ》二境*上《ニ》一。燕王
私ⓐ握《リテ》二臣《ガ》手《ヲ》一曰《ヘラク》、願《ハクハ》結*《バント》レ友《ヲ》。以《テ》レ此《これヲ》知《ル》レ之《これヲ》。故《ニ》欲《スト》レ往《ゆカント》。』相如謂《いヒテ》レ臣《ニ》曰《ヘラク》、『夫ⓑ
趙《ハ》彊《つよクシテ》而燕《ハ》弱《シ》。而《しかうシテ》君*幸《セラル》二於趙王《ニ》一。故《ニ》燕王欲《スルナリ》レ結《バント》二於君《ニ》一。今君乃《すなはチ》
亡《にゲテ》レ趙《ヲ》走《ル》レ燕《ニ》。燕《ハ》畏《ルレバ》レ趙《ヲ》、其*《ノ》勢《ヒ》必《ズ》不二敢《あヘテ》留《とどメ》一レ君《ヲ》。而《シテ》束《つかネテ》レ君《ヲ》帰《サン》レ趙《ニ》矣。君(3)
不レ如、肉*袒伏*二斧質一請レ罪。則《すなはチ》幸《ヒニ》得《ント》レ脱《スルヲ》矣。』臣従《フ》二其《ノ》計《ニ》一。大王《モ》亦《まタ》
幸《ヒニ》赦《ゆるセリ》レ臣《ヲ》。(4)臣窃以為、其人勇士有二智《ち》謀《ぼう》一。宜《よろシク》可《シト》レ使《ヒセシム》。」

（『史記』）

（注）＊宦者令＝宦官の長官。「宦官」は、宮廷の奥に仕える官人。
＊舎人＝貴人のそばに仕える家来。
＊藺相如＝趙の名臣。生没年未詳。趙の宝である「和《か》氏《し》の璧《へき》」を持って使者として秦に行き、璧を無事に持ち帰ったという「完璧」の故事で知られる。
＊王＝趙の第七代君主である恵文王。
＊境上＝趙と燕の国境付近。「上」は、あたりの意。
＊結友＝友人として交わりを結ぶ。
＊幸＝「幸《かう》す」は、寵愛《ちょうあい》する、の意。
＊其勢＝そのなりゆきとして。
＊肉袒＝罰として打たれる覚悟を示すために、衣服を脱いで肩をあらわにすること。
＊伏斧質＝処刑台に伏す。

問37 波線部ⓐ「私」と同じ意味で「私」を用いている熟語として、最も適切なものを一つ選びなさい。

1 私怨　2 私淑　3 公私　4 無私

問38 波線部ⓑ「夫」の送り仮名を含む読み方として、最も適切なものを一つ選びなさい。

1 おっとの　2 かな　3 かの　4 それ

問39 傍線部(1)「窃計欲亡走燕」の返り点の付け方と書き下し文の組み合わせとして、最も適切なものを一つ選びなさい。

1 窃 計 欲三 亡二 走 燕一。
窃《ひそ》かに計り燕に亡《に》げ走らんと欲す。

2 窃 計 欲レ 亡二 走 燕一。
窃かに計り燕に亡げ走らしめんと欲す。

3 窃 計レ 欲 亡二 走 燕一。
窃かに欲を計り燕に亡げ走る。

4 窃 計レ 欲 亡二 走 燕一。
窃かに欲を計り燕に亡げ走らしむ。

問40　傍線部⑵「臣舎人相如止臣」とあるが、藺相如が繆賢を制止した理由は何か。その説明として、最も適切なものを一つ選びなさい。

1　趙が強く燕が弱いという情勢を考えると、繆賢が燕に亡命すると趙・燕両国の力のバランスが崩れかねず、繆賢の亡命は趙の国益を損ねることになると判断したから。

2　燕が繆賢の亡命を受け入れると、同盟国の趙を裏切ることになり、燕にとって不利益しかないはずなので、燕王の誘いは実は罠《わな》であり、亡命すべきではないと判断したから。

3　燕王が繆賢と交わりを結びたいと言ったのは、趙が強く燕が弱い上に、繆賢が趙王に寵愛されているからであり、燕に亡命しても繆賢にとって良い結果は得られないと判断したから。

4　燕王が繆賢と親しくしたいと言ったのは、繆賢の背後にいる趙王の存在を意識してのことで、燕王が繆賢の人物を評価して暗に亡命を呼びかけたものではないと判断したから。

問41　傍線部⑶「君不如、肉袒伏斧質請罪」とあるが、藺相如は繆賢にどのように提案しているのか。その説明として、最も適切なものを一つ選びなさい。

1　趙王にいかなる厳罰を言いわたされても、心から納得するまで罪を認めるべきではない。

2　己の罪に対する罰を受けた後、初志を貫いて燕に亡命し、燕王に助けを求めるのがよい。

3　いかなる罰もいとわないという強い意志をもち、趙を脱出して燕以外の国に亡命するのがよい。

4　どのような罰を受けても構わないという態度を示し、趙王に罪の許しを願うのがよい。

問42　傍線部⑷「臣窃以為、其人勇士有智謀」の現代語訳として、最も適切なものを一つ選びなさい。

1　私は内心、藺相如を勇士で智謀《ちぼう》にもたけた者と考えている。

2　私の家臣が、藺相如を勇士で智謀にもたけた人物とほめている。

3　私は実は藺相如のような、勇士で智謀にもたけた者を探している。

4　藺相如は、我こそは勇士であり智謀にもたけていると自負している。

問43　繆賢が藺相如を秦への使者として推薦した理由は何か。その説明として、最も適切なものを一つ選びなさい。

1　繆賢はかつて藺相如の助けで、燕王の信頼を得ることができた経験から、秦との交渉においても藺相如の能力が遺憾なく発揮されると信じたから。

2　繆賢はかつて燕に捕らえられた際、藺相如の行動で命拾いした経験から、藺相如ならば秦への使者としての任務を確実に果たせると直感したから。

3　繆賢は以前、藺相如の適切な助言によって救われた経験から、藺相如ならば秦への使者に立っても難局を乗り切るに違いないと確信したから。

4　繆賢は以前、藺相如の捨て身の行動によって窮地を脱した経験から、藺相如ならば秦との難しい交渉を間違いなく有利に進められると判断したから。

九月実施　解答と解説

一　語彙

〔解説〕

問1　熟語の読み

正解は2。設問は「間違っているもの」を選ぶものになっているので、読み間違えないようにすること。2「辣腕」は、「らつわん」と読む。意味は物事を処理する能力が優れていること。用例は「辣腕をふるう」。1「辛酸《しんさん》」は、精神的につらいことや苦しいこと。慣用句として「辛酸を嘗《な》める」。3「羨望《せんぼう》」はうらやましく思うこと。用例は「羨望の的《まと》」。4「拘束」は、権力・規則などによって行動、意志の自由を制限すること。用例は「身柄を拘束する」。

問2　四字熟語

正解は4。①直前の部分から、傍線部の意味は「正義の味方が悪者を倒す」である。②傍線部の四字熟語が「（　）善懲悪」である。以上2点より、正解は「勧善懲悪」となる。

問3　慣用表現

正解は4。「ネット上の無責任な情報に振り回される」＝「愚の（　）」になることを踏まえて解答する。この関係が成り立つのは、「愚の（骨頂）」となる4である。「愚の骨頂」の辞書での意味は、「この上なく愚かなこと」。

問4　論理用語

正解は1。「演繹（法）」は、一般的な前提から、それを経験に頼らずに論理によって個別の事例に当てはめて考える推論の方法である。例えば、「人は必ず死ぬ」という一般的な前提をたてて、「人は必ず死ぬ→ソクラテスは人である→ソクラテスは必ず死ぬ」というように論理を展開させる。「演繹」の対義語として「帰納（法）」がある。こちらは、2の「いくつかの事柄から共通点を探り、当てはまる法則を見つけ出す推論の方法」をいう。

問5　カタカナ語

正解は3。問題文より、「（　）」は「自分の望むとおりに話し合いを進めるために」必要なものである。以上より、3「イニシアティブ」がふさわしい。意味は「率先して行動し、物事をある方向へ導く力。主導権。」。1「クリエイティブ」は「創造的。独創的」。2「アクティブ」は「能動的。活動的」。4「ネイティブ」は「生まれながらの」という意味。

問6　類義語

正解は2。「懐柔《かいじゅう》」は「巧みに手なずけ従わせること」という意味。類義語として「他人をうまく手なずけて、自分の思いのままに操ること」という意味の2「篭絡《ろうらく》」が正解となる。読み方も難しいので、注意が必要である。1「革新」は、「古い制度などを改めて新しいものにすること」、3「追放」は「社会や組織・集団などから追い払うこと」。4「摘発」は「悪事を暴いて公にすること」という意味である。

問7　近代日本文学史

正解は1。自然主義文学は現実をあるがままに写しとることを目標とする立場であり、日本では明治時代後期に伝わり、告白小説・私小説という形で広がった。1「島崎藤村」は自然主義文学の代表的な作家であり、詩人から作家に転身した。代表作として『破戒』『春』『夜明け前』などがある。その他の自然主義の作家としては、田山花袋《たやまかたい》などが有名である。2「夏目漱石」は余裕派の作家。3「志賀直哉」は白樺派の作家、4「芥川龍之介」は新思潮派の作家。

二 評論

〔出典〕柄谷行人《からたにこうじん》『世界史の実験』（岩波新書・二〇一九年刊）。

柄谷行人（一九四一〜）は兵庫県生まれ。東京大学大学院人文科学研究科英文科修士課程修了。夏目漱石を主題とした「〈意識〉と〈自然〉—漱石試論」で第12回群像新人文学賞評論部門を受賞。以後、文芸評論家、哲学者として多くの著作を残している。本文は第二部「山人から見る世界史」の2「何か妖怪」の全文にあたる。

〔解説〕

問8 漢字

正解は2。波線部ⓐは「妨げる」。意味は「他に支障が起こるようにする。邪魔する」。同じ「妨」を使う選択肢は2「妨害」。意味は「邪魔をすること」。誤答1は「防腐」。意味は「微生物を殺し、またその繁殖を妨げるような条件を与えて腐敗を防ぐこと」。3は「多忙」。意味は「仕事が多くて忙しいこと」。4は「紡績」。意味は「糸をつむぐこと。繊維を加工して糸にすること」。

問9 漢字

正解は1。波線部ⓑは「零落」。ここでの意味は「おちぶれること」。同じ「零」を使う選択肢は1「零細」。意味は「規模が非常に小さいさま」。誤答2は「激励」。意味は「はげまし元気づけること。奮起させること」。3は「幽霊」。意味は「死者の霊魂。死者が成仏できないのでこの世に現す姿。妖怪」。4は「法令」。意味は「法律および命令の総称。広義の法律を指すこともある」。

問10 内容把握

本文前半第1〜8段落の内容を正確に読み取る必要がある。正解は3。適切でない部分は、「妖怪を否定しようとした点で共通する」である。第3段落で圓了は「妖怪が幻想であることを人々に説いてまわった」が、「妖怪を全面的に斥けたのではない」と書かれている。また、柳田については第6段落で「圓了の妖怪論を嫌った」とあるが、これは妖怪に対する柳田と圓了の見解の相違を示した表現であり、柳田が妖怪自体を否定していたとは言えない。誤答1は、第2段落に「彼が『妖怪学』という講座を開いたのは、哲学を民衆に説く方便として、である」、第3段落に「その意味で、彼は啓蒙主義者であった」とあり適切。2は、第6段落に「柳田の見方では、妖怪とは、かつて神的な存在であったのに、仏教のような宗教が到来したために追われて零落した存在である」、第8段落に「柳田はそこにこそ、山人、あるいは固有信仰を見ようとしたのである」とあり適切。4は、第1段落に「柳田国男が民俗学に向かった時期、『怪談』が流行し、また、『妖怪』のブームがあった」、第2段落に「この時期に妖怪のブームを起こしたのは、柳田ではない。『妖怪学』を書いた井上圓了である」とあり適切。

問11 内容把握

傍線部(1)が含まれる第5段落に注目する。正解は4。「真の仏教的認識をさまたげているのは、…寺院仏教である」。「圓了の妖怪論は、仏教における宗教改革にほかならなかった」とあり適切。誤答1は、「人目を引き付けて小さな流行を巻き起こそうとする」が不適切。傍線部(1)を含む一文に、「意図を超えて、妖怪論がブームとなった」とある。2は、「寺院仏教の宗教哲学を民衆に受け入れさせるため」が不適切。「寺院仏教」は圓了にとって「否定すべき妖怪」、つまり宗教改革の対象であった。3は、「近代化した社会が宗教に頼らなくてもいいように」が不適切。圓了が「仏教における宗教改革」によって目指したのは「真の仏教的認識」であり、宗教を不要なものと考えていたわけではない。

問12 理由把握

本文後半第10〜13段落の内容を把握して正答を導く。正解は2。第10段落に「山人は原遊動民であり、山地民はいちど平地に定住した後に遊動民となった人たち」、「山地民はかつて平地に定住したことがあるだけでなく、また、その後も何らかのかたちで平地と関係する」とあり適切。誤答1は「遊動民としての性質を完全に失っている」が不適切。前述した第10段落に加えて、第13段落には「山地民も遊動性をもっており」と書かれている。3は、「同じように扱われることを両者が望まないため」が不適切。「両者」（山人・山地民）とも自分たちの扱われ方に対する心情は本文中に記載がない。4は、「山民は実際に目の前にいる存在なので価値がないと考えた」が不適切。山人と山地民を対比して価値の有無を論じた箇所は本文中に存在しない。第10段落には「アンビヴァレント（両価的）」という語があるが、それは山地民の平地民への態度の説明である。

問13　内容把握

第13段落以降の内容から考える。正解は4。まず、傍線部(3)の直前に「山地民も遊動性をもっており、そのことが」とあるので、「平地の定住民にないような社会的特質」とは「遊動性」だとわかる。「遊動性」に着目すると、第15段落に「共同所有と生産における『協同自助』は、…つまり遊動的な生活形態から来るものである」とある。「協同自助」については第14段落の後半に、「『協同自助』の実践を見出した。」「『富の均分というが如き社会主義の理想』が実現されていた」とあるので、以上より選択肢の内容と合致する。誤答1は、「平地…と山地での生活を繰り返している」のではない。第10段落に「山地民はいちど平地に定住した後に遊動民となった人たち」とあり不適切。2は、第13段落に「すでに農業技術をもっている」「たえず平地民と交易している」と書かれてはいるが、「平地の定住民にないような社会的特質」とは言えないので不適切。3は、第11段落に「山人」の性質として書かれた内容なので不適切。

問14　内容把握

正解は1。マルクスが主張した「妖怪」だが、第16段落に「共産主義の妖怪」とある。柳田の考えた「妖怪」は、遡って第6段落からの展開にも目を向けたい。柳田はハイネの『流刑の神々』から着想を得て、「山人、あるいは固有信仰を見ようとし」、その結果、「山地民の社会の中に『富の均分というが如き社会主義の理想』」の実現を見出した。それは第15段落「彼の農政理論において目指していたもの」であった。また、傍線部(4)の直前に「その意味では」と指示語がある。これは第17段落のハイネとマルクスに親交があり、近い時期に『流刑の神々』が構想され、『共産党宣言』が刊行された内容を指す。つまり、傍線部(4)の「同じ源泉をもつといってもよい」とは、ハイネとマルクスの交流によって萌芽した構想の影響を、マルクスと柳田が「妖怪」を考える際に各々受けた可能性があるという意味となり選択肢は適切。誤答2は、「柳田国男が井上圓了に影響を受けて研究した」とは断言できない。また、「よく似た動機による」とあるが、「同じ源泉をもつ」の説明としては不適切。3は、「平地民に対して攻撃的な態度をとる山人」は本文中に記載がない。後半も「今日の社会からみて」は本文中になく、「異質な思想であるという点で、同じ出発点を共有している」も「同じ源泉をもつ」の説明として不適切。4は、「ハイネが構想した富の共同所有と協同自助に基づく社会」とあるが、この点が本文中に記載がなく不適切。

問15　表現

正解は3。第15段落の説明については適切であるが、第16段落の「したがって」に続く部分は、柳田が「妖怪」に興味をもった直接的な理由ではなく、柳田の考えた「妖怪」がどのようなものかを示しているので不適切。誤答1は、第4段落に「どこにも属さず、自分で学校を創設した。型破りの人物」とあり適切。2は、第6段落の最初の「一方」の前後は、「圓了の妖怪論」を柳田が「嫌った」という相違点を示す。後の「一方」の前後では、「ある意味で、類似していたことを考えていたともいえる」とあるように、圓了と柳田の妖怪に対する考え方の似通った点を指摘していて適切。4は、第7段落でハイネ、第16段落でマルクスの思想に触れつつ、第17段落にて両者の交流によって萌芽した構想と柳田の思想を関連付けるような指摘がなされており適切。

問16　本文合致

正解は3。第15段落に「彼が『山人』に関心を抱くようになったのは、妖怪や天狗のような怪異譚のためではない。…農民の協同組合を要とする彼の農政理論において目指していたものが、現にそこにあったからだ」とあり適切。誤答1は、圓了を「柳田以上に重要な人物」としている点が不適切。本文中で圓了は柳田の思想を明確にするための対比として登場している。2は、ハイネの考えとして「堕落した神が妖怪である」とあるのが不適切。第7段落に「ハイネの考えでは、ヨーロッパのゲルマン世界にキリスト教が入ってきたために、森に遁れた従来の神々が妖怪になった」とある。4は、「天狗や妖怪の伝承を追い続けた柳田国男が見出した…山人の社会」が不適切。第8段落に「山人を探索しようとしたが、見出したのは、天狗や妖怪のような伝承だけであった」とあり、関係が逆になっている。

三　小説

〔出典〕大佛次郎《おさらぎじろう》『帰郷』（小学館P+D BOOKS、二〇一八年刊）。

大佛次郎（一八九七～一九七三）は神奈川県生まれの小説家。大衆文学、歴史小説、現代小説、ノンフィクション、新作歌舞伎や童話など、幅広く手がけた。一九六四年、文化勲章受章。主な作品に、「鞍馬天狗《くらまてんぐ》」「赤穂浪士《あこうろうし》」など。

〔解説〕

問17　語句の意味

正解は2。「怪訝」という言葉は、「そんな事が実際にあるのかというように不思議がる様子」という意味である。恭吾はいきなり、目の前の「お嬢さん」に「伴子なんです」、つまり、あなたの娘ですと告げられ、状況を把握できずにいたと考えられる。

問18　語句の意味

正解は1。「やるせない」という言葉は、「苦しさ、悲しさを紛らすものが何もなくて、どうしようもない気持ち」という意味である。娘の伴子の成長について、「本当に何も知らなかった」自分に対し、切なさを抱いたと考えられる。

問19　心情把握

正解は2。伴子は、恭吾に父の職業について問われ、その後、意を決して「はっきりと」、「父は、海軍でございました」と告げている。「何かに押し出されたような心持ち」の「何か」とは、娘であるという事実を告白するきっかけととらえることができる。1の「誇り」、3の「からかい」、4の「苦労への理解」は、それぞれ該当する描写がないので適切ではない。

問20　心情把握

正解は3。恭吾は、伴子に「娘だ」と告げられても、目をうるませはしたものの「姿勢も表情も」みだれることがなかった。この様子を見て「美しい」と感じたのである。1の「なつかしさ」を感じている描写はなく、2の「必死に耐えている」様子は恭吾には見られないし、4の「淋しさ」と確定するほどの感情は読み取れないので、いずれも適切ではない。

問21　内容把握

正解は4。恭吾は、「本当に何も知らなかったのだよ」と言っているが、これは、恭吾自身が「知らなかった」ということである。

これに対し、伴子は「すぐに、お父さまとわかりましたわ」とある。

問22　理由説明

正解は3。恭吾が答えに躊躇するのは、伴子の「よその子とお思いになったのでしょう」という問いかけに対してである。事実、その通りなのだが、正直伝えてしまっては伴子を傷つけるかも知れない。それに、伴子は「すぐに、お父さまとわかりましたわ」と言っているし、父親である自分がすぐに気がつかなかったことへの引け目もあり、答えに詰まったと考えられる。1は「うすうす勘づいていた」が不適切。恭吾は全く気がついていない。2の「自分に少しも似ていない」という描写はない。4の「これからは本当の親子としての関係を築いていきたい」という願いも、現在の伴子の姿に対して「不安」を抱いたという描写はない。

問23　心情把握

正解は4。恭吾は、「俺の知っている伴子は、四つだった。小さい子供だった」と言って、目をつぶっており、長い時間の流れに思いをはせていると推察される。その後、「育ったものだな」という言葉には、その時間を親子として共有できなかったことへの悲しみが感じられる。1の「激しい憤り」までの気持ちは読み取れない。2の「許す気持ち」というような、一種の「自己弁護」をするような人物とは言えない。3の「何も考えずに楽しく過ごしてきた」というような描写はない。いずれも適切ではない。

問24　内容把握

正解は1。伴子は、「写真で見た父親の顔を頼りに」恭吾に会いに来ている。このような行動力からしても、「臆病」とは言えないので、適切ではない。2の「健気」は、「年少にも関わらず、困難な事に勇敢に立ち向かう様子」という意味で、伴子は写真を頼りに一人で恭吾のもとにやって来ており、また、自分に気がつかない父親に対しても、落ち着いて告白している。3の「純真」は、「人を疑ったりするような気持ちが全くない様子」という意味で、伴子は恭吾を、「はっきりと、伴子のお父さまですわ」と、無邪気に慕っている。4の「聡明」は、「物事や人情などに対する判断力・洞察力にすぐれた様子」という意味で、「立派な紳士」「若少の者をいたわる心遣い」など、二十年ぶりに会った父親がどのような人物かを見極めようとする様子がうかがわれる。2～4はいずれも適切である。

問25　内容把握

正解は2。恭吾は、伴子が自分の娘だとわかってからも、自制心を働かせて取り乱すような様子は一切見せない。ここに、恭吾という人物が最も端的に表れている。1の「あふれる思い」や「威厳を保とうと気にする」描写は見られない。3の「あふれるような愛情」を「表に出すこと」を恥ずかしがるような内気さは読み取れない。4の「強い信念」というような頑固さをうかがわせる描写はない。いずれも適切ではない。

問26　内容把握

正解は4。「会話」として感情の高ぶりを表してはいないが、伴子の「夢中で伴子は強く頭を振って見せた」や、恭吾の「心に始末の出来ない感情が湧き立って来る」など、二人の強い感情を示す描写が散見できる。1の「豊かな自然描写」とあるが、二人の心情と対比されているような描写はなく、効果的とは言えない。2の「幸福感」という言葉について、「なつかしむ前に悲しく、やるせない思い」などの表現から、「幸福感」と一括りにすることはできない。3の「感情のすれ違い」や「かみ合わない会話」という表現はなく、お互いに恭吾＝父、伴子＝娘として、再会の喜びを愛情深く感じ合っている。いずれも適切ではない。

四　古文

〔出典〕『古今著聞集』鎌倉時代の世俗説話集。橘成季《たちばなのなりすえ》編著。七百余編の話は、神祇・政道忠臣・和歌などの三十編に分類されている。

〔現代語訳〕

小野小町が年若く、男性との交際が多かった頃、その振る舞いや様子は、他に比べようもないほどであった。「壮衰記」という書には、古代中国の伝説の八人の帝王である三皇五帝の妃も、漢王・周公の妻もまだこのような思い上がりやぜいたくをしなかったと書いてある。こういうことだから、衣には錦繍と同じようなものを重ねて着て、食事には海や陸の珍味をきちんと揃えて、自分の身には蘭麝の香をたいて良い香りがするようにし、口では和歌を詠んで、多くの男をみすぼらしいとだけ心の中で見下し、女御・后に思いをはせているうちに、十七歳の時に母親を亡くし、十九歳で父親に先立たれ、二十一歳で兄に死に別れ、二十三歳で弟に先立たれたので、家族もなく頼る人もいない一人身になって、あてにする人もいなくなってしまった。とても華やかだった生活も日ごとに衰えていき、明るく美しい容貌も年々に衰えていきながら、心を寄せていたような人たちとも疎遠となってしまったので、家は荒廃し、月だけがむなしく澄んで輝き、庭は荒れて蓬だけがむなしく生い茂っていた。このようにまでなってしまったので、文屋康秀が三河の国司の三等官として下向した時に誘われて、

　落ちぶれてしまったので、つらいわが身は、浮草のように根がなくなるように、誰からも音沙汰がなくなり、誘い水のように誘ってくれる人がいたならば、この場所を去ってどこへでも行こうと思います

と詠んで、次第にみじめな状態になっていくうちに、最後は野山でさまようようになってしまった。人間の境遇は、このような話によって理解するのがよいだろう。

〔解説〕

問27　語句の意味

正解は2。「くだす」を「腐す」と考えるのはなかなか難しい。直前の「多くの男をみすぼらしいとだけ」という部分から解答を判断するとよい。

問28　語句の意味

正解は4。「いたづらに」は形容動詞「いたづらなり」の連用形。古文の最重要語で、意味は「つまらない、むなしい」「無駄だ、無意味だ」である。ここから判断する。

問29　品詞分解

正解は3。「なりにければ」を品詞ごとにわけると「なり／に／けれ／ば」となる。直前の「かくまでに」が「このようにまで」という意味になるので「なり」は動詞と考えることができる。「にき」「にけり」と見たら「に」は完了の助動詞であるということも古文の文法の基本である。これらのことから、動詞＋助動詞と並んでいると考えることができる。

問30　文法的意味

正解は3。助動詞「る」の意味を判別する問題。「自発」の場合は直前に心の動きに関係する言葉があることが多い。「尊敬」の場合は、その文の主語の身分が高い場合。「受身」の場合は、前に「人物名＋に」の組み合わせがあることが多い。「可能」の場合は、下に打消や反語表現を伴うことが多い。これらのことをふまえて文を読み直すと、ここは文屋康秀が三河の国司として下向する時に、小野小町は文屋康秀にと読めるので「受身」と判断できる。

問31　内容把握

正解は2。傍線部(1)に「このおごり」とあり、さらに直前に「妃

も」「妻も」「いまだ…なさず」という部分と重ねて考えると、小野小町の「おごり」と考えられる。小野小町の様子が「もてなしありさまたぐひなかりけり」、つまり「その振る舞いや様子は、他に比べようもないほど」という状態であったことから考えて判断できる。

問32　心情把握

正解は4。「女御・后」は天皇の妻のことを指す。小野小町がそれを「心をかけたりし」、つまり「気にしていた」ということから考える。

問33　本文解釈

正解は3。「貌」から考えられる熟語は「容貌《ようぼう》」。「としどしに」を「年々に」と思いつけば簡単に正答にたどり着くが、そうでなくても「すたれつつ」の「すたれ」が「廃れる」に結び付けば、「容貌」が「廃れる」と解釈できる。

問34　内容合致

正解は1。2は本文に「女御」になりたかったとは書いてあるが、なったとは書いていないので不適切。3は小野小町の両親と兄弟は亡くなっていて、落ちぶれたのではないから不適切。4は小野小町はたしかに三河に下ったが、そこで亡くなったとは書いていないので不適切となる。

問35　和歌の修辞法

正解は3。「掛詞」は一つの語に二つ以上の意味を持たせる。訳すときには、その両方の意味を訳す。「詫びぬれば…」の歌の「身をうきくさの」の部分の「うき」に「浮く」と「憂き」の二つの意味が掛けられていて、「わが身がつらい」という意味と「浮き草」という意味があると解釈できる。ちなみに、この和歌には「浮草」と「水」の部分に「縁語」という技法も使われている。1の「枕詞」は特定の語の前に置き、語調を整えたり、情緒を添えたりする技法、通常は五文字である。それ自体に意味はない。2の「序詞」は「枕詞」と同じように特定の語の前に置かれて一定の語句を導くが、その部分に意味はある。字数や表現に制限はないとされる。4の「本歌取り」は有名な古歌の一部分を自作の和歌に取り入れる手法。元の歌を背景として用いることで、歌にふくらみ、深さを持たせる。

問36　文学史

正解は2。『十訓抄』、『今昔物語集』『宇治拾遺物語』はいずれも『古今著聞集』と同じ説話集。『無名抄』だけは歌論書。説話集は教科書や問題集でもよく見かける出典である。古文では頻出ジャンルの文学史についてまとめておくとよい。

五　漢文

〔**出典**〕『史記』。中国の歴史書。全一三〇巻。前漢の司馬遷（前一四五～前八六?）撰。

司馬遷は武帝に仕え、父の職をついで太子令となった。李陵が匈奴に下ったのを弁護して宮刑に処せられたが、強い意志をもって父の志を受け継ぎ、伝説時代から前漢の武帝にいたるまでの歴史書を完成させた。これが『史記』である。『史記』の構成は、本紀《ほんぎ》（歴代の帝王の事績）十二巻、世家《せいか》（諸侯の事績）三十巻、列伝（個人の伝記）七十巻、表（年表）十巻、書（諸制度の記録）八巻からなる。本紀と列伝を柱とする歴史の著述方法は「紀伝体」と呼ばれ、それまでの年月の順を追って事実を記す「編年体」に変わり、『史記』以降の正史（国家が編纂した正式な歴史書）に踏襲された。

本文は、『史記』列伝第二十一に位置する「廉頗《れんぱ》藺相如列伝」より引用している。戦国時代、趙の使者として秦に赴き、勇気と智謀で趙の名誉と国益を守り抜いた藺相如と、確執の末に彼と「刎頸《ふんけい》の交わり」を結んだ廉頗将軍の伝記。当時最も勢いのあった秦が、趙の宝である「和氏《かし》の璧《へき》」と、秦の十五の城とを交換してほしいと申じ入れきた（この故事から、「和氏の璧」は「連城の璧」とも呼ばれる）。秦に璧を渡すと横取りされる恐れがあるが、だからと言って渡さなければ秦の軍隊に攻められるかもしれない。このような状況で秦への使者に立つ人物を探すが、誰もが尻込みするばかり。この時に、宦官の長官であった繆賢が、自分の家来の藺相如ならば使者にふさわしいと推薦するのが、本文の箇所である。

〔書き下し文〕（漢字の読み仮名は現代仮名遣いで表記した）

官者《かんじゃ》の令《れい》繆《びゅう》賢《けん》曰《い》はく、「臣《しん》の舎人《しゃじん》藺《りん》相如《しょうじょ》使《つか》ひすべし」と。王《おう》問《と》ふ、「何《なに》を以《もっ》てか之《これ》を知《し》る」と。対《こた》へて曰《い》はく、「臣嘗《しんかつ》て罪《つみ》有《あ》り。窃《ひそ》かに計《はか》り燕《えん》に亡《に》げ走《はし》らんと欲《ほっ》す。臣《しん》の舎人《しゃじん》相如臣《しょうじょしん》を止《とど》めて曰《い》へらく、『君何《きみなに》を以《もっ》てか燕王《えんおう》を知《し》る』と。臣語《しんかた》りて曰《い》へらく、『臣嘗《しんかつ》て大《だい》王《おう》に従《したが》ひ燕王《えんおう》と境上《きょうじょう》に会《かい》せり。燕王私《えんおうひそ》かに臣《しん》が手《て》を握《にぎ》りて曰《い》へらく、願《ねが》はくは友《ゆう》を結《むす》ばんと。此《これ》を以《もっ》て之《これ》を知《し》る。故《ゆえ》に往《ゆ》かんと欲《ほっ》す』と。相如臣《しょうじょしん》に謂《い》ひて曰《い》へらく、『夫《そ》れ趙《ちょう》は彊《つよ》くして燕《えん》は弱《よわ》し。而《しこう》して君趙王《きみちょうおう》に幸《こう》せらる。故《ゆえ》に燕王君《えんおうきみ》に結《むす》ばんと欲《ほっ》するなり。今《いま》君乃《きみすなわ》ち趙《ちょう》を亡《に》げて燕《えん》に走《はし》る。燕《えん》は趙《ちょう》を畏《おそ》るれば、其《そ》の勢《いきお》ひ必《かなら》ず敢《あ》へて君《きみ》を留《とど》めず。而《しこう》して君《きみ》を束《つか》ねて趙《ちょう》に帰《かえ》さん。君如《きみし》かず、肉袒《にくたん》して斧質《ふしつ》に伏《ふ》して罪《つみ》を請《こ》はんには。則《すなわ》ち幸《さいわ》ひに脱《だっ》するを得《え》ん』と。臣其《しんそ》の計《けい》に従《したが》ふ。大王《だいおう》も亦《ま》た幸《さいわ》ひに臣《しん》を赦《ゆる》せり。臣窃《しんひそ》かに以為《おも》へらく、其《そ》の人勇士《ひとゆうし》にして智謀《ちぼう》有《あ》りと。宜《よろ》しく使《つか》ひせしむべし」と。

〔現代語訳〕

宦官《かんがん》の長官である繆賢が、「私の家来の藺相如なら、使者として適任です」と言った。恵文王は（繆賢に）「どうしてそのように判断したのか」と尋ねた。（繆賢は、）「私は以前、罪を犯しました。（そして）燕に亡命しようとひそかに企てました。（すると）私の家来の相如が私を引き止め、『あなた様は、どうして燕王を知っておられるのか』と言いました。私は『私は以前、大王のお供をして燕王と国境付近で会った。燕王はこっそりと私の手を握って、願わくは友人として交わりを結びたいと言った。そうしたことで知っているのだ。だから燕に行こうと思う』と言いました。相如は私に、『そもそも趙は強国で燕は弱国です。そして、あなた様は趙王に寵愛されていました。だから燕王があなた様と交わりを結びたいと思ったのです。今あなた様が趙から逃げて燕に亡命したとしましょう。燕は趙を恐れていますから、そのなりゆきとして決してあなた様をかくまいはしないでしょう。それどころかあなた様を縛って趙に送り返すでしょう。あなた様はそんなことより、衣服を脱いで処刑台に伏し、趙王に処罰を願い出る方がよろしいでしょう。そうすれば、あるいは幸いに罪を免れるかもしれません』と言いました。私はその言葉に従いました。大王もまた幸いに私をお許しくださいました。私は内心、藺相如を勇士で智謀にもたけた者と考えています。（藺相如ならば）使者として適任でございます」とお答えした。

〔解説〕

問37　多義語の意味

正解は2。「私」の主な読み方は、①わたくし：（「公」に対する）個人。②わたくしス：自分のものにする。③ひそカニ＝こっそりと。内緒で。一人称の人称代名詞「わたし」に「私」という漢字を用いるのは日本語独特の用法であり、漢文の「私」にはそのような用法はない。

次に該当する文の構図を確認すると、「燕王（主語）私握（動詞）臣手（目的語）」となる。「私」が動詞「握」の直前にあることから、「私→握」という修飾語と被修飾語の関係にあることがわかる。最初に挙げた「私」の主な読み方の中で動詞を修飾できる機能があるのは、「ひそかニ」のみである。設問の箇所は、下心のある燕王が、こっそりと繆賢の手を握り、「友達になりたい」とささやく場面である。

以上を踏まえて、選択肢を検討する。1「私怨」は、個人的なうらみ（①の意味）。2「私淑」は、直接に教えを受けていない人を、ひそかに師に仰ぐこと（③の意味。正解）。3「公私」は公事と私事（①の意味）。4「無私」は私心がないこと（①の意味）。実際にこの問題を解く際は、「1私怨」か「2私淑」で迷うと思われる。なぜなら、「私淑」は広義には「個人的に尊敬して慕う」という解釈も可能だからだ。但し、辞書の用例では「ひそかニ」のニュアンスが明示されている。「1私怨」に関しては、複数辞書の定義がすべて「個人的な怨み」であり、「ひそかニ」のニュアンスの用例は確認されなかった。以上より、「ひそかニ〜」の字義が適用できる選択肢は「2私淑」のみとなる。

問38　多義語の読み

正解は4。「夫」も問37の「私」と同じく多くの読み方がある。漢文の問題でもよく出題される語である。最初に、主な読み方と意味を確認しておく。①フ＝男。成人男子。「丈夫《じょうふ》（＝一人前の男）」。②フ＝おっと。「夫妻」。③そレ＝（文頭で）そもそも。さて。④かノ＝あの。⑤かな・や・か＝（文末で、詠嘆）…だなあ。文を確認すると、『夫趙彊而燕弱』とある。「夫」は文頭にあることから、⑤は除外できる。さらに、「男である趙」「夫である趙」は意味をなさないので、①と②も不適切。④は文章としては成立しているが、話者の藺相如が「かの趙（あの趙）」と語るのは、藺相如が趙の人であることを考えると不自然であり、④の読み方も不適切。③の「そレ」は、構文上も文脈上も適切であることから、正解は4に確定できる。なお、「夫」は弁説の冒頭だけではなく論が核心にさしかかった時にも使われる語であることも覚えておくと、漢文の学習の助けになる。

問39　返り点と書き下し文の組み合わせ

正解は1。最初に、書き下し文について選択肢を見ると、「窃」はすべて冒頭で「ひそかニ」と読ませている。また「亡」は、すべての選択肢で「にゲ」と読ませている。次に、前後の文のつながりを確認する。「繆賢が以前罪を犯した→『窃計欲亡走燕』→藺相如が繆賢を引き止める」となることから、傍線部(1)の内容は、「罪を犯した繆賢が（趙を捨てて）燕に逃げようとした」であろうと推測できる。

さらに「欲」の意味を確認する。「欲」の読みと主な意味は、以下の通りである。①ほっス＝ほしがる。望む。「欲求」「貪欲」。②ヨク＝欲しいと思う心。「欲望」「欲情」「私利私欲」。③（「…セント欲ス」の形で）ほっス＝㋐（意志）…したいと思う。…しようと思う。㋑（状態）今にも…しそうだ。㋒…でありたい。傍線部(1)の「欲」は「逃げようとした」ことから③㋐に当てはまり、「燕に亡げ走らんと欲す」と読む1が正解の最有力候補となる。最後に返り点を確認する。二点の上にすぐ三点が来ているので疑問に思う人もいるかもしれないが、二点の横にハイフンがあるため、問題ない。以上より、1と確定できる。

2は「走らしめん」と使役の「しむ」を添えて読んでいる点が不適切。これだと、繆賢が誰かを燕に亡命させることになってしまう。3と4は「欲」の解釈が不適切。「欲を計る」と読むと「欲を数える」や「欲のよしあしを考える」という意味になり、文脈に合わない。

問40 理由説明

正解は3。藺相如が繆賢の亡命を制止した理由を問う問題だが、藺相如は繆賢の燕への亡命は適切ではないと考えている。理由は次の二点である。①燕王は、「趙王に愛されている」繆賢にすり寄っていたにすぎない。②「趙は強国で燕は弱国」という情勢下では、燕王が繆賢を保護するとは考えられない。燕王は趙の力を恐れて繆賢を送り返すに違いない。この二点を満たすのが3となる。1は、「趙・燕両国の力のバランスが崩れかねず」、「繆賢の亡命は趙の国益を損ねることになる」が不適切。2は、「燕王の誘いは実は罠であり」が不適切。4は、燕王が「亡命を呼びかけた」が不適切となる。

問41 内容把握

正解は4。傍線部(3)「君不如、肉袒伏斧質請罪」の「不如」から、この文は比較の文であることがわかる。「AはBに如かず」と訓読し、「AよりはBする方がいい」という意味になる。但し、傍線部(3)では「A」の部分が省略されているので、「B」にあたるものだけ考えればよい。「肉袒」「伏斧質」の意味は注を参照すること。これらの目的は、許しを請うことである。次の「請罪」も同様である。つまり、傍線部(3)は「(Aするよりは)衣服を脱いで処刑台に伏し、趙王に処罰を願い出る方がよい」と解釈でき、正解を確定させることができる。ちなみにAにあたる部分は「燕への亡命」。「A燕への亡命」と「B罪を認め許しを請うこと」の得失を比較した形となる。1は、「罪を認めるべきではない」が不適切。2は、「燕に亡命し、燕王に助けを求めるのがよい」が不適切。3は、「趙を脱出して燕以外の国に亡命するのがよい」が不適切となる。

問42 現代語訳

正解は1。まず、前半部分「臣窃以為」について考える。「臣」は男性が用いる謙遜の自称(一人称)で、ここでは繆賢が自分のことを「臣」と言っている。「窃」はここでは「内々に。内心」の意。目上の人に述べる際に、「公言ははばかりますが、失礼ながら」というニュアンスで用いる。「以為」は「以為(おも)へらく〜と」と訓読し、「思っていることには〜(だと思う)。考えていることには〜」という意味で用いられる。ここまでで「臣窃以為」=「私は内心思っている」となる。では何を「以為」なのか。その内容が後半の「其人勇士有智謀」となる。「其人」はこの会話が藺相如を推薦する内容であることから、藺相如を指す。それがわかれば、「以為」の内容は「藺相如が勇士で智謀にたけた者だ」と訳することができ、正解を1と確定できる。選択肢2・4は、「臣」の指すものが誤っている。3は「以為へらく」を「探している」と捉えた点が不適切である。

問43 理由説明

正解は3。繆賢が恵文王に語った内容を踏まえ、藺相如がどのような人物であるかを捉える必要がある。本文全体の内容が理解できていないと解けない問題である。藺相如の助言に救われた経験をもとに藺相如の賢明さについて述べた3が正解となる。1は、「燕王の信頼を得ることができた」に該当する記述がない。2は、「燕に捕らえられた際、藺相如の行動で命拾いした」に該当する記述がない。4は、「藺相如の捨て身の行動によって窮地を脱した」に該当する記述がない。

国語　9月実施　正解と配点

（60分，100点満点）

問題番号		正解	配点	合計
一	1	2	2	14
	2	4	2	
	3	4	2	
	4	1	2	
	5	3	2	
	6	2	2	
	7	1	2	
二	8	2	2	26
	9	1	2	
	10	3	3	
	11	4	3	
	12	2	3	
	13	4	3	
	14	1	3	
	15	3	3	
	16	3	4	
三	17	2	2	20
	18	1	2	
	19	2	2	
	20	3	2	
	21	4	2	
	22	3	2	
	23	4	2	
	24	1	2	
	25	2	2	
	26	4	2	

問題番号		正解	配点	合計
四	27	2	2	25
	28	4	2	
	29	3	2	
	30	3	2	
	31	2	3	
	32	4	3	
	33	3	3	
	34	1	3	
	35	3	3	
	36	2	2	
五	37	2	2	15
	38	4	2	
	39	1	2	
	40	3	2	
	41	4	2	
	42	1	2	
	43	3	3	